信访工作培训教材

丛书编委会主任◎王石奇　王剑辉

信访工作心理学

王剑辉　郭金山　郑佳节◎编著

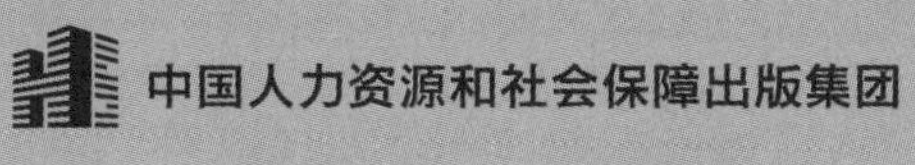

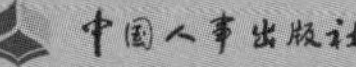

图书在版编目(CIP)数据

信访工作心理学/王剑辉，郭金山，郑佳节编著. -- 北京：中国劳动社会保障出版社：中国人事出版社，2023

信访工作培训教材

ISBN 978-7-5167-5693-5

Ⅰ. ①信… Ⅱ. ①王…②郭…③郑… Ⅲ. ①信访工作-心理学-职业培训-教材 Ⅳ. ①D035-05

中国国家版本馆 CIP 数据核字(2023)第 082741 号

中国劳动社会保障出版社
中 国 人 事 出 版 社 **出版发行**

(北京市惠新东街 1 号 邮政编码：100029)

*

北京市艺辉印刷有限公司印刷装订 新华书店经销

787 毫米×1092 毫米 16 开本 20.5 印张 254 千字

2023 年 5 月第 1 版 2025 年 5 月第 3 次印刷

定价：51.00 元

营销中心电话：400-606-6496

出版社网址：http://www.class.com.cn

信访工作培训教材
编委会

内容简介

要做好信访工作，信访工作者应该懂得相关心理学知识，利用心理学的有关原理、观点和研究手段，研究心理现象在信访活动过程中的特征和作用，阐明信访行为与心理现象之间的联系，能够找出解决这些问题的最佳对策，同时可运用心理学原理做好信访人与信访工作者心理调适。《信访工作心理学》融合了现代心理学的理论精要，结合作者多年的心理学研究和信访工作实际，为信访工作者提供易用、易操作的专业指导手册。

本书第一、第二两章概述信访工作心理学的研究任务、研究方法、研究对象等知识并诠释信访工作的心理学基础。第三、第四章全面、系统地分析了信访人的心理特征，介绍了如何识别信访人常见的心理问题。第五章强调作为信访部门需要建立的心理应对机制，包括信访工作心理疏导机制、危机干预机制以及信访工作者专业的培训机制。第六章阐述了优秀信访工作者的胜任特质以及如何建立信访工作者胜任力模型。第七章讲述了如何运用心理学方法做好信访工作，提出了信访工作的原则及方法。第八章较为专业系统地介绍了几种心理咨询技术，以及如何将这些技术在信访工作中灵活运用，帮助信访工作者更加有效地开展信访工作。

本书内容全面广泛、贴近实际，可以作为全国各级信访部门、信访工作者科学提高身心素养和办理信访工作能力的基础性教育培训教材，同时对提高信访工作质量具有实际指导意义。

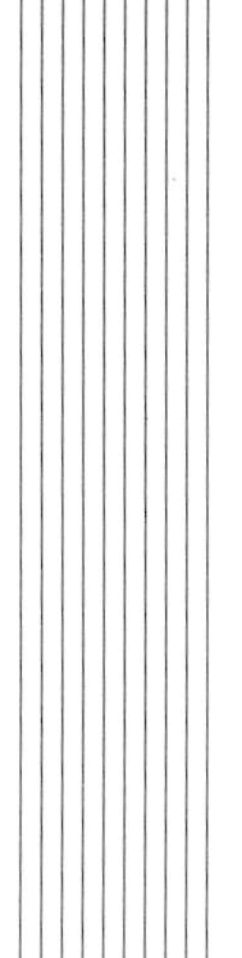

序言（一）

治理之道，莫要于安民；安民之道，在于察其疾苦。

信访工作历来是党的群众工作的重要组成部分，是了解社情民意的重要窗口。当前，中国特色社会主义进入新时代，我国社会主要矛盾已经转化为人民日益增长的美好生活需要和不平衡不充分发展之间的矛盾，信访工作也面临着许多新情况新问题。2022 年 5 月 1 日，中共中央、国务院颁布实施《信访工作条例》，是习近平总书记关于加强和改进人民信访工作的重要思想在法规制度层面的具体体现，是新时代信访制度改革的标志性成果，是信访工作的基本遵循。特别是将党对信访工作的领导写入法规，对新时代党领导下的信访工作格局作出全新界定，明确党领导信访工作的体制机制，实现对信访工作领域的全覆盖，对党的十八大以来信访制度改革成果进行系统整合提升，构建起较为完整的信访工作监督体系。

民之所盼，政之所向。让人民生活幸福是“国之大者”。习近平总书记指出：“江山就是人民、人民就是江山，打江山、守江山，守的是人民的心。”人民群众的每次来信来访，都寄托着对党和政府的信任与期待。信访工作，就是要发挥“民意站”“连心桥”的作用，密切党同人民群众的血肉联系，维护社会和谐稳定。

做好信访工作，不能只是简单的“你说我听”或“上传下达”，它需要信访工作者以时时放心不下的责任感，多听听群众的心声，多想想如何尽职尽责办好群众关心关切的每一件民生实事。各级信访部门要引导信访干部和广大信访群众建立良好的互动沟通关系，让老百姓遇到问题能有地方“找说法”，通过对话和协商解决分歧和矛盾，实现“找到说法”。通过畅通信访渠道，使信访工作真正成为了解民情、集中民智、维护民利、凝聚民心的一项重要工作。

常言道：“工欲善其事，必先利其器。”如何提升信访干部队伍素质，培训是关键，教材是基础。为此，我们组织相关人员编写了这套信访工作教材，丛书共有四本，其中《信访工作概论》《信访工作实务》阐述了信访工作的历史沿革、发展脉络，对信访工作的程序和方法进行认真的梳理和总结；《信访工作心理学》《信访工作者心理健康促进》以心理学的视角，对信访工作、信访人的心理状态进行了分析研究，对信访工作者的心理健康维护提出了具体的方法，是心理学在信访工作中的运用和探索，是一种理论和实践的创新。编写成员都是长期从事信访工作一线人员，在工作实践当中总结积累了丰富经验，为写好这套丛书，历时多年，反复修改，数易其稿。它的出版，对于提升信访干部队伍的服务能力、心理素质，以及业务水平将起到积极的促进作用。

回首过往，信访工作改革创新依然任重道远，只要我们始终恪守为民之责，认真贯彻落实习近平总书记关于加强和改进人民信访工作一系列重要指示精神，力行为民之举，坚持人民至上，真正把解决信访群众实际困难作为改进信访工作的突破口，就能充分释放出改革的新动力。在历史的新征程上，信访工作必将更加凸显其重要性和必要性，也必将为实现“中国之治”、构建社会主义和谐社会发挥其重要的作用。

是为序。

国务院参事室原参事，国家信访局原党组副书记、副局长

王石奇

2022年12月30日于北京

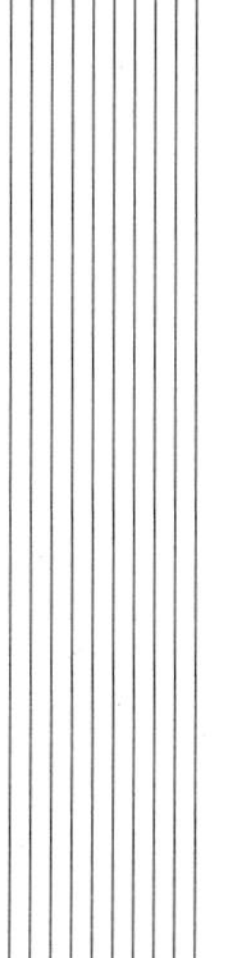

序言（二）

健康，是人类永恒的话题，健康不仅包括身体的健康，也包括心理健康。随着我国经济社会快速发展，心理健康问题已经日益受到社会广泛的关注。

习近平总书记高度重视心理健康问题，在党的十九大报告“实施健康中国战略”中提出：“人民健康是民族昌盛和国家富强的重要标志。”同时强调要“加强社会心理服务体系建设，培育自尊自信、理性平和、积极向上的社会心态”。在党的二十大报告中进一步提出“要把保障人民健康放在优先发展的战略位置”“重视心理健康和精神卫生”。

信访工作是党和政府联系群众的纽带桥梁，是直接倾听普通百姓心声的重要渠道，承担着为民解难、为党分忧的职责使命，是当前维护社会稳定不可或缺的重要组成部分。信访工作者需要通过掌握心理学知识，帮助信访群众打开心结。部分信访问题处理难度大、时间跨度长，致使信访人内心的怨气和怒气逐步积压，有些人直接采取非正常的信访方式给党委政府和有关部门施压，有些人则通过网络让这些信息在信访人之间反复游走发酵，并最终引发重访、闹访、越级访、群体访。还有一些人随着生活节奏加快和生活压力加大，造成心理认知的偏差和情绪出口的不畅，长期处于焦虑情绪的困扰中，在不能及时得到有效帮助的情况下，心理逐渐扭曲，甚至出现被害心理或报复社会等反社会心理，成为社会不稳定因素。在日常工作中我们也经常看到，很多信访事项涉及的案情和法律问题并不复杂，难以解决的其实是信访人的心理认知问题。俗话说："心病还须心药医。"只有晓之以理、发乎真情，才能叩开信访人锈蚀的心锁，冰释他们积郁的心结，在恢复理性的轨道上实现平等对话，只有这样才能帮助他们解疑释惑，直至解决他们的问题。因此，信访工作者应该学习掌握心理学知识，才能在直接面对带有各种复杂心态、各种疑惑，认为自身利益受到侵害的信访群众时，做到因人而异、区别对待、对症下药、情理相融。如何将心理学方法引入到信访工作中，是一个极具理论研究价值和实践应用意义的问题。曾任中国心理卫生协会常务理事的心理学博士王剑辉同志带领他的团队，在长期信访实践中进行了有益探索，他们运用心理学专业知识分析信访人心理，把心理访谈技术运用到信访接待工作中，针对不同人格特征开展心理疏导、精神抚慰、心理矫正、心理干预等心理服务，运用心理学的方法引导信访群众认知自我、辨析求诉。同时，摒弃对信访人无理推论，有病推论的错误想法，带着对信访人深厚的情感设身处地考虑问题，稳定其情绪，建立互相信任，多角度感受他们的情智，消除他们的顾虑，打开信访人心结，推动"事、心"双解，更好地化解社会矛盾，促进社会和谐。

同时，信访工作者也需要维护自身的心理健康。信访工作者作为信访工作的主体、连接党群关系的重要纽带，常常面对的是群众的"烦心事""棘手事"，每天面对许多信访群众的负面情绪。随着负面情绪的不断累积，加之工作任务重、压力大，信访工作者的心身健康也面临严峻挑战。常常会出现许多心理问题，这些问题如果长期得不到解决、不仅会影响情绪，出现心理疾患，甚至会直接导致或引发疾病，着实不容小觑。为维护信访工作者这个特殊群体的心理健康，近十年来，王剑辉博士在全国范围内开展了数百场的科普讲座，并带领中国心理卫生协会职业心理健康促进专委会的专家学者们针对信访工作特点，对信访工作者心理健康的促进理论及方法进行了系统的研究和探索，在广泛科普教育的基础上，指导信访工作者掌握调节心理健康方法和技能，使其不良情绪得到宣泄，缓解心理压力，排除心理障碍。

学以致用，学用相长。王剑辉等同志将长期工作实践成果进行了系统梳理，组织编写了《信访工作心理学》《信访工作者心理健康促进》教材，从心理学视角全方位、多维度，分析了信访工作的特点和不同信访人的心理特征，立体式展现了心理健康维护的手段和方法，是时代所需，工作必需。这是心理学在信访工作领域中的有益探索，是一种理论创新和实践创新，填补了我国职业心理健康促进领域的一项空白。希望本丛书的出版，能够引起各级领导干部对心理学在信访工作中应用的重视，更加关注信访工作者的心理健康问题。同时也希望本丛书对于信访工作者做好信访工作，切实维护自身心理健康提供有益的帮助，体现有温度的人文关怀，为全面建设社会主义现代化国家、全面推进中华民族伟大复兴贡献绵薄之力。

中国心理卫生协会第六届、第七届理事长

首都医科大学附属北京安定医院原院长、主任医师、教授、博士生导师

2022 年 12 月 30 日

丛书前言

民生无小事，枝叶总关情。作为党和政府联系群众的重要桥梁和纽带，信访工作一头牵着党心，一头连着民心，承担着为民解难、为党分忧的神圣使命。习近平总书记高度重视信访工作，指出信访工作是党的群众工作重要组成部分，是了解社情民意的重要窗口，强调“信访工作是送上门的群众工作，要通过信访渠道摸清群众愿望和诉求，找到工作差距和不足，举一反三，加以改进，更好为群众服务”。

中国特色社会主义进入新时代，信访工作已成为党和政府了解民情、集中民智、维护民利、凝聚民心的一项重要工作，是各级机关、单位及领导干部、工作人员接受群众监督、改进工作作风的重要途径，在建立民主政治、保障群众切身利益、监督行使权力、维护正常经济秩序和社会稳定方面，发挥着举足轻重的作用。当前，我国发展进入战略机遇和风险挑战并存、不确定难预料因素增多的时期，社会主要矛盾是人民日益增长的对美好生活需要和不平衡不充分发展之间的矛盾，党的二十大报告中提出要“完善正确处理新形势下人民内部矛盾机制，加强和改进人民信访工作，畅通和规范群众诉求表达、利益协调、权益保障通道”，这就要求信访工作在服务党和国家工作大局、维护群众合法权益、促进社会安全稳定等方面担负起更重要的责任。

多年来，在各级党委政府的关心指导下，信访工作在组织建设、制度建设、运行机制和实践积累等方面，都有了长足的发展。尤其中共中央、国务院 2022 年发布实施的《信访工作条例》，是党对信访工作的全面领导在法规制度层面形成的标志性成果，是在新的历史起点上深化信访制度改革、实现信访工作高质量发展的纲领性文件，为新时代推动信访工作提供了制度保障，可以说，信访工作正沿着法治轨道进入新的发展阶段。信访工作取得的瞩目成就，也催生信访工作的理论研究和学术探讨结出累累硕果，大批有关信访工作的专著和学术论文相继问世，丰富的实践经验被升华为新时期的信访工作理论，从而逐步形成了一门独特的学科——信访学，融合了社会学、政治学、管理学、心理学、信息学、秘书学等多个学科的特点，为推动信访工作的创新发展，提高信访干部的职业素质，提供了理论指导。

随着我国经济社会的快速发展，信访工作呈现出信访载体多样化，工作方法不断创新，思想认识日益深化的新特点，加之信访干部新老交替和岗位流动频繁，广大信访工作者迫切需要一套全新系统的信访工作培训教材用于指导实践。因此，本丛书的编委成员作为长期从事信访工作的一线工作者，总结多年的信访培训工作经验，专门就编写新时代的信访培训工作教学资料进行了研究讨论，商定了信访工作培训教材的编写原则、内容和章节划分，历时数年，数易其稿，形成了本套信访工作培训教材。本套教材共分四册，包括：《信访工作概论》《信访工作实务》《信访工作心理学》和《信访工作者心理健康促进》，内容充分吸取了近年来各类信访工作理论研究成果中的基本观点和主要工作方法，聚焦当前信访工作中的热点、难点和焦点问题，涵盖了从事信访工作所需了解和掌握的基本常识，内容全面新颖，案例真实鲜活，贴近工作实际，特别是从心理学的角度对信访工作进行了有益的探索，为信访工作者心理健康促进给予了具体的指导。

奋进新征程、建功新时代。希望丛书能够满足信访工作者了解信访活动的历史发展规律、掌握信访工作理论和基础知识、学习从事信访工作的实际技能、提高信访业务素质的需要，为各级信访部门和广大信访工作者提供有益的参考，帮助大家精准把握新时代信访工作的基本原则和总体要求，也希望广大的信访工作者坚守人民情怀，坚持人民至上，牢记职责使命，主动担当作为，不断开创新时代信访工作新局面。

丛书编委会

2022 年 12 月 30 日

目 录

第一章
信访工作心理学概述

信访工作心理学是一门集信访学、心理学、社会学等多学科的交叉学科，属于社会心理学的一个分支学科。它是信访工作者长期工作经验的总结，是心理科学理论在信访工作实践应用中的一种新尝试。

纵观信访活动的始终，它总是与人的心理活动分不开，是在一定的社会关系中管理者与社会成员之间的一种信息交互活动，与人的心理有着密切联系。在信访工作过程中存在着大量亟待解决的心理学问题，这促使信访工作心理学应运而生。因此，信访工作心理学研究的重点应围绕两方面内容展开：一是研究信访工作过程中信访人、信访工作者的心理行为特征；二是研究信访工作过程中如何运用心理学方法开展工作。

第一节 信访工作心理学的内涵

一、信访工作的定义

信访工作是党的群众工作的重要组成部分，是党和政府了解民情、集中民智、维护民利、凝聚民心的一项重要工作，同时也是各级机关、单位及其领导干部、工作人员接受群众监督，改进工作作风的重要途径。我们党历来高度重视信访工作，特别是党的十八大以来，党中央对信访工作作出一系列重要决策部署，习近平总书记就加强和改进信访工作作出一系列重要指示批示，为做好新时代信访工作提供了根本遵循。随着中国特色社会主义进入新时代，我国社会主要矛盾已转化为人民日益增长的美好生活需要和不平衡不充分的发展之间的矛盾，信访工作面临着许多新情况、新问题，必须主动适应形势的变化和任务的需要，全面加强党对信访工作的领导，全面提升信访工作的规范化、法治化、制度化水平，更好担负起为民解难、为党分忧的职责使命。由于各级党委和政府的高度重视，以及广大信访工作者的辛勤工作，信访工作在实践中形成了正确的工作方针和指导思想，工作程序日趋完善，已经成为党和政府同人民群众密切联系的纽带和桥梁，是了解社情民意的重要窗口。

简言之，信访工作是在各级党委和政府领导下依法协调处理信访人提出的信访事项的工作。信访活动的主体包括两个方面，即信访人和信访受理者。信访人是指采用信息网络、书信、电话、传真、走访等形式，向各级机关、单位反映情况，提出建议、意见或者投诉请求的公民、法人或者其他组织。信访受理者就是各级党委和政府信访部门以及其他机关、单位，其任务就是协调处理信访人提出的信访问题。信访人与信访受理者的关系就是信访关系，信访问题的解决意味着信访关系的转化，信访关系的转化是有组织、有领导地开展的活动。也就是说，信访工作是各级党委和政府信访部门以及其他机关、单位调整和处理信访关系、促进信访矛盾转化的有组织、有领导地开展的活动。

二、信访工作心理学的由来

国际经验表明，在某一国家或地区人均国内生产总值（GDP）为3 000~10 000美元时，往往处于人口、资源、环境、效率、公平等社会矛盾瓶颈约束最为严重的时期，也往往是“经济容易失调、社会容易失序、心理容易失衡、社会伦理需要调整重建”的关键时期。2006年10月11日，中国共产党第十六届中央委员会第六次全体会议通过的《中共中央关于构建社会主义和谐社会若干重大问题的决定》指出，我国已进入改革发展的关键时期，经济体制深刻变革，社会结构深刻变动，利益格局深刻调整，思想观念深刻变化。这种空前的社会变革，给我国发展进步带来了巨大活力，也必然带来了这样那样的矛盾和问题。当前，中国社会正处于转型最深刻的时期，直接表现为经济体制、社会结构、文化模式、价值观念等各个领域的深刻变化，呈现出变迁速度快、程度深、力度强的趋势。因此，社会矛盾较为突出，很多矛盾则以信访的形式显现出来，信访主体和信访内容日趋多元化，信访问题解决的难度也越来越大，科学有效地做好信访工作显得尤为重要。

随着改革开放的深入，信访工作的地位和作用显得越来越重要。如果说过去的信访工作是以听取群众意见、解决具体问题为主要工作内容，那么如今的信访工作在此基础上，还必须主动向群众开展思想政治工作，宣传党的政策，努力通过信访工作为社会创造安定团结、和谐稳定的环境。这种工作任务的变化，要求信访工作者不仅要具有较高的理论政策水平，还要有对不同群众开展思想政治工作的本领。因此，提高信访工作者群众思想工作本领是各级信访部门的当务之急。

提高信访工作者工作本领，做好信访工作，单靠信访部门是不够的，需要得到全社会的关心和支持。可喜的是，全社会关心和支持信访工作的局面正在形成，一些高校设立了信访理论和信访科学专业，不少地方还成立了信访科学研究会，举办信访工作心理学研讨会。这都说明，信访工作正受到全社会的重视，心理学理论在信访工作实践中的运用得到了全社会的认同，很多地方和单位正在积极探索运用心理学原理和方法指导信访工作，信访工作心理学应运而生。

三、信访工作心理学的定义

顾名思义，信访工作心理学就是指将心理学原理和方法应用于分析、说明、指导信访活动中的个体和群体行为的心理学分支，是研究信访工作中人们的心理现象、心理过程及其发展规律的学科，是信访学、心理学、社会学等多学科交叉的应用型学科。信访工作心理学能够帮助信访工作者将心理科学理论运用到信访工作实践中去，帮助其探究信访行为背后的心理活动和心理状态，从而对信访行为和发展过程有更准确的把握及科学应对。

第二节　信访工作心理学研究的对象和主要任务

一、信访工作心理学研究的对象

信访工作心理学研究的对象可以从三个方面进行说明。

（一）信访工作心理与信访行为

信访工作心理是指在信访工作过程中，由社会因素引起，直接或间接地反映社会事物及社会关系，并对社会行为产生导向作用，对社会产生影响的心理活动。比如信访人的依赖心理、从众心理、对立心理、求助心理、攀比心理、猜疑心理等。

信访工作心理学研究信访人和信访工作者的心理及相互关系，离不开对信访行为的观察和分析，甚至把它作为信访工作心理活动的客观指标，如知觉、态度、社会性需要、成就动机和自我概念等，研究信访行为的目的是揭示信访行为背后的心理规律。

（二）个体心理与群体心理

个体具有群体心理是不言而喻的，包括社会认知、归因、决策、态度与行为意向、价值取向等。群体中存在着复杂多样的人际关系，需要进行必要的社会交往，由此产生各种群体心理现象，如去个性化、从众、群体凝聚力、社会助长等个体单独活动时一般不会出现的心理现象。

如果不存在个体心理就不会有群体心理，但群体心理也不断制约和影响着个体心理。

（三）信访过程中的交互作用和交往

人不是孤立的自然人，而是处在种种社会关系中的社会人。马克思曾经说过，人的本质不是单个人所固有的抽象物，在其现实性上，它是一切社会关系的总和。人生活在社会中，必然会受到他人影响，同时他的行为也会对周围的人际环境产生影响和作用，如首因效应、近因效应、光环效应、社交沟通、亲密关系等人际交往中特有的现象。信访工作心理学也将人在信访工作过程中的交互作用和人与人之间的交往作为一项重要的研究内容。

二、信访工作心理学研究的主要任务

信访工作心理学研究的主要任务有以下两个方面：

一个方面是从理论上探讨人在信访工作过程中发生的行为以及心理特征发生发展的规律，充分揭示形形色色的信访活动的心理现象实质，建立理论体系，以预见和控制人们在信访工作过程中的心理。

信访活动中的心理现象是十分复杂的，既包括感觉、知觉、注意、记忆、思维、想象、情感和意志，也包括能力、气质和性格等；既包括心理沟通、心理宣泄、心理态度和心理压力，也包括语言交流、信息处理、团体行为和团体心理等；既包括人格、人格结构、人格特征和人格类型，也包括人格测量、人格分析等。

信访活动中的心理现象虽然十分复杂，但并不是杂乱无章的，都具有一定的规律性，都是按照一定的规律发生和发展的。从信息论的角度说，一个完整的信访过程包括四个阶段，即准备阶段、交往阶段、处理阶段和反馈阶段。准备阶段是指信访人准备信访材料和信访工作者学习有关方针政策、武装思想的过程，这个阶段常常与人的认知过程以及感觉、知觉、记忆、思维等有密切关系；交往阶段是指信访工作者查阅信访资料或与信访人面对面交谈的过程，这个阶段常常与心理沟通、心理宣泄、语言交流等密切相关；处理阶段是信访工作者和有关人员根据信访人提出的要求，结合党和国家的有关方针政策作出判断的过程，这个过程既有思维的问题，也有能力、性格的问题；反馈阶段是指信访人获得信访结果后的反应，如果信访人认为没有解决问题，另一个新的信访活动将重新开始，这个阶段常常与人的心理期待、人格特征有较为密切的关系。

信访工作心理学的首要任务就是要努力阐明已经发现的信访活动的心理

规律和现象，积极探索尚未发现的心理规律和现象，为信访工作科学化、规范化开展提供理论依据。

另一个方面是用信访工作心理学理论指导信访工作实践，为信访工作提供行之有效的方法和途径。

信访工作心理学正是从社会心理学的角度，为广大信访工作者提供有益帮助。特别是在信访接待的实际工作中，通过学习信访工作心理学，信访工作者能够学会“知人”的方法，即如何去认识一个人、分析一个人和评价一个人；能够培养自己“善事”的能力，即提高自己的知识和业务水平，学会做“人”的工作，处理“人”的问题。

第三节 信访工作心理学的研究方法

一、信访工作心理学研究应遵循的主要原则

（一）价值中立原则

研究者要采取实事求是的科学态度，对客观事实不能歪曲和臆测。无论这些资料和结论是否与研究主体、他人或者社会的价值观念相冲突和对立，都要客观描述关于对资料反映的这些问题进行分析后所得出的结论。

在信访工作心理学的研究中，研究者总是在一定理论指导下从一定假设出发，且其个人好恶以及自身的价值取向均可能对研究结果产生影响。因此信访工作心理学的研究要秉承价值中立原则，尽量减少主观因素对研究可能产生的影响，使研究客观公正。

（二）系统性原则

社会行为与社会心理现象存在于一个系统之中，其产生与变化均有原因。系统性原则要求不仅要把所研究的对象纳入系统中进行考察，而且要用系统的方法来研究。系统性原则包含很多内容，如动态性原则、整体性原则、有序性原则以及反馈性原则等，为信访工作心理学研究提供了理论视角与分析手段。

（三）伦理原则

信访工作心理学的研究往往要采用一些手段控制情境或研究对象，因此严禁采用欺瞒、恫吓等手段，尽力避免对研究对象的身心健康造成损害。鉴于在信访工作心理学研究中容易出现一些伦理问题，研究者应遵循的主要伦理原则是：

（1）在制订研究计划时，研究者应评估其道德可接受性；

（2）研究前，研究者应向研究对象说明研究计划的主要部分，并征得其同意，在特殊情况下的欺瞒须经严格程序核准，并事后向研究对象说明，获得其理解；

（3）在具体研究中，研究者必须采取保护研究对象的措施；

（4）研究对象有退出研究的自由；

（5）对研究对象提供的资料应严格加以保密，如公开发表，须经研究对象同意；

（6）不得与研究对象建立研究工作以外的其他关系。

二、信访工作心理学的研究方法论

从我国信访工作心理学的现状来看，首先必须坚持社会存在决定社会意识的历史唯物主义原则。社会心理作为社会意识的一个层次，是社会存在所决定的，是第二性的、派生的。在西方资本主义国家，社会心理学发展很快，研究方法也进一步精确化，取得不少研究成果，但他们有一个普遍倾向，即夸大和歪曲社会心理的本质和作用，用社会心理来解释社会发展规律和说明人的本质，把社会“心理化”，从而颠倒了存在和意识的基本关系。

三、信访工作心理学的主要研究方法

信访工作心理学属于心理学的分支，因此心理学常用的研究方法对信访工作心理学同样适用，例如观察法、实验法、谈话法、作品分析法、问卷法、模拟法等。但是信访工作心理学在使用上述研究方法时，又有自己的特点，最常用的是观察法、调查法和档案法三类研究方法。

（一）观察法

研究者通过感官或借助工具直接观察研究对象的方法叫观察法。科学起源于观察，客观准确的观察是大多数科学研究工作的前提。观察法可分为自然观察法和参与观察法。

1. 自然观察法

自然观察法是在自然情景中对人的行为进行观察，其特点是对所观察的行为尽可能少地进行干预。自然观察法的主要目的是描述行为，提供类别及数量信息，即回答“是什么”的问题。此外，它也可能提供一些其他的经验数据。自然观察法是所有研究方法的基础。

2. 参与观察法

参与观察法是观察者与被观察者之间存在互动关系，即观察者作为被观察者群体的一员进行的观察。其特点是由于身临其境，观察者可能获得较多的“内部”信息。采用参与观察法时，应尽量减少观察者与被观察者之间相互作用造成的负面影响。例如，观察者在观察时通常隐瞒自己的身份等。

（二）调查法

调查者拟出一系列问题请被调查者回答，然后分析整理收集到的资料，以达到描述、解释和说明社会心理与社会行为的目的的方法叫调查法，也称询问法。传统的调查法分为访谈法和问卷法。

1. 访谈法

访谈法是访谈者通过与访谈对象的口头交谈来搜集资料的方法，也称口头调查法。与观察法一样，访谈法也是直接搜集资料的基本方法。

（1）特点。访谈过程是访谈者与访谈对象互相影响的过程。若要取得访谈的成功，访谈者必须在双方的社交沟通中创造信任的氛围，取得访谈对象的积极配合；此外，访谈具有特定的目的性，需要设计和编制一套专门的有针对性的访谈提纲并实施。这是为了保证访谈的客观性、科学性和有效性。访谈法是一种科学研究的方法，并不是普通的“聊天”。

（2）分类

1）结构访谈与非结构访谈。结构访谈是标准化访谈，即按统一要求，依照一定的结构问卷进行的正式访谈；非结构访谈的访谈提纲是粗线条式的，访谈者可视实际情况灵活掌握与调整。结构访谈的结果易于统计分析，但灵活性较差。非结构访谈的灵活性强，但要求访谈者有较强的数据归纳和分析能力。

2）直接访谈与间接访谈。直接访谈是面对面的访谈；间接访谈是通过特定中介进行的访谈，常见的有电话访谈等。直接访谈不仅能获得言语信息而且还能获得非言语信息，有助于对结果进行解释与分析，但这种访谈对访谈者的要求较高，成本较高；间接访谈搜集到的资料相对较少，但访谈效率高，成本较低。互联网访谈是近年来出现的一种新的访谈形式，属于间接访谈的方式，但也有直接访谈的部分特点。

（3）访谈过程与技巧

1）准备工作。在访谈前应熟悉访谈提纲的内容，准备好访谈所需材料，尽可能了解访谈对象，选择双方合适的时间与地点进行访谈。

2）接近访谈对象。是否善于接近访谈对象，将决定访谈能否顺利进行。在接近访谈对象的过程中，大致应注意的事项有：穿着干净整洁；称呼恰当合适；自我介绍简洁明了，不卑不亢；发出邀请时热情大方，语气肯定正面；以适当方式消除访谈对象的紧张、戒备心理，有时应主动出示身份证等证件。

3）应对拒绝的技巧。如果访谈对象拒绝访谈，访谈者应有耐心，甚至要能忍耐对方一些过分的表现和言辞；同时应尽快弄清对方拒绝的原因并设法解决。不要轻易放弃，因为最初的拒访者能为访谈者提供特殊信息，可以为进一步的访谈研究提供重要的参考依据。

4）谈话与提问技巧。开始交谈时应有寒暄之词以调节情境氛围；严格按访谈提纲的顺序以及原有问题提问；提问时使用封闭式提问和开放式提问相结合的方式；访谈时应与访谈对象保持交流，认真倾听并仔细记录，适当给予访谈对象鼓励，但要避免诱导；对访谈对象应有耐心；如有遗漏，应请对方补充回答。

5）追问技巧。当访谈对象回答不完整、不明确或答非所问时，访谈者应进行适当的追问。追问可分为说明式追问、详尽追问、假设性追问、系统追问、情感反应式追问以及正面追问等。这些追问方式可根据不同的场合和目的灵活运用。例如，当访谈对象犹豫不决或不理解时可用说明式追问；回答不全时，可用详尽追问；当需要对方提供更多信息时，可采用正面追问或系统追问等。

2. 问卷法

研究者用统一严格设计的问卷搜集资料的研究方法叫问卷法。问卷法是信访工作心理学研究中使用最普遍的方法之一。

(1) 特点。问卷法有两个特点：一是标准化程度较高，整个过程严格按照规定的程序进行，从而保证了研究的准确性和有效性，避免主观性和盲目性；二是收效快，能在短期内获得大量信息。

(2) 分类

1) 结构问卷和无结构问卷。在结构问卷中，每个问题都给出若干备选答案，调查对象从中选择最恰当的一个或多个答案。其优点是填写简单明了、用时较少，资料便于统计分析。在无结构问卷中，问题虽然是统一的，但未给予任何选择答案，调查对象可自由作答。其优点是可获得丰富资料，有利于进行较为深入的研究。

2) 发送问卷、访问问卷和邮寄问卷。这是依照问卷的传递方式进行分类。

发送问卷是调查者自己或通过他人把问卷发送到调查对象手中，待其填答完毕，再由调查者逐一回收。发送问卷适用于团体的或有组织的调查对象，其回收率及有效率均较高。

访问问卷是调查者按照问卷的要求当面向调查对象提出问题，然后将调查对象的口头回答填写在问卷中。其回收率极高，有效率也很高，但费时费力，只适用于较小样本的研究。

邮寄问卷是调查者向一定范围内的调查对象邮寄问卷，要求调查对象按规定的要求填答，并在某一时限前通过邮寄的方式将问卷回传给调查者。其优点是问卷样本可以较大，且匿名性较强，但回收率较低。通过缩短问卷长度及附有回寄邮票的方法可一定程度提高回收率。

(3) 问卷的构成

1) 题目：问卷的标题，是对问卷目的及内容最简洁的说明。

2) 前言：说明研究目的、研究内容、研究组织者，对调查对象提供的资料的保密承诺等。

3）指导语：用以指导调查对象填写问卷的说明，包括填写方法、要求、时间、注意事项和例题等。

4）问题及备选答案：是问卷的主体内容。

5）人口学数据的记录：这些作为主要的研究变量，一般包括年龄、性别、民族、婚姻状况、学历等。

6）结束语：通常在此对调查对象的参与表示谢意。

7）计算机编码：方便后期用计算机处理问卷的结果。

（4）问卷设计的主要原则

1）目的性原则：要明确并紧密围绕研究目的。

2）全面性原则：要全面考虑问卷内容的构成，在提问语句及答案设计中要尽量穷尽相关内容。

3）非歧义性原则：要使调查对象能够准确理解问卷的内容，避免出现歧义。

4）非暗示性原则：调查者要力求避免对调查对象暗示或诱导。

5）适度规模原则：尽量针对特定的问题展开，不要牵涉面太广。如果问卷过长、问题太多，会使得调查对象疲倦甚至反感。

（三）档案法

按照一定目的搜集大量资料（过去及现在的），通过内容分析进行研究的方法叫档案法。档案资料包括调查报告、个案资料、事件记录、统计资料、出版物及历史文献等。内容分析通常选取有代表性的资料样本，将其内容分解成一系列的分析单元，并按预先设计的分析类别与维度较为严格地评判记录，最后进行统计分析。

档案法的优点是对研究对象的心理干扰小，适用于跨文化的比较研究和跨时间的趋势研究；缺点是工作量大，费时费力，分析数据的难度较大。在某种意义上，档案法也是一种调查法，是对历史资料的调查。

第四节 信访工作心理学的作用和意义

一、认识内外世界

学习信访工作心理学相关知识，可以加深人们对自身的了解，可以知道自己为什么会作出某些行为，这些行为背后究竟隐藏着怎样的心理活动，以及自己现在的人格、性格等特征是如何形成的等。

同时，也可以把自己学到的心理活动规律运用到人际交往中，通过他人的行为推断其内在心理活动，从而实现对外部世界更准确的认知。

二、调整和控制行为

信访工作心理学除了有助于对心理现象和信访行为作出描述性解释外，还向我们指出了心理活动产生、发展和变化的规律。人的心理特征具有相对稳定性，但同时也具有一定的可塑性。因此，我们可以在一定范围内对自己和他人的行为进行预测和调整，也可以通过改变内在和外在的因素实现对行为的调控。也就是说，可以尽量消除不利因素，创设有利情境，引发自己和他人的积极行为。例如，当我们发现自己存在一些不良心理品质和习惯时，就可以运用心理活动规律，找到诱发这些行为的内在和外在因素，积极创造条件改变这些因素的影响，实现自身行为的改造。

三、心理学在信访工作中的应用

信访工作心理学分为理论研究与应用研究两大部分，理论研究层面的大部分知识是以间接方式指导我们的各项工作的，而应用研究层面的大部分知识在实际工作中则可以直接发挥作用。

（一）与信访人面对面开展工作时，信访工作心理学的应用

1. 培养信访工作者形成较强的心理承受能力

运用信访工作心理学原理，把握信访人的心态是信访工作者的必备能力之一。特别是一些敏感问题引发的信访事项，尤其是集体访、越级访等，有时矛盾相当尖锐，若信访工作者没有准确把握问题的能力，掌握不好处理方法，不但很难化解矛盾，反而会进一步激化矛盾，严重影响干群关系、党群关系。一些涉法涉诉信访人，由于问题长期得不到解决，产生了心理问题，情绪激动，思想偏激。一些倾诉型信访人，在工作和生活中遇到挫折或不公正待遇时，急于寻找发泄渠道，怒气冲冲而来，言行偏激，言辞激烈，强烈的倾诉欲望往往导致其在表达诉求时长篇大论、逻辑混乱、没有重点、词不达意，如果得不到信访工作者情感上的共鸣和呼应，很容易加重他们的不满情绪。一些偏执型信访人，由于存在一定程度的心理问题和性格偏执，在其诉求得不到满足的情况下，不管怎样做工作，仍然不断信访，甚至采取极端方式反映诉求，给正常的信访工作秩序，同时给信访工作者的情绪都带来负面影响。还有一些复合型信访人，原本是为解决问题而来，但在主张权益的背后还隐藏着严重的心理危机。这些都给信访工作者的心理带来了巨大影响，同时也对其心理承受能力提出了更高要求。

2. 指导信访工作者提升心理疏导能力

面对各种各样的信访人，信访工作者必须提高认识、明确职责，运用心理学方法，讲究谈话艺术，采取科学的疏导方式。心理疏导要具体问题具体分析，发挥防患于未然的预防作用，帮助信访人度过心理危险期。在日常工作中，信访工作者可以利用心理咨询中的倾听、共情和自我暴露等技术，认

真倾听信访人的诉求，准确认同其内心体验，从而创建信任友好的关系，促使信访人从容正视自己，从不同角度看待遇到的争议、困难和挫折。在心理疏导过程中，要以事实为依据，采用平等尊重的疏导方式，认真倾听信访人的陈述，帮助其分析情况，对处理结果不随意评价，耐心做好疏导，引导其依法理性反映诉求，维护权益。

（二）与职能单位面对面开展工作时，信访工作心理学的应用

1. 培养信访工作者形成较强的心理控制能力

信访工作是一项繁杂具体的工作，面对信访人的同时也要面对各职能部门。许多信访问题产生和重复出现的一个很重要的原因，就是职能部门现行政策不完善、欠连贯，缺乏全面性、系统性、前瞻性。同时，也有部分职能部门的工作人员对存在的矛盾和问题认识不到位、考虑不周、操之过急，导致工作疏漏，引起群众的不满，进而引发诸多信访问题。面对这些情况，一个优秀的信访工作者在与其他职能部门沟通时，应具有较强的心理控制能力，只有控制自己的情绪，才能克服反应力迟滞、思考力降低等问题，才可以做到遇事沉着冷静，临危不惧协调处理各类信访难题。心理控制力的获得，既要通过平时的工作积累，也要通过心理训练，学习一些自我控制的方法，控制自己的心理状态，避免负面应激反应的出现。

2. 帮助信访工作者克服从众的心理

信访工作中，大量信访问题需要通过各级信访部门层层向上反映解决。由于信访问题往往涉及面广，例如涉及土地征收、房屋拆迁、国企改革等方面问题，有些职能部门在制定政策时可能考虑不够周全，甚至出于片面的政绩观、发展观，为追求“政绩”，搞形象工程、面子工程，损害了群众利益；也有个别单位和个人为民服务意识淡薄，没有处理好改革力度、发展速度与群众可承受度的关系，损害了群众利益；也有个别单位或个人对群众的合理

要求或应该解决的问题推诿扯皮、敷衍塞责。面对如此复杂的信访问题，首先，信访工作者要克服从众心理，与职能部门共同分析信访问题产生的原因。要通过自身阅历，将正确的价值观、方法论等内容植入自己的思想之中，在主观上牢固树立执政为民、公平正义的思想。其次，在工作中要加强学习，不断增补个人所缺乏的知识，培养自信心。在具体信访问题的处理中，要杜绝从众心理影响的“情景明确性”因素，找准问题切入点，切实做到信访事项发现得早、处理得好。

总之，信访工作者要把信访工作心理学知识充分应用到信访问题的处理中，不仅使信访部门成为化解矛盾的“减压阀”，还能够成为信访人心灵倾诉、情感宣泄的“避风港”。

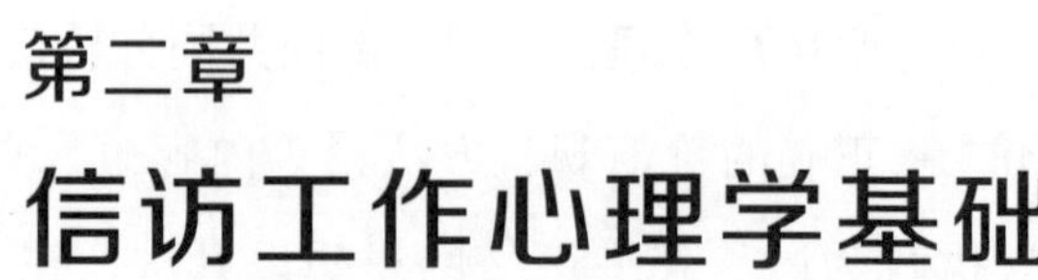

第二章 信访工作心理学基础

信访工作被形象地比喻为社会和谐的“晴雨表”、社会稳定的“风向标”。当下，信访工作也面临新的考验，群众信访多，处理难度大。如何在这一现状下做好信访工作，是每位信访工作者都需要深思的问题。

“攻人先须攻心。”只有掌握了自己和工作对象的心理特点，才能做好自己的本职工作。信访工作也是如此。也就是说，要做好信访工作，信访工作者必须掌握信访工作心理学的基础理论及主要内容。

人们通常把心理现象分为心理过程和个性心理两个部分。心理过程包括认知过程、情感过程和意志过程，是人们进行的各种各样的心理活动，是心理现象的动态形式。心理过程是人们普遍具有的、共性的心理活动，是人脑对客观现实的反映过程。个性心理是指表现在一个人身上比较稳定的心理特征的综合，是心理现象的静态形式，是指每个人的心理活动都表现出自己的特点，从而使人与人在心理上存在个别差异。

第一节　心理过程与信访工作

信访工作的性质决定了其具有特殊性，信访过程贯穿于人们的心理过程，心理过程在信访工作中始终处于紧密联系状态。

一、认知过程与信访工作

认知过程是最基本的心理过程，是人们在了解客观事物时所进行的各种心理活动。如信访工作者坐在办公室里，看到信访人进进出出，听到信访人倾吐自己的不满，嗅到各种不同的气味，感觉到自己内心的变化等，这就是感知。我们不仅能够感知世界上的事物，还能在事情过去后想起经历过的事物，这就是记忆。同时，我们还常常思考一些事情，通过分析、推理、综合等过程，找到解决问题的办法。我们还能想象出自己从未经历过的事物或者世界上没有的事物，这些想象和思维是心理现象较为高级的表现形式。

认知过程中各种基本的心理现象是每个人每天都在经历着的，信访工作者当然也不例外，这些心理现象对信访工作具有非常重要的启示。

（一）感觉剥夺的代价

要做好信访工作，就必须首先从认识事物的一些简单属性开始。人脑对事物的个别属性的认识就是感觉。感觉虽然很简单，但却很重要，它在信访工作中有重要意义。

没有感觉的状态就是感觉剥夺，是指将人们和外界环境刺激高度隔绝的特殊状态。在这种状态下，各种感觉器官接收不到外界的任何刺激信号，经过一段时间之后，就会产生这样或那样的病理心理现象。

1954 年，心理学家贝克思顿、赫伦和斯科特首次在论文中报告了感觉剥夺的实验结果。在实验中，他们要求研究对象安静地躺在实验室里的一张舒适的床上，实验室内非常安静，听不到一点声音；一片漆黑，看不见任何东西；两只手戴上手套，并且卡住。研究对象的吃喝都由研究者事先安排好，不需要移动手脚。总之，研究对象的外界刺激几乎都被“剥夺”了。实验一开始，研究对象还能安静地睡着，但不久之后，他们开始失眠，变得不耐烦，急切地寻找外界刺激，他们唱歌、打口哨、自言自语，用两只戴着手套的手互相敲打，想方设法试着去探索这间实验室。换句话说，研究对象变得焦躁不安，总想活动，觉得很不舒服。实验中研究对象每天可以得到 20 美元的报酬。但即使这样，也难以让他们在实验室中坚持实验 2~3 天甚至是更长时间。

征地拆迁信访、企业改制信访、农村选举信访、山林土地纠纷信访、劳动合同纠纷信访……要解决好各类信访问题，信访工作者就必须正确感觉事件的各种个别属性。同时，一些信访工作者可能不时会对自己从事的工作产生职业倦怠，觉得每天面对信访人是一件很痛苦的事情，会把自己搞得筋疲力尽、身心俱损。而事实上，外界刺激对维持人的正常生存是十分必要的。人们在日常生活中，习以为常地接受的各种刺激以及由此而形成的各种感觉，其实是很重要的。

心理智慧

比起信访人提供的各种刺激来说，没有刺激才是最令人痛苦的事情。只要信访工作者时刻明确自己工作的意义，就一定会在自己的工作中找到乐趣和舒缓压力的方式。

（二）自我知觉与信访工作

古语云：“人贵有自知之明。”正确的自我知觉，可以激发人的自尊心、自信心、事业心和荣誉感，从而推动学习、工作和事业的进步。

信访工作者要做好信访工作就必须有一个正确的自我知觉。

自我知觉是指对自己的心理和行为状态的知觉，就是对自己的看法和评价，或称内省，包括物质自我、精神自我、社会自我。物质自我是指对自己的身体、长相、性别等特点的认识和评价；精神自我是对自己的智慧、能量、上进心和道德感等的认识和评价；社会自我是指对自己的社会角色、地位、职责、与他人的关系以及他人对自己的评价等的认识和评价。

信访工作是一项比较特殊的工作，它需要信访工作者牢固树立全心全意为人民服务的宗旨。假如信访工作者对待工作总是疲于应付，不考虑自身条件与能力，就很容易盲目产生攀比心理。

心理智慧

自我知觉是主观上的“我”通过各种方法去认识客观存在的“我”的过程。拥有正确的自我知觉是信访工作者必须具备的一项心理素质。

那么，信访工作者如何来实现自我知觉呢？

（1）以人为镜。社会心理学家费斯汀格认为，在没有客观指标的情况下，人们往往以别人作为评价自己的工具。也就是说，自我知觉大体上是以他人看自己的方式看自己。信访工作者可以通过他人如领导、同事、父母、好友、配偶等对自己的态度与评价来进行自我知觉。

（2）角色扮演。用扮演社会角色来促进自我知觉、自我认识。例如信访工作者深入基层，了解信访的具体情况等。

（3）相互比较。通过社会比较来自我知觉。即通过与自己类似的人加以比较来认识和评价自己，取人之长，补己之短。如信访工作者可以与这个领域中的优秀者进行比较，以认清自己差距所在。

（4）观察与分析。通过对自己心理活动的观察与分析来实现自我知觉、自我评价。信访工作者可以通过写日记的方法来达成这一目的，同时要在保持良好心境的状态下回顾自己的日记，总结自己的心路历程。

（5）自我调制。克服自我知觉发展中的偏差。信访工作者在工作实践中，要善于自我监督、自我调节，增强个体适应和改变环境的本领。

（三）时间知觉与信访工作

爱因斯坦有过一个精妙的比喻："当你和一个美丽的姑娘坐上两个小时，你会感到仿佛只坐了一分钟；但如果在炽热的火炉边，哪怕只坐上一分钟，你却感到好像坐了两小时。"

不知你是否留意过，当你做自己喜欢的事情时，会感觉时间过得很快，可以说时光飞逝；当做自己不喜欢的事情时，会如坐针毡，感觉时间过得很慢。这是因为你对时间知觉发生了错误，我们对时间长短的知觉，会因在这个时间内所做的事情，而产生不同的错觉。客观事物和事件的连续性和顺序性在人脑中的反应就是时间知觉。

在一个时间周期内，人们往往感觉到前慢后快。比如，一个星期，前几天相对于后几天感觉慢，过了星期三，一晃便到了星期日；一段假期，前半段时间相对于后半段感觉慢，当过了一半时间，便会觉得越来越快。所以有俗语说："年怕中秋月怕半，人惧中年岁惧夕。"这都是因为主观知觉影响了时间知觉的表现。

在人的一生中，时间知觉也有前慢后快的规律，人在青少年时期感到时间过得慢，等过了 30 岁，就开始有时间变少的压迫感，觉得时间过得快了。

在信访工作中，信访工作者每天都承受着来自各方的压力，比如，遇到难缠的信访人，一方面要控制他们的情绪，另一方面还要平心静气地为他们解决好问题等。在这种情况下，信访工作者极易产生时间知觉偏差，很多时候都有时光缓慢的感觉。

此外，许多已过中年的信访工作者，会认为自己到了这把年纪还在做信访工作是在蹉跎岁月，人生过得毫无意义，很容易因为对时间知觉的偏差而产生职业倦怠问题。

心理智慧

时间每时每刻都以同样的速度流逝，不会快也不会慢，发生变化的只是我们的心境。在任何时候，珍惜时间都是必要的。

只要信访工作者明确自身工作的意义，在工作中认真体验每一个欣喜和快乐，就能做到提高工作效率。

（四）随意注意与信访工作

根据产生和保持注意时有无目的以及意志努力程度的不同，把注意分为不随意注意、随意注意和随意后注意三种。不随意注意是指没有预先目的，也不需要意志努力的注意；随意注意是指有预先目的，需要一定意志努力的注意；随意后注意是注意的一种特殊形式，是指有预先目的，不需要意志努力的注意。

我们平时所说的“培养注意力”中的“注意”指的就是随意注意。

信访工作作为一项特殊的工作，在工作过程中保持注意是必须的。那如何做到这一点呢？

（1）加深对工作目的和工作任务的理解。信访工作者对工作目的和工作任务的重要意义理解得越清楚深刻，对完成工作任务的欲望就越强烈，那么与完成工作任务有关的一切事物也就越能引起和保持人的随意注意。

（2）培养间接兴趣。间接兴趣越稳定，就越能对工作对象保持随意注意。例如，信访工作者处理信访事件时，一旦认识到信访事件处理得当的重要意义后，就能够克服困难，专心致志地思考信访事件的解决方法。

（3）合理的组织活动。这方面相对较为复杂，我们可以从以下三个方面来看：

1）智力活动与实际操作相结合，把注意对象作为实际行动对象。例如，在处理信访事件过程中，可以通过适当做笔记的方式整理思路，这比自始至终只进行思考效果要好。

2）根据工作需要，提出一定的自我要求，经常提醒自己保持注意。特别是在要求加强注意的紧要关头，向自己提出“必须注意”的要求尤其重要。

3）提出问题。为了回答问题，必然注意有关事物。在信访工作中，信访工作者多向自己提问，不仅可以促进自己进行换位思考，而且对保持随意注意也具有重要意义。

（4）用顽强意志与干扰做斗争。这样既能锻炼意志，又能培养随意注意。

小提示

有时候，某些微弱的刺激不仅不会干扰人的随意注意，而且会加强随意注意。例如，工作过程中可以听听音乐，音乐的效果反而能增强自身的注意力。正如俄国生理学家谢切诺夫说的，绝对的“死气沉沉的”寂静并不能提高反而会降低智力工作的效果。

心理智慧

培养良好的随意注意能力，需要方法，更需要毅力。只要给自己定下目标并随时督促自己，信访工作者一定可以慢慢增强自己这方面的能力。

（五）信访工作中的“舌尖现象”

每个人都应该有过这样的经历：明明记得这个人的名字，觉得这个人很熟悉，但是刚想叫他，却忘了他的名字，使得场面很尴尬；刚刚想跟同事讲一件事情，可是话到嘴边，却忘了自己要说什么，过一会儿又想起来了；刚想到一个解决问题的好方法，想说的时候却偏偏想不起最细节的内容……

这就是普遍的“舌尖现象”——一种“几乎就有了”的感受，话就在嘴边，能够清晰地感觉到，却没有办法把它说出口或加以具体的描述。

那么，“舌尖现象”到底是怎样形成的呢？

在记忆过程中，人的大脑就像电脑一样，先将各种外界学习材料自动编成形码、声码和意码，然后再将这三种码分别放到大脑组织中去储存。当我们需要回忆时，大脑便将这三种码分别检索出，解码后再联结出原来的形象、名称和意义。记忆过程中的任何一个环节出现问题，记忆都会受到影响。如果在检索过程中，形码、声码和意码中任何一种无法检索出或三者检索后无法联结，记忆中的物体就会变得“缺胳膊”或“少大腿”，就形成了“舌尖现象”。

这是由于大脑对记忆内容的暂时性抑制造成的，这种抑制来自多方面，比如对有关事物的其他部分特征的回忆掩盖了所要回忆的部分特征，又比如回忆时的情境因素以及自身情绪因素的干扰等。消除了抑制，如经他人提示、离开回忆困难时的情境、消除紧张情绪等，“舌尖现象”往往就会消失。

在记忆编码过程中，情景因素也会同时被编码和储存，因此在相同的情景中回忆检索会比较顺利，而在陌生的环境中检索就会比较困难，“舌尖现象”就更容易发生。比如，信访工作者在熟悉的工作环境中工作会得心应手，而在陌生的环境中却容易出现忘记事情的现象。又比如，在信访工作中，突然要求信访工作者说出某个事件的来龙去脉，或许他一时想不起来，但如果他回到当天记录该事件时的地点或环境，在自己原来的座位坐下来，可能会很快记起所有内容。

心理智慧

现实生活中每个人都会遇到“舌尖现象”，信访工作者也不例外。

在这种情况下，信访工作者应当怎么做呢？

克服这种现象的简便方法是即时停止回忆，经过一段时间后再进行回忆，要回忆的事物可能会很容易想起来。

当信访工作者暂时性出现“舌尖现象”时，切忌惊慌失措，否则会造成恶性循环，也不要绞尽脑汁地苦苦思索，可以通过以下步骤进行克服：

（1）闭上双眼，深呼吸，放松心情，放松肌肉，想象自己是在平时熟悉的工作环境中工作。进入情景的“角色”后再思考，“舌尖现象”就有可能被攻克。

（2）如果还是想不出来，可暂时先去做其他事情，然后再重复一次或多次。

（六）转瞬即逝的灵感

心理学上称灵感为顿悟，是指人在特定刺激诱发下突然产生的对某一问题的醒悟。

先来看一个故事吧。19 世纪中叶，人们对有机化学的研究开展得有声有色，但当时最棘手的问题之一是苯分子的结构尚不清楚。当时，德国著名化学家凯库勒也在研究这一问题。一次，他在绞尽脑汁、百思不得其解时，面对火炉打起瞌睡来。在睡梦中，他看见很多碳原子、氢原子首尾相连形成了很多环，在他面前不停地跳动，其中一个环突然闪现在他眼前，像一道闪电把他惊醒。梦中原子排成的环让他大受启发，经过进一步研究，终于得出苯分子的结构是六角形环状的结论。

上面这种奇特的现象就是灵感状态。

一个完整的解决问题的思维过程包括分析与综合、比较、抽象与概括。但当灵感出现的时候，思维的一系列中间过程都被省略了，剩下的只有首尾环节。在这种状态下，人往往会豁然开朗，找到解决问题的途径和方法，然后再逐步恢复中间过程。

一提起灵感，很多人立刻会想到艺术家、科学家。但灵感不是极少数天才具有的一种神秘精神状态。每个人在工作和生活中都需要那么一点灵感状态，也包括信访工作者。他们每天都承受着来自各方的压力，假如能够多一些灵感，那么工作起来就会有更多的方法和空间了。

灵感是一种潜意识的活动，当经过一段时间对某个问题专注思考和研究之后，转入休息状态或从事其他工作，人的大脑已经不再有意识地注意这个问题了，但是还在通过潜意识的活动继续思考着它。所以，当灵感出现时，会感觉它仿佛突然从天而降，让人茅塞顿开，但又无从知晓它的来龙去脉。

心理智慧

在信访工作中也需要灵感，它仿佛是枯燥工作中的兴奋剂。只要我们排除外界干扰，在工作中勇于探索、积极思考，并注意劳逸结合，每个人的大脑都可能在自己不经意间迸发出美丽的思维火花。

（七）奇妙的心理暗示

美国某大学心理系的一堂课上，一位教授向学生们介绍了一位来宾——世界闻名的化学家比尔博士。比尔博士从皮包中拿出一个装着液体的玻璃瓶说："这是我正在研究的一种物质，它的挥发性很强，当我拔开瓶塞，它马上会挥发出来。但它完全无害，气味很小。当你们闻到气味，请立刻举手示意。"

说完，比尔博士拿出一个秒表，并拔开瓶盖。一会儿工夫，只见学生们从第一排到最后一排都依次举起了手。最后，教授告诉学生们：比尔博士只是本校的一位老师化装的，那个瓶子里装的物质也只不过是蒸馏水。

学生们之所以会"睁着眼说瞎话"，就是因为受到"权威"的心理暗示而产生了错觉。

心理暗示在日常生活中常见，每天都在不同程度地影响着人们的生活。比如，一道新菜上来，你尝了尝并没有觉得有什么特别，等主人详细介绍后，你却渐渐体会到了菜的新奇和特殊；一个作家没出名的时候，写的文章不被人重视，可一旦哪天功成名就，他以前的作品不仅会变成珍品，甚至文章中的句子也会被逐字地赋予意义。

心理暗示在工作中也有各种各样的体现。比如，有一天同事突然说："你的脸色不太好，是不是病了？"这句不经意的话起初你还不太在意，但慢慢地，你会觉得自己头重脚轻，浑身隐隐作痛，仿佛真的生病了一样；领导某一天表扬你最近工作做得不错，或是你收到了信访群众的感谢信，当天就会神采奕奕，浑身充满了干劲，真的表现越来越好了。这就是心理暗示的一种——自证预言。自证预言是心理学上常见的现象，是指人会不自觉地按已知的预言行事，最终令预言发生。也可理解为对他人的期望会影响对方的行为，使得对方按照他人的期望行事。其实，这些都是心理暗示的作用。

心理智慧

心理暗示分为自暗示（自己对自己的暗示）和他暗示（别人对自己的暗示）两种。我们控制不了别人对自己的暗示，却能控制自己对自己的暗示。信访工作者每天应多对自己进行积极的自暗示，多对自己说这样的话：我真的很不错！我可以克服一切困难！我是最棒的……积极的自暗示可以使信访工作者朝着积极的方向发展。

二、情绪情感与信访工作

人们在认识客观世界的时候，总会伴随着一定的情绪情感，如喜、怒、哀、乐、恐、惊等基本情绪，产生亲情、友情、爱情等感情，以及产生道德感、理智感和美感等高级情感。这些情绪情感的体验过程，就被称为情感过程。

信访工作中，信访工作者和信访人当然也都是具有情绪情感的。二者的情绪情感可能会对信访工作产生怎样的影响呢？

（一）为什么他和我的反应不一样？

面对同一件事情，两个人为什么会产生两种截然相反的情绪状态呢？

美国心理学家埃利斯创立了情绪 ABC 理论，他认为：正是由于常有的一些不合理的信念才使得我们产生情绪困扰。在该理论中，A 表示诱发性事件（Activating event）；B 表示个体针对此诱发性事件产生的一些信念（Belief），即对这件事的一些看法、解释；C 表示自己产生的情绪和行为结果（Consequence）。

通常人们会认为诱发性事件 A 直接导致了人的情绪和行为结果 C，发生了怎样的事情就引起了怎样的情绪体验。然而，面对同样一件事，不同的人会产生不同的情绪体验，就是因为各人的信念 B 不同。

不合理信念与合理信念之间的区别就在于，不合理信念是绝对化要求、过分概括化，而且是糟糕至极的。信访工作作为一项压力较大的工作，很容易使工作者产生一些不合理信念。

思考一下，你最近是否出现过下列想法：

（1）人应该得到生活中所有对自己重要的人的喜爱和赞许；

（2）有价值的人应该在各方面都比别人强；

（3）任何事物都应按照自己的意愿发展，否则会很糟糕；

（4）一个人应该担心随时可能发生灾祸；

（5）情绪由外界控制，自己无能为力；

（6）已经定下的事是无法改变的；

（7）一个人遇到的种种问题，总应该有一个正确、完满的答案，如果无法解决，便是不能容忍的事；

（8）对不好的人应该给予严厉的惩罚和制裁；

（9）逃避、挑战与责任要比正视它们容易得多；

（10）要有一个比自己强大的人做后盾才行。

如果你经常出现上述描述的想法，那么你就要注意了，你可能有太多不健康的负面情绪。一个人有适量的负面情绪依然是健康的，但是千万不要让太多不健康的负面情绪主导了自己的生活。下次再遇到令人烦恼的事情，可以试着用健康的正面情绪代替不健康的负面情绪。比如，与其说人应该得到生活中所有对自己重要的人的喜爱和赞许，不如说他不喜欢我，我有点伤心。

心理智慧

我们不能改变客观事件，却可以改变自己的想法。做到“我的情绪我做主”是一种人生哲学。信访工作者可以也应该做到调控好自己的情绪，让自己“快乐生活，快乐工作”。

（二）你有没有对别人实施过“替罪羊”行为？

回想一下：当你在工作中受了委屈的时候，你是否会回到家对着家人发脾气？当领导批评了你，你是否会回到办公室把一大团纸撕得粉碎，然后扔进垃圾桶？

当人们烦闷或恼怒，但却不知烦闷、恼怒的根源所在，或知其根源但却无法消除其根源的情况下，往往就会去寻找根源的替代品作为发泄或出气的对象，这就是“替罪羊”行为。

“替罪羊”行为的发生一般有以下三个特点：一是烦闷或恼怒的根源太强大因而不敢攻击（如不敢反击自己的上司），或是因为自己的过错而导致了情绪低落，不愿攻击自己，又或是不知根源所在，无法攻击；二是常常找比自己弱小的对象作为“替罪羊”，借此发泄自己心中的不快；三是在“替罪羊”行为发生前，总要无事找事，寻找发泄的导火索。

信访工作的特殊性质决定了信访工作者要接触的负面信息较多，他们很容易产生一些负面情绪，如愤怒、抑郁、无奈、焦虑……一个人的不良情绪一旦无法正常发泄和排解，便会在心中积聚。这时人往往会想找一个“出气筒”，把不良情绪转移到他人身上，因此，有时候人的不良情绪甚至会在无意中影响到他人。

情绪是会传染的。试想一下，假如你正在接一通电话，这时对方看不到你脸上的表情，只能听到你的声音，我们说话的时候需不需要微笑呢？答案是肯定的。因为微笑会影响到你的声音，当你接电话的时候，对方虽然看不到你的表情，但却能“听到你的表情”。若你用微笑来回报对方，对方也会以同样的方式回报你。

心理智慧

不管怎样，在生气、愤怒时拿他人出气，找“替罪羊”是不对的，对他人也是不公平的，这样只会使负面情绪恶性循环，传染给他人。我们自己肯定不愿意成为他人的“替罪羊”，同样的道理，他人也不愿意做你的“替罪羊”。因而，信访工作者一定要警惕“替罪羊”效应，克制自己的不良情绪，防止不良情绪传染给他人（如信访人或者自己的家人），更不要拿他人做“替罪羊”。

（三）急中生智——应激行为

比较典型的情绪状态有心境、激情和应激三种。其中，心境是一种比较微弱而持久的情绪状态；激情是一种迅速强烈地爆发的短暂的情绪状态，如狂喜、绝望、暴怒等；应激是指个体在面对出乎意料的情况下所作出的适应性反应。

当人处在应激状态时，一般会出现两种不同的表现：一种是急中生智、沉着镇定；另一种是手足无措、呆若木鸡，注意和思维的范围缩小，作出一些不适宜的举动。

信访工作中，很可能会发生一些让人出乎意料的情况，如信访人可能会自杀、自伤等。那么信访工作者在面对这些情况时的情绪状态称为应激。

大家肯定都还记得司马光砸缸的故事吧！面对危机情境，其他小朋友都吓得手足无措，而司马光却镇静地搬起石头砸碎了水缸，救出了小朋友！司马光体现了随机应变的心理素质。

急中生智是应激状态的结果。但是，急中未必都能生智。现代心理学发现，信访工作者是否能在工作中做到急中生智，取决于三个方面条件：

一是急中要“冷”。遇到需要紧迫作出决定的时刻，思维越容易混乱。所以，保持冷静，才能及时想出好办法。

二是急中要“变”。就是要善于变向思考，多些创造性思维，这会使你在关键时刻突破思维定势，想出好办法。当然，创造性思维需要在平时多加练习。

三是急中要“信”。就是要有信心。越是紧急的时候，越是要有摆脱困境的信心，否则只能急中出乱。

心理智慧

信访工作的特殊性意味着其可能经常要处理一些突发事件。要做到应激状态下能急中生智，信访工作者就必须在平时多多培养自己沉着冷静的态度、灵活思考的能力和遇事不畏缩的决断力。

三、意志与信访工作

信访工作者在认知过程中，往往需要克服种种困难去实现预定目标；在情感过程中，也常常需要控制自己的情绪情感。这种克服困难、控制情绪情感的过程，称为意志过程。

如果说感知觉是外部刺激向内部意识的转化，那么意志过程就是内部意识向外部行为的转化。因为意志过程总是要伴随着行动，并指向外部的特定目标。意志是人们自觉确立目标，并根据目的支配、调节自己的行为，克服困难，从而实现目标的心理过程。

（一）意志行动的基本阶段

某信访部门的工作人员这几天正在发愁一件事情，老信访户老王几乎是每天都来，声称村干部私自动用村里钱款，可是早在十几天前信访部门就已经查过钱款去向，村干部并没有私自动用。他们给老王看了钱款的具体去向，但是老王认为“天下乌鸦一般黑”，这是在“官官相护”，任凭工作人员怎么解释也没有用，于是依然天天都来这里，还声称“反正自己也没其他事儿，全当是来锻炼身体了”。

对于信访部门的工作人员来说，这可是件令人头疼的事情。这时候信访工作者该怎样应对呢？

信访工作者完成一个意志行动要经历以下两个阶段：

（1）准备阶段。这一阶段包括在思想上权衡行动的动机（老王信访的动机）、确定行动的目标（抚平老王的不良情绪并查出钱款的确定所在）、选择行动的方法（调查村干部和老王的方法）、作出行动的决定（何时开始行动）。

（2）执行阶段。意志行动的准备阶段是对行动和手段作出决定，而执行阶段则是执行准备阶段所作出的决定（开始着手调查老王信访事件的来龙去脉）。在执行阶段，意志的强弱主要表现在两个方面，一方面坚持预定的目标和计划的程序，另一方面制止那些不利于达到目标的行动。在这个阶段，个体常常要反复修改行动方案，包括审定自己的目标，检查行动的方法和手段等。

（二）不可避免的冲突

由于在意志行动中人们常常具有两个以上的目标，而这些目标不可能同时实现，因而引起了意志行动中的目标冲突或动机斗争，具体如下：

（1）接近—接近型冲突。当两种或两种以上目标同时吸引着人们，但只能选择其中一种目标时，通常出现接近—接近型冲突。比如，某一信访工作者某天既想参加儿子的家长会，又想参加单位组织的活动，然而鱼与熊掌不可兼得，最终只能二者择其一。

（2）回避—回避型冲突。当两种或两种以上的目标都是人们力图回避的事物，而他们又只能回避其中一种目标时，就产生回避—回避型冲突。回避—回避型冲突常常要求人们只有接受其中一种目标，问题才能得到解决。比如，某人牙疼，医生检查要求必须拔牙，可是他既不想牙疼又不想拔牙，这就是一种回避—回避型冲突。

（3）接近—回避型冲突。这种冲突是在某一事物对人们既有吸引力又有排斥力的情况下发生的。在这种情况下，人们在接近该事物的同时又故意回避它，从而引起内心的冲突。比如，某工作人员想要快点解决某一信访事件，但是要达到这一目标，就要去见一位他很不想见的信访人，这就是一种接近—回避型冲突。

（4）多重接近—回避型冲突。在实际生活中，人们的接近—回避型冲突常常出现一种更复杂的形式，即人们面对着两个或两个以上的目标，而每个目标又分别具有吸引力和排斥力两方面的作用。人们无法简单地选择一个目标，回避或拒绝另一个目标而必须进行多重选择，由此引起的冲突叫多重接近—回避型冲突。比如，某信访工作者想要换一份工作，这时可能其要考虑的因素就很多，像自己的工作经验、工资等，往往要权衡很多才会最终作出决定。

（三）意志行动中的挫折

挫折是指个体的意志行为受到无法克服的干扰或阻碍，预定目标不能实现时所产生的一种紧张状态和情绪反应，即俗话所说的“碰钉子”。具体到信访工作者，比如信访事件处理不好、领导对其工作不满意、信访人对其恶言恶语等，这都会成为挫折的来源。

信访工作者遭遇挫折后，可能会出现三种反应，即情绪性反应、理智性反应和个性化变化。

（1）情绪性反应。这类反应是指信访工作者在遭受挫折时伴随着的紧张、烦恼、焦虑等情绪反应，表现为强烈的内心体验或特定的行为反应。情绪性反应的形式有很多，一般有攻击、冷漠、退化、固执等。这类反应是比较消极的，需要信访工作者及时作出调节，寻找更为积极的反应方式。

（2）理智性反应。这类反应是指当信访工作者遭受挫折后，能够审时度势，保持积极进取的态度，勇于克服各种困难，排除阻碍，毫不动摇地朝着预定目标迈进。这是一种积极的应对方式，有利于信访工作者最终顺利达成目标。

（3）个性化变化。持续的挫折或重大的挫折不仅会使信访工作者产生持续的紧张状态和挫折反应，而且某些行为反应还会逐渐固定下来，形成相应的习惯和某些突出的个性特点，甚至会影响个性的形成与发展。如挫折使某些信访工作者缺乏主动性，冷漠无情；或使信访工作者粗暴简单，具有攻击性等。这类情况下，信访工作者最好能积极寻求心理医生帮助，逐步修复自己的个性。

（四）反击挫折

逆商（AQ）全称逆境商数，是指人们面对逆境时的反应方式，即面对挫折、摆脱困境和超越困难的能力，在成功之路上具有至关重要的作用。逆商（AQ）和智商（IQ）、情商（EQ）并称3Q，有专家甚至断言，100%的成功=20%的IQ+80%的AQ和EQ。对于信访工作者来说，一项必不可少的素质就是高逆商。提高逆商，增强挫折承受力，是培养良好意志行为的重要方面。那么，如何才能提高逆商，增强挫折承受力呢？

1. 正确对待挫折

首先要认识到挫折是普遍存在的，从某种意义上讲，挫折是生活的一部分，不经历挫折是很难成长的。每次遇到挫折时可以告诉自己：没有过不去的坎儿，一切都会过去的。

2. 改善挫折情境

挫折情境是产生挫折和挫折感的重要原因，如果挫折情境得到改善和消失，挫折感也会随之改善或消失。对挫折情境的改善，首先应该预防挫折的发生，即对一件事情的成功或失败作出正确的估价。挫折发生后，应认真分析引起挫折的原因，设法改变、降低或消除其作用的程度。挫折情境改善的另一种办法是暂时离开挫折情境，到一个新的环境中去或改变环境气氛，给受挫折者以同情、支持和温暖。

3. 总结经验教训

善于总结失败和挫折中的教训是增强挫折承受力的重要方面。一方面要从失败中吸取教训，另一方面要发现自己的优点和长处。

4. 调节抱负水平

抱负水平是指个体在从事活动前，对自己所要达到的目标或成就的标准。它是人们进行成就活动的动力，而能否成功则取决于抱负水平的高低是否适合个体能力水平。抱负水平过低或过高都不利于增强个体的自信心。要使个体在活动中产生成就感又不至于受到挫折，就要提出适合个体能力水平、具有挑战性的标准。

5. 建立和谐的人际关系

当一个人遭受挫折后，如果有几个在思想上、学习上和生活上志同道合的朋友，能向他们倾诉心里话，便能使自己从挫折中解脱出来，内心的紧张也会逐渐减弱。同时，还可以从朋友那里得到鼓励、信任、支持和安慰，重新振作精神，战胜困难和挫折。

第二节　个性特征与信访工作

个性特征，是指一个人身上经常表现出来的本质的、稳定的心理特征，体现着人们鲜明的心理差异性。如有的人擅长沟通，有的人擅长推理，有的人擅长计算等，这些是能力上的差异；有的人活泼开朗，有的人沉默寡言，有的人暴躁易怒，有的人热情奔放，有的人冷漠淡然等，这些是气质上的差异；有的人诚实可信，有的人虚伪自私等，这些是性格上的差异。这些都显示着个性心理特征的不同。个性心理特征主要包括能力、气质、性格等，影响着人的言行举止，反映出一个人的基本精神面貌。对于信访工作者而言，了解个性心理特征方面的知识并能在具体工作中加以应用，具有十分重要的意义。

一、能力与信访工作

能力是指人们成功地完成某项活动所必需的个性心理特征。心理学上对能力有多种划分方法，下面主要看一下与信访工作相关的智商和情商问题。

（一）智商与人的能力

谈及一个人的能力时，大多数人可能马上会想到一个人的聪明程度，一个人的智商（IQ），即智力商数。智力通常叫智慧，也叫智能，是人们认识客观事物并运用知识解决实际问题的能力。智力包括多个方面，如观察能力、记忆能力、想象能力、分析判断能力、思维能力、应变能力等。智力高低通常用智商来表示，用以标示智力发展水平。

智商很大程度上是天生的，后天改进的空间有限。但现在有几个问题需要我们思考：《三国演义》中，论智商，刘备比不过诸葛亮，可为什么诸葛亮却甘为刘备所用？美国前总统小布什的智商仅为92，但他却成功担任了两任美国总统，这是为什么？现如今，情商训练营颇受各界人士的厚爱，这是为什么？事实上，这一切疑问都可以从情商上寻找答案。先天性智商不高，后期可以通过情商来弥补。

（二）智商与情商之争

一个人要想生活幸福，取得成功，智商重要还是情商重要？社会上对此有明显的两派争议。现如今，大体趋势是情商一派已胜过智商一派。人们大多认为，在一个人成长发展乃至最终成功的过程中，情商才是决定一切的关键。

情商（EQ）又称情绪智力，是近年来心理学家提出的与智力和智商相对应的概念。它主要是指人在情绪、情感、意志、耐受挫折等方面的品质。总的来讲，人与人之间的情商并无明显的先天差别，更多与后天的培养有关。

可以说，在信访工作中，智商是基础，情商是关键。

情商包括一系列相关心理过程，这些过程可以概括为三个方面：准确地识别、评价和表达自己与他人的情绪；适当地调节和控制自己与他人的情绪；适当地利用情绪信息，以便有计划性和创造性的激励行为。

情商水平不像智商那样可以用测验分数较准确地表示出来，它只能根据个体的综合表现进行判断。鉴于信访工作的特殊性和重要性，信访工作者拥有高情商是至关重要的。信访工作者需要控制和调节好自己的情绪，不让消极负面情绪影响工作；同时也需要恰当地应对信访人，包括安抚、控制信访人的情绪；此外还需要有良好的沟通能力，及时针对信访人的情绪采取针对性的举措。

（三）提高自己的情商

情商伴随着社会活动中的人的一生，是后天培养与修炼能够提高的。那么信访工作者可以从哪些方面努力，来提高自己的情商呢？

1. 学会划定恰当的心理界限

如果没有疆界，即使再亲密的两个国家，他们的冲突迟早会发生，因为他们没有自己和他人的区分。人与人之间也是一样。

仔细观察周围，不难发现：界限能力差的人在面对侵犯者时易产生恐惧情绪，他们不会与侵犯者对抗，而更愿意向第三者倾诉。其实，只要学会划定恰当的心理界限，就可以避免此类问题。每个人都应该明白什么是他人可以或不可以对自己做的，当他人侵犯了自己的心理界限，恰当地告诉他使其改正，这才是理智的选择。划定界限，需要勇气和决心。学会划定恰当的心理界限也是一个人成长的过程，这个过程会让你受益匪浅。

2. 用合适的方法让自己保持理智

找一个适合自己的方法，在感觉快要失去理智时使自己平静下来，从而作出理智的行动。

科学实验证明，当我们在压力之下变得过度紧张时，血液会离开大脑皮层，我们会变得举止失常。此时，大脑中动物的本性起了主导作用，使我们像最原始的动物那样行事。美国人曾用这样一句话来表达："当遇到事情时，理智的孩子让血液进入大脑，聪明地思考问题；野蛮的孩子让血液进入四肢，大脑空虚，疯狂冲动。"

对于信访工作者来说，当血液开始涌向四肢时，可以选用以下方法来克服紧张情绪：

（1）呼吸调节法，把一只手放在腹部，慢慢地、深深地吸气，让空气充满整个肺部，直至冷静下来；

（2）积极暗示法，对自己说："我正在冷静""我可以克服一切问题""一切都会过去的"；

（3）水疗法，洗个热水盆浴，有助于让你的怒气和焦虑慢慢消失；

（4）宣泄法，也叫情绪宣泄法。想着信访工作中不愉快的事情，把你的指尖放在眉毛上方的额头上，大拇指按压太阳穴，深吸气，这样做几分钟，血液就会重回大脑皮层，就能更冷静地思考问题。

3. 扫除一切浪费精力的事物

精力是有限且微妙的，但我们可以明显感受到变化。比如，听到好消息时，肾上腺素会激增；听到坏消息时，会感到精疲力竭。浪费精力的事物不利于情商的提高。

要做到扫除浪费精力的事物，可以参照以下方法进行：

第一步，列出经常消耗你精力的事物清单；

第二步，系统地分析一下清单，把消耗你精力的事物分成两部分，可有所作为的和不可改变的；

第三步，逐一解决"可以有所作为的"问题，比如对信访工作者来说，把文件及时分类，就可避免找不到文件的烦恼了；

第四步，看一下“不可改变的”问题，还有没有可以解决的可能，如若没有，果断放弃。

经过这四步之后，相信作为信访工作者的你，会对生活和工作有更强的控制感。

二、气质与信访工作

我们平时可能会夸一个人说：“你很有气质。”当然，这里的“气质”是夸这个人有格调、气度、文化修养等。而心理学中的“气质”与之不同，指的是脾气、性情、秉性。对于信访工作者来说，了解“气质”的有关知识不仅可以更好地了解自身，而且可以有针对性地应对信访工作中的信访人，做到“一把钥匙开一把锁”，把信访工作做好。

这里要介绍的“气质”，指的是个人心理活动和语言、动作、行为等方面稳定的天然的动力特征。人一生下来就表现出某些气质特征，比如，有些婴儿安静、平稳，害怕陌生人；有些婴儿好动、喜吵闹，不害怕陌生人。俗话说：“江山易改禀性难移。”气质在很大程度上是先天注定的，很难改变，但也并不是一成不变的。

传统的气质类型，也是应用较为普遍的气质类型，心理学中将其分为以下四种。

(1) 胆汁质（兴奋型）：率直，热情，精力充沛旺盛，反应迅速，情感体验强烈，情绪发生快而强，易冲动，但平息也快。言语动作急速而难于自制，内心外露，但急躁易怒，有顽强拼搏的劲头和果断性，但缺乏耐心，冒失，傲慢，刚愎自用。典型人物代表如张飞、李逵。

(2) 多血质（活泼型）：活泼好动，富有生气，反应迅速，行动灵活，情绪发生快而多变，表情丰富，思维、言语和动作敏捷，乐观，亲切，浮躁，轻率，外向，易动情但情感体验不深。兴趣广泛但易变，注意力易转移。典型代表人物如王熙凤、曹操。

（3）黏液质（安静型）：沉着，冷静，稳重，情绪发生慢而弱，反应较慢，言语、思维和动作迟缓，不灵活，注意力集中。心平气和，不易冲动，内心少外露，热情，坚韧，淡漠。自我控制能力和持久性强，但易因循守旧，不易改变旧习惯去适应新环境。典型代表人物如袭人、沙僧。

（4）抑郁质（抑制型）：感受性强，观察精细，内向，多愁善感，柔弱易倦，情绪发生慢而强烈，对外界刺激敏感，但反应缓慢，动作迟钝，小心谨慎，不善于与人交往，胆小，孤僻，忸怩，遇困难或挫折易畏缩。典型代表人物如林黛玉。

实际生活中，人的气质并不都像上述所说的那样典型。具有典型气质的人毕竟是少数。绝大多数的人都是近似于某种气质，同时又与其他气质结合在一起。四种气质类型各有利弊，无所谓好坏之分。

要改变一个人的气质是很难的，并且改造的方法还没有充分研究出来。所以改变气质几乎是不可能的。正如我们之前说过的，气质类型没有好坏之分。因此，在信访工作中，信访工作者的任务在于了解信访人的气质类型，采取适当应对信访人气质特点的最佳策略和方法。

例如，胆汁质的信访人可能会出现攻击、好斗的行为问题，对待他们要尤为注意，给予他们发泄的空间。同时由于他们直爽热情、精力旺盛、脾气暴躁，因此，与他们交往时，要不卑不亢、仔细倾听，同时进行有说服力的安慰和教育；与多血质的信访人谈话过程中一定要把握谈话的主动权，要把话题聚焦在主要问题上，不要使之漫无边际地表达；对黏液质的信访人要热情，不能操之过急，要允许他们有充分的时间考虑问题和作出反应；抑郁质的信访人可能会出现焦虑不安的人格问题，因此信访工作者要注意不要在公开场合指责、批评他们，而要采取他们能接受的方式进行劝说，交往时说话要谨慎，不要轻易开玩笑。

三、性格与信访工作

三百多年前，在普鲁士王宫里，大哲学家莱布尼茨正在滔滔不绝地向王室成员和众多贵族宣传他的宇宙观。话锋一转，他说："世界上没有两片完全相同的叶子。"听者哗然，不少人摇头不信。于是，有好事者就请宫女到王宫花园中去找两片完全相同的叶子。谁知，数十人寻遍了整个王宫花园也无法找到。

与叶子一样，大千世界也没有性格完全相同的两个人。

"性格"一词对我们每个人来说都不陌生，因为我们每个人都有自己独特的性格。性格是指个人对现实的态度和行为方式中比较稳定而有核心意义的心理特征。

如信访工作者在面对比较棘手的信访事件时，有的人正直、勇敢、无畏，着力于为人民群众解决问题；有的人却胆怯、恐惧、退缩，推卸责任。性格坚强的信访工作者，善于克制自己的情绪，表现出坚强的意志力，而性格软弱的信访工作者，则控制不了自己的情绪，缺乏坚韧不拔的意志力。

不同性格的人表现出的行为方式也不尽相同。关于性格的类型，不同的心理学家提出了各自不同的见解。

（一）MBTI职业性格测试

MBTI职业性格测试的理论基础是著名心理学家卡尔·荣格先生关于心理类型的划分，后经凯恩琳·布里格斯和她的女儿伊丽莎白·布里格斯·迈尔斯研究并加以发展。MBTI广泛应用于职业发展、职业咨询、团队建议、婚姻教育等方面，是目前国际上应用最广的人员素质测评工具。MBTI包括四个维度，即注意力方向维度，分为内倾（I）和外倾（E）；认知方向维度，分为实感（S）和直觉（N）；判断方式维度，分为理智（T）和情感（F）；生活方式维度，分为判断（J）和理解（P）。以此为基础，测试结果可以分为ISTJ、ENFP等16种人格类型，分别对应不同的人格类型。比如冬奥冠军谷爱凌就是INTJ人格类型，而爱因斯坦则是INTP人格类型。

（二）霍兰德性格类型划分

霍兰德把人的性格类型划分为六种类型。

1. 社会型的人

这种性格类型的人具有爱好社交、活跃、友好、慷慨、乐于助人、易合作和合群等性格特征，适合从事社区工作者、教师、护士等工作。

2. 理智型的人

这种性格类型的人具有好奇、善于分析、思维内向、富有理解力和聪明等性格特征，适合从事自然科学、电子学和计算机程序编制等工作。

3. 现实型的人

这种性格类型的人具有直率、随和、重实践、节俭、稳定、坚定和不爱社交等性格特征，适合从事农业、制图、采矿、机械操作等工作。

4. 文艺型的人

这种性格类型的人具有感情丰富、想象力强、富有创造性等性格特征，适合从事文学创作、音乐、文艺评论等工作。

5. 贸易型的人

这种性格类型的人具有外向、乐观、爱社交、健谈、喜好高风险、喜欢支配和领导他人等性格特征，适合从事管理、销售等工作。

6. 传统型的人

这种性格类型的人具有务实、条理、随和、友好、谨慎和保守等性格特征，适合从事办公室文秘、会计、打字员和接线员等工作。

如果职业类型与性格类型相重合，个人会感兴趣并获得内在的满足，能充分发挥自己的聪明才智；如果职业类型与性格类型相近，个人经过努力，也能适应并做好工作；如果职业类型与性格类型相斥，则个人对职业毫无兴趣，很难胜任工作。了解了上述六种性格类型，信访工作者不仅能更好地分析自己，同时也能在信访工作中对信访人作出适当辅导。

（三）性格色彩解析

颜色划分法是现今比较流行的一种性格类型划分方法。对性格的颜色划分法实际就是用四种颜色来代表不同性格类型的人，这四种颜色分别为红色、蓝色、黄色和绿色。

1. 红色——快乐的带动者

红色性格的人做任何事情的动机很大程度上是为了快乐，快乐是这些人的最大驱动力。他们积极乐观，天赋超凡，随性而又善于交际。

2. 蓝色——最佳的执行者

持久深入的关系是蓝色性格的人所着力建立和维系的。他们具有可贵的品质，对待朋友忠诚而诚挚，并在思想上深层次地关心和交流。

3. 黄色——有力的指挥者

对于黄色性格的人来说，深层次的驱动力来自对目标的实现和完成。他们一般都具有前瞻性和领导能力，通常都有很强的责任感、决策力和自信心。

4. 绿色——和平的促进者

绿色性格的人的核心本质是对和谐与稳定的追求，缺乏锋芒与棱角。他们宽容、透明，通常非常友善，适应性强，是很好的倾听者。

颜色性格划分方法，浅显易懂，比较容易对号入座，所以成为当今一种比较流行的性格类型划分方法。

（四）性格的动物类型之分

此外还有通过动物来对人的性格进行划分的方法。

1. 老虎型

这类性格的人有自信、够权威、决断力高、竞争性强、胸怀大志、喜欢评估，企图心强烈、喜欢冒险、个性积极、有对抗性。信访工作者在遇到老虎型的领导者时，除了要高度服从外，也要有冒险创新的勇气；遇到老虎型的信访人时，信访工作者要尽量避免用语言挑战他们的权威，避其锋芒，更多地用实际行动来说服他们。

2. 孔雀型

这类性格的人热情、乐观、口才流畅、喜好交友、风度翩翩、诚恳热心、表现欲强。信访工作者遇到孔雀型的领导者，除了要善于在团队中工作外，还要对领导谦逊得体，不露锋芒，把一切成功都与领导分享；遇到孔雀型的信访人，信访工作者则要给予其说话的机会，满足他们的表达欲，同时又要主导谈话的方向。

3. 考拉型

这类性格的人行事稳健、强调平实、性情平和，不喜制造麻烦、不兴风作浪，在别人眼中常被误以为是懒散不积极，但只要决心投入，绝对是“路遥知马力”的最佳典型。

4. 猫头鹰型

这类性格的人传统、注重细节、条理分明、责任感强、重视纪律、分析力强、精准度高，喜欢把细节条例化，个性拘谨含蓄，是个完美主义者。信访工作者遇到猫头鹰型的信访人时，一定要注意倾听，保持思路清晰，通过说服力强的语言与之交谈。

5. 变色龙型

这类性格的人具有高度的应变能力，处事极具弹性，能为了适应环境的要求而调整其决定甚至信念，没有突出的个性，擅长整合内外信息，兼容并蓄，不与人为敌，以中庸之道处世。

第三节　群体心理与信访工作

人总是要生活在一定的社会环境中，与别人形成一定的社会关系，参加一定的群体生活。群体心理是以特定的相互关系和方式组合起来进行活动的人群或共同体，由于某些社会原因而产生的心理状态和心理倾向。

信访工作的一大重要特点就是面向群众。那么，群众作为一个群体可能有哪些心理？针对信访人的心理，信访工作者应当如何应对？这些问题是这一节将要着重探讨的内容。以下主要从信访工作中的社会思维、社会影响和社会关系三个方面来介绍。

一、信访工作中的社会思维

从心理学角度说，提升思维能力能够帮助我们提升认知敏感度。当人们作为一个群体，思维在一起碰撞、相互产生影响时，这时的思维方式就具有了社会思维。以下将介绍几种与信访工作相关的社会思维，并指出相关启示。

（一）第一印象效应

一位心理学家曾做过这样一个实验：他让两个学生都做对 30 道题中的一半，但是让学生 A 做对的题目尽量出现在前 15 题，而让学生 B 做对的题目尽量出现在后 15 道，然后让一些研究对象评价两个学生谁更聪明一些。结果发现，多数研究对象都认为学生 A 更聪明。这就是首因效应，也叫第一印象效应，是指最初接触的信息所形成的印象对以后的行为活动和评价的影响。

首因效应是一个妇孺皆知的道理，领导者总是很注意烧好上任之初的“三把火”，群众也深知“下马威”的妙用，每个人都力图给他人留下良好的“第一印象”。但是，路遥知马力，日久见人心，仅凭第一印象就妄加判断，以貌取人，往往会带来不可弥补的错误！《三国演义》中庞统最初准备效力东吴，于是去面见孙权。孙权见到庞统相貌丑陋，心中先有几分不喜，又见他傲慢不羁，更觉不快。最后，这位广招人才的孙仲谋竟把与诸葛亮比肩齐名的奇才庞统拒于门外，尽管鲁肃苦言相劝也无济于事。众所周知，礼节、相貌与才华绝无必然联系，但是礼贤下士的孙仲谋尚不能避免这种偏见，可见第一印象对人的影响之大！

信访工作者在接待信访人的过程中，要尽力给信访人留下一个好的第一印象（外貌或言谈举止），在信访人心中树立一个专业的信访工作者形象，以便自己工作可以顺利进行。但必须注意，信访人之所以信访，都是因为对某一问题不满，所以他们在信访过程中可能只注意发泄自己的不满情绪，或是言辞比较激烈。在这种情况下，大部分信访人可能很难给信访工作者留下好的第一印象。而对于信访工作者来说，如果不能客观理智地分析情况，可能会影响其判断问题的准确性。

心理智慧

首因效应在信访工作中是客观存在的，信访工作者可以恰当地利用首因效应增强自己的影响力。与此同时，在判断信访人的时候，如果仅凭第一印象来评价，往往比较偏颇，信访工作者应该以理性的态度全面综合地看待问题，尽量避免自己因第一印象影响判断的准确性。

（二）刻板效应

社会心理学认为，那种用老眼光看人造成的影响就是“刻板效应”，它是对人的一种固定而笼统的看法，从而产生刻板印象。有些人总是习惯于把人机械地进行归类，把某个具体的人看作某类人的典型代表，把对某类人的评价视为对某个人的评价，因而影响正确的判断。刻板印象常常是一种偏见，人们不仅对接触过的人会产生刻板印象，还会根据一些不是十分真实的间接资料对未接触过的人产生刻板印象。例如，人们会普遍认为，老年人是保守的，年轻人是冲动的；北方人是豪爽的，南方人是善于算计的等。

在信访工作中经常会见到刻板效应的存在。例如，有些信访工作者对位高权重的领导，脸上往往流露出欣赏崇拜的神色，不愿把一些错误与他们相联系。而对无权无势的信访人，则认为他们无知冲动，甚至表现出急躁、厌烦的情绪。实践证明，刻板效应不仅影响信访工作者自身的工作效率和准确性，也可能伤害到一些信访人的利益，甚至会引发信访人更为激烈的行为。

心理智慧

刻舟求剑的故事相信大家都听说过，这则故事听起来很荒诞可笑，但在日常生活中，我们稍不留意，便会作出与这个楚国人一模一样的刻舟求剑的行为。信访工作者应该有意识地克服这种现象，以一种开放的态度对待身边的人和事，避免犯一些不理性的错误。

（三）角色扮演效应

从社会心理学角度来看，在社会这个舞台中，我们每个人都要扮演多重社会角色，这些角色有各自不同的规范，是不能相互替代却又必须兼顾的。作为一个心理成熟的男性或女性，应该很好地扮演自己的多重社会角色。这就必须进行多重社会角色之间适时恰当的心理转换。如果你对需要扮演的多重社会角色不能胜任，社会角色心理不成熟就会给你的生活带来不幸和悲剧。所谓角色固着，就是固守一个角色，不能根据现实生活的需要进行恰当的角色心理转换。

信访工作的特殊性决定了信访工作者在工作过程中比较容易感染消极情绪，假如不能及时调整自己，甚至把工作中的角色带入家庭或其他场合，很容易产生职业倦怠，产生生活无力感。

那么，如何适时做好角色转换呢？下面是一种比较实用的小方法。

“脱外衣”——与前一种角色暂时说再见：

（1）每次踏入家门或工作场所的那一刻，潇洒地把自己的外套脱下来，并告诉自己，“现在要开始家庭/工作生活了，我真的很不错！”

（2）每次踏入家门的一刻，轻松地把自己的鞋子脱下来，并告诉自己，“工作上的事情刚被我一脚踢开了，我现在只是一个丈夫/妻子！”

（3）每次踏入家门或工作场所的那一刻，愉快地把自己的围巾摘下来，并告诉自己，“前一种角色刚被我暂时抛开了，我现在头脑很清醒！”

……

“脱外衣”这种仪式化的动作很简单，但如果能够坚持做下去，你就会体会到理智、愉悦和成就。

心理智慧

在人际交往中，信访工作者一定要清楚自己在某个时刻扮演怎样的角色与他人交往。否则，不仅自己的生活会一团糟，也会影响他人的生活和感受。能根据现实生活的需要进行恰当自如的角色心理转换，也是一种生活哲学。

（四）角色认同效应

角色认同效应指的是某个角色容易得到我们的心理认同。

社会心理学经典实验

天使在监狱里堕落成恶魔——斯坦福监狱实验

社会心理学研究中一个有名的实验是斯坦福监狱实验。心理学家津巴多于1972年设计了一个模拟监狱，实验地点在斯坦福大学心理系的地下室中，参加者都是男性志愿者。

志愿者中的一半被指派为“看守”，另一半被指派为“犯人”。扮演看守的，实验者发给他们制服和哨子，并训练他们推行一套“监狱”的规则；另一半扮演犯人，他们穿上品质低劣的囚衣，被关在牢房内。所有的志愿者包括实验者，仅花了一天的时间，就完全进入了状态。看守们逐渐变得十分粗鲁、充满敌意，还想出多种对付犯人的酷刑和体罚方法。犯人们垮了下来，要么变得无动于衷，要么开始了积极反抗。

用津巴多的话来说，在那里，“现实和错觉之间产生了混淆，角色扮演与自我认同也产生了混淆。”尽管实验原先设计要进行两周，但不得不提前停止。“因为我们所看到的一切令人胆战心惊。多数人的确变成了看守和犯人，不再能区分角色扮演和真实自我之间的差别。”

这个颇受争议的实验表明，一个简单的假设角色，可以很快进入个人的社会现实中。人们可以从中获得自我认同，很难从他们扮演的角色中清楚自己的真实身份。这种现象叫“角色认同效应”。

在工作中，如果信访工作者能深深地进入自己的角色，也可以使他们变得更加敬业。在职场中，当我们升迁到一个新的岗位，就是开始了一个新角色的扮演。刚开始可能有些不适应，但是随着角色的逐渐深化，如果有足够的实力，我们最终能够很好地适应和胜任这个岗位。

心理智慧

在信访工作中，对自己职业角色的深化，能使信访工作者更热爱和投入自己的工作，也就更容易取得成就。

（五）角色深化效应

尽管每个角色都与演员没有任何关系，但他们能根据剧本演绎出各种性格的人，并且在演绎过程中，角色开始渗透进演员自我，渐渐地本来的自我也开始向那个角色发生转变，这种现象叫作角色深化。心理学上的角色深化效应是指我们在表述一个不理解的东西时，就像演员进入角色一样，会逐渐深入到这个理念中去而加深对它的理解。

曾经有过这样一个心理学实验：研究者要原本不会表演的大学生写一篇介绍表演艺术的文章，将这些大学生分为两组，其中，A 组大学生被要求注意说理的透彻性，以理服人；B 组大学生被要求注意文章的结构。结果发现，与没有被要求写文章的大学生比，这两组大学生对表演艺术的态度都发生了更显著的变化，其中，A 组大学生比 B 组大学生变化更大。

生活中，我们肯定也有过这样的体会，对自己不理解的文章阅读一遍，再对他人讲述一遍或者抄写一遍，更能加深我们对这个观点的理解。在信访工作中，信访工作者应善于利用这个心理效应。比如，同事对自己的某个观点不理解，可以试图让该同事负责传达这个观点。这样，同事就需要做准备，搜集一些数据和图表，建立清晰的主题脉络，准备应对其他人的质疑等。而在这个过程中，同事可能就逐渐加深了对这个观点的理解，并从心底里认同这个观点。

心理智慧

如果信访工作者想增进对某种思想的理解，可以试着去表述它；如果想要改变他人（如信访人）的看法，则可以给他表述这个看法的机会。

（六）竞争优势效应

钓过螃蟹的人或许都知道，竹篓中放了一只螃蟹，必须记得盖上盖子，多钓几只后，就不必再盖盖子了，因为这时螃蟹是爬不出来的。当有两只或两只以上的螃蟹时，每一只都争先恐后地朝出口处爬，但篓口很窄，当一只螃蟹爬到篓口时，其余螃蟹就会用威猛的大钳子抓住它，并把它拖到下层，由另一只强大的螃蟹踩着它向上爬。如此循环往复，最终没有一只螃蟹能够成功。这就是“螃蟹效应”。对应到人类社会时，社会心理学家认为，人们与生俱来有一种竞争的天性，多数人都希望自己比他人强，不能容忍对手比自己强，因此，人们在面对利益冲突的时候，往往选择竞争，两败俱伤也在所不惜。即使在双方有共同利益的时候，人们也往往会优先选择竞争，而不是选择对双方都有利的合作。这种现象被心理学家称为“竞争优势效应”。

我们在日常生活中大多看过这样的情景：在上公共汽车时，一看到汽车进站，大家都会情不自禁地蜂拥而上。结果许多人卡在车门处谁也进不去，导致大家上车速度都慢了。其实人们心里都明白，按顺序上车会更快，可是当汽车进站时却不顾理性了。明明知道谦让和合作对大家都有好处，可是心里又想：“凭什么要我谦让呢？”因此，就造成了拥挤。

就信访工作来说，有些信访人怀着不满信访也是因为这种竞争优势效应在作怪：某项政策的出台，使得他人受益而自己没有受益或受益相对较少；认为别人侵犯了自己的利益等。

不可否认，一方面，竞争有一定的积极作用，但另一方面，社会是共生的，“一木难支大厦”“一个人玩不成棒球”，人与人的合作也是必不可少的。

那么信访工作者在工作过程中，如何缓解这种竞争优势效应呢？

第一步，换位思考。信访工作者首先应该站在信访人的角度考虑问题。站在他人的立场上思考，更容易理解其行为。这样不仅可以拉近信访工作者与信访人的距离，也能为后续解决问题奠定良好的基础。

第二步，信息交流。信息交流可以大大增强合作行为。如果双方不进行交流，通常会认为对方将采取竞争，那么自己即使不喜欢，也不得不参与。但是如果双方可以进行信息交流，坦诚相待、彼此信任，事情就好办得多。在现实中，如果信访工作者能促使矛盾双方就利益分配问题进行商量，达成共识，则合作的可能性就会大大增加。

心理智慧

信访工作者应促使信访人学会与人合作，争取双赢。心理学家荣格有一个公式：我+我们＝完整的我。世界上绝对的“我”是不存在的，只有融入我们的“我”，才能获得更好发展，实现人生的意义。

二、信访工作中的社会影响

人天生是社会性的，都希望生活在某一个群体中。生活在一起的人们彼此间可能会有哪些社会影响，对信访工作又有哪些启示呢？

（一）责任分散效应

“一个和尚挑水喝，两个和尚抬水喝，三个和尚没水喝。”这句话其实阐述的是心理学上的责任分散效应。该效应是指一个群体共同完成任务，群体中的每个个体的责任感就会很弱，面对困难或需要承担责任时往往会退缩。

社会心理学经典实验

旁观者冷漠实验

在1964年的一起女子被谋杀事件中，新闻报道称，有38个人亲眼看见或者听到案件的发生却没有采取任何行动。心理学家约翰·达利和比伯·拉坦纳希望通过研究验证，当人处于群体环境中时，是否就不愿意施以援手。

这两位心理学家邀请了一些志愿者参与试验。他们告诉志愿者，鉴于会谈可能涉及极其私人的内容，每个人将被分隔在不同房间，仅使用对讲机来相互沟通。在会谈中，一名与实验者“串通好的”志愿者将假装突然病发，当然这可以被其他志愿者听见。

实验结果怎样呢？当志愿者认为除发病者外，他们是参与讨论的唯一一人时，85%的人会在对方“病发”时自告奋勇地离开房间去寻求帮助。但实验还没有结束。当实验环境发生转变，志愿者认为还有另外四个人参与讨论时，只有31%的人在对方“发病”后寻求帮助，剩下的志愿者猜测会有其他人去照顾而没有采取行动。所以在某种程度上，“多多益善”这种词汇失去了其真意。

对于责任分散效应形成的原因，心理学家进行了大量的实验和调查，结果发现：不能单纯把这种现象认为是人们冷酷无情或道德日益沦丧的表现。因为在不同的场合，人们的援助行为确实是不同的。当一个人遇到紧急情况时，如果只有他一个人能提供帮助，他会清醒地意识到自己的责任，对求助者给予帮助。如果他见死不救会产生罪恶感和内疚感，需要付出很高的心理代价。而如果有许多人在场，帮助求助者的责任就由大家来分担，每个人分担的责任很少，造成责任分散，旁观者甚至可能连他自己的那一份责任也意识不到，从而产生一种“我不去救，由别人去救”的心理，造成“集体冷漠”的局面。

具体到信访工作，有些信访工作者在面对信访事件的时候，可能就因为这种责任分散效应而试图逃避责任，希望把责任推给他人，把棘手的工作推给他人去做，这其实是一种不负责任的表现。

心理智慧

信访工作的特殊性要求每位信访工作者都必须有明确的目标、牢固的信念和坚毅的勇气，有全力以赴帮助信访人解决问题的精神，尽量避免责任分散效应的影响。

（二）从众效应

我们都听说过“随大流”这个词，它描述了人们常见的一种心理特征，即与多数人采取相同的行动，心理学中将其称为从众效应。

社会心理学经典实验

阿希实验

“阿希实验”是由美国心理学家所罗门·阿希设计实施的，是为了研究人们会在多大程度上受到他人的影响，从而违心地进行明显错误的判断。

阿希请大学生们自愿做他的实验者，并告诉他们这个实验的目的是研究人的视觉情况。当某个来参加实验的大学生走进实验室的时候，发现已经有5个人先坐在那里了，他只能坐在第6个位置上。而事实他并不知道，其他5个人是跟阿希串通好了的假实验者。阿希要大家做一个非常容易的判断——比较线段的长度。他拿出一张画有一条竖线的卡片，然后让大家比较这条线和另一张卡片上的3条线中的哪一条线等长。判断共进行了18次。事实上这些线条的长短差异很明显，正常人是很容易作出正确判断的。然而，在两次正常判断之后，5个假实验者故意异口同声地说出一个错误答案。于是许多真实验者开始迷惑。

结果当然是不同的人有不同程度的从众倾向，从总体结果看，平均有33%的人判断是从众的，至少有76%的人做了一次从众判断，而在正常情况下，人们判断错误的可能性还不到1%。当然，还有24%的人一直没有从众，他们按照自己的正确判断来回答。一般认为，女性的从众倾向要高于男性，但从实验结果来看，并没显示出男女有显著区别。

所谓从众，是指个体受到群体的影响而怀疑、改变自己的观点、判断和行为等，以和他人保持一致。从这个实验中，我们对从众效应的影响可见一斑。

新形势下，信访工作的一大特点就是群体性诉求越来越多且出现新动向。比如，部分个体信访人通过网络、社交平台等渠道联合类似诉求的信访人，串联后形成某种利益诉求群体，往往会大规模聚集，配发统一服装，或在某个时间段内集中来信，且来信内容模板化，试图通过群体的力量对有关部门施压，我们不难从中看到从众效应的影响。为什么会出现这种现象呢？

生活的经验告诉我们，个体生活中所需要的大量信息，都是从他人那里得到的，离开了众人提供的信息，个体几乎难以活动。比如，一个团体内的群众，有一大部分都要针对某事件去信访，作为团体中的一员，看到别人觉得这一事件不合理，也渐渐会受其影响，觉得其不合理，继而成为信访大军中的一员。

群体性诉求增多的另一个原因是人们害怕偏离群体。人们总是希望群体喜欢他、接受他、优待他，这样就可以和群体融为一体，也可以在群体中获得利益。但是如果与群体意见不一致，群体会讨厌他、虐待他、驱逐他。为了避免这些，个体就认为自己必须趋于遵从群体，从而避免被称为“不合群的人”。

对于信访工作者来说，要处理好群体性信访事件，首先要做到的就是区分出群体中的领导者。领导者作为某一信访事件的主导者，必定是比较有主见和想法的。信访工作者要把他们作为主要调查对象，多听听他们的意见。只要能找到领导者比较满意的解决方案，那么群体中其他成员也就相对容易被说服。

心理智慧

从众效应有它的积极作用：从众行为在特定范围内，可以使群体保持一致；可以协调群体成员的言行，在集体中，少数服从多数可以保证集体行为的一致；强大的社会道德舆论，可以使群体效仿先进人物的思想言行，形成良好的社会风气。但是从众效应有时也会造成误导，使我们变得人云亦云，容易失去主见，这种情况是我们需要避免的。此外，有时候我们需要的不是服从众人，而是要保持自己的头脑清醒。

（三）传播扭曲效应

信息传播具有一个奇怪的特点，如果中间经过若干个环节，那么信息就可能在传递过程中被层层扭曲，到最后面目全非（通常是夸张、增值，而非缩小、减值）。这种现象叫做传播扭曲效应。

中央电视台的一个娱乐节目曾做过这样一个游戏：让几个人站成一排，甲向乙耳语一句话，乙传给丙，丙传给丁，丁再传给戊。最后，让戊说出这句话。结果戊说出的话总是与甲的原话大相径庭，甚至是风马牛不相及，令观众捧腹大笑。这个例子，生动地体现了传播扭曲效应的存在。

信访工作中的某些信访事件，往往就是传播扭曲效应的结果。对于某一事件，一传十、十传百，越传越玄乎，一直传到面目全非。在这个过程中，有的人根据个人经验减去一些内容，有的人则增加一些内容。这种加墨润色使信息内容具有很大的不确定性。

具体来说，传播扭曲效应形成的原因主要有三点：一是口头传播中存在不准确性，比如发音近似造成的走样；二是传播的感情色彩造成夸张，传播者如果喜欢一个人，就容易夸张对其有益的信息，反之，如果讨厌一个人，就容易夸张对他有害的信息；三是有人为了寻求刺激或打发无聊而喜欢夸张，喜欢传播耸人听闻的消息，在传播时，夸张的表情和语言很能刺激他人，可以达到自我宣泄与自我表现的作用。

信访工作者在工作中，一定要时刻保持冷静，细细分析每一细节中可能出现问题的地方，警惕因为流言而使群众被不法分子利用的现象发生。

心理智慧

流言本身并不一定怀有恶意，其不确定性往往是由无意讹传导致的。但是流言的后果有可能很恶劣，比如引起社会混乱，或给当事人造成精神痛苦等。古人说："流言止于智者。"既然知道了传播扭曲效应的危害，信访工作者就应该学会冷静地处理信访事件，分析收集到的各类消息，绝不轻易传播。

（四）群体极化效应

群体讨论对群体意见有这样的影响：群体原本支持的意见，讨论后会变得更加支持，群体原本反对的意见，讨论后会变得更加反对，最终群体的意见会变得极端化。这种现象在心理学上叫做群体极化效应。

你是否有过类似这样的经历：与朋友刚看了一场电影，虽然你觉得电影不是太烂，但在与朋友讨论后你会觉得这部电影简直是垃圾；或者本来你认为这部电影一般，但是和大家讨论之后，却又觉得这简直是最精彩的电影。这是因为虽然你和你的朋友都不太喜欢这部电影，但是你们的理由都比较微小，可是当所有的理由汇集在一起，就有充足的理由让你们觉得自己实际上很不喜欢那部电影。还有一个原因是群体成员都极力把观念表达得夸张一些，以引起他人的关注。如果发现每个人都不太喜欢这部电影，你就会试图表达出更极端的观点，让大家认为你很机敏。如果这个群体中的每个人都这样，群体观点就更容易极端化。

在群体决策中，群体极化可以区分为两种情况：一种叫冒险偏移，另一种叫谨慎偏移，也就是或者变得更加冒险，或者变得更加谨慎。群体极化使一个群体更加谨慎还是更加冒险，取决于群体初始的倾向。如果群体在一开始时倾向于谨慎，结果就是更加谨慎，反之，则更加冒险。在信访工作中有时候会出现这样的现象，原本一些正常反映诉求的个体信访人受到煽动后，三五成群地出现高度一致化的群体性行为甚至过激行为。信访人在认为自身诉求得不到满足、情绪难以发泄的基础上，受到群体极化效应的影响容易出现更加极端的想法或行为，比如集体高喊口号、集体下跪、扬言集体自残等。

心理智慧

某些群体性信访事件就是因为群体决策中产生了冒险偏移现象，使得群体成员都认为信访才是唯一正确的选择。同时，群体极化效应对于信访工作者也有重要启示。信访工作者彼此之间讨论解决方案时，如果有一种集体愿望，想保持一种共同的群体观时，容易产生群体极化的现象。信访工作者必须清楚：有异议往往能改善群体决策的质量，尽管它从表面上看可能影响群体的感受。

（五）破窗效应

破窗效应是指如果遭到小的破坏，没有及时制止和修补，就容易遭到更大的破坏。

社会心理学经典实验

破窗效应经典实验

斯坦福大学的心理学家詹巴斗曾进行了一项实验。他把两辆一模一样的汽车分别停放在两个社区：一个是帕罗阿尔托中产阶级社区，另一个是相对杂乱的布朗克斯街区。对停在布朗克斯街区的那一辆，他摘掉了车牌，并把顶棚打开，结果不到一天就被人偷走了。而停放在帕罗阿尔托中产阶级社区的那一辆，停了一个星期也无人问津。后来詹巴斗用锤子把车窗玻璃敲了个大洞，结果过了几个小时车就不见了。

以这项实验为基础，政治学家威尔逊和犯罪学家凯林提出了破窗理论：如果有人打坏了一栋建筑上的一块玻璃，这扇窗户又没有及时得到修复，其他人就可能受到某些暗示性纵容，去打烂更多的玻璃。久而久之，这些窗户会给人造成一种无序的感觉。结果，在这种公众麻木不仁的氛围中，犯罪就容易滋生和蔓延。

破窗理论揭示了环境具有强烈的暗示性和诱导性。任何一种不良现象的存在，都会传递一种信息，导致这种不良现象无限扩展。破窗效应在生活中经常可以见到。比如，在窗明几净、环境幽雅的场所，没有人会大声喧哗或吐痰；相反，如果环境脏乱不堪，就时常可以看见各种不文明行为，如吐痰、打闹、互骂甚至随地便溺等。

破窗效应对信访工作有很重要的启示：无论何时何地，信访工作者都不能忽视信访人的信访事件。如果信访工作者怕惹祸上身，而纵容某些不利于群众的事件横行，那么之后这类事件会越发猖狂，同时此类信访事件也会一发不可收，形成恶性循环。

心理智慧

为了防止破窗效应，最好的办法就是及时修好“第一扇被打碎玻璃的窗户”。千里之堤，溃于蚁穴。对于看似很小的信访事件，也不能掉以轻心，因为它可能影响深远，最后呈蔓延之势。

（六）姿势反射效应

你可曾注意过，在咖啡馆里，当你与关系比较密切的人谈话正起劲儿时，经常会出现这种情况：如果他喝一口咖啡，你也会跟着喝一口，你双手抱肩，他也像你那样抱肩；当一些亲朋好友或志同道合的人碰到一起，回忆往事、秉烛夜谈时，对方细小的动作和自己经常是一致的，相反，在话不投机、情绪不高的谈话对象之间，却不容易产生这样的姿势反射现象。

通常来说，关系比较密切的人在交谈时，彼此的动作和姿势容易互相影响，好像两个人在重复着同一动作。在心理学上，这种现象叫做姿势反射效应。

由于人们交往中有这样的规律，那么，如果我们在谈话中尽量和对方保持比较近似的动作和姿势，也可能会使双方的关系更加密切，拉近彼此的心理距离。比如，信访工作者在接待信访人的时候，如果与信访人做相似的动作，看到信访人皱眉你也皱眉，看到信访人叹气你也叹气，那么，信访人更容易感受到你的亲切，从而与你更好地沟通。同时，如果在信访工作初期，信访人比较紧张，我们可以通过与对方动作保持同步的办法，使其紧张的状态得以缓解。

心理智慧

与信访人交谈时，信访工作者可以在一定程度上模仿对方的姿势和动作，在无形中可能会使气氛变得融洽，从而促进问题的解决。

三、信访工作中的社会关系

人与人之间通过彼此沟通获得联系，信访工作者也不例外。那么，在此过程中，心理学可以给信访工作者带来哪些启发呢？

（一）心理距离效应

两只困倦的刺猬，因为寒冷而拥在一起。可各自身上都长着刺，于是它们分开了一段距离，但因寒冷无法忍受，还是要凑到一起。几经折腾，两只刺猬终于找到一个合适的距离，既能互相获得对方的温暖而又不至于被扎伤。这就是“刺猬法则”，也就是人际交往中的心理距离效应。

在人际交往心理学中，人们把一般情况下空间距离与心理距离的倒U形关系曲线称为心理距离效应。研究认为，在一般情况下，中等程度的空间距离最能令人产生心理吸引效应，使人乐于积极的人际交往，而过近或过远的空间距离都会使人产生心理排斥或疏离效应，使人际交往发生障碍。

日常生活中这样的例子也很多，比如，男性们经常说：“孩子是自己的好，老婆是人家的好。”这是由于空间距离经常过近而引起的心理排斥效应；又如原来是知心朋友由于空间距离过大，如出国学习或外出工作等而发生心理疏离。

一般情况下，人与人之间的空间距离越远，他们的心理距离就会越大，反之，空间距离越近，则心理距离越小。情人相见，拥抱在一起还觉得不够亲近；路人相见，擦肩而过都觉得距离太近。所以，要根据关系确定合适的距离。通常正常的社交活动和商业活动的最佳空间距离状态为 2~4 米。

信访工作者在接待信访人过程中，要注意心理距离效应的存在，保持彼此 2 米左右的空间距离。这样不至于让信访人感觉距离的压迫也不会感到距离的疏远，可以促进信访人准确表达自己的想法。

心理智慧

心理距离效应是客观存在的，尽管有时候我们并没有意识到。我们每个人都需要一定的个人空间，一旦他人侵占了自己的空间就会感到不舒服甚至气愤。所以信访工作者一定要尊重信访人的心理距离。

（二）虚假同感偏差

虚假同感偏差是指高估与自己的行为及态度有相同特点的人数的倾向性。

虚假同感偏差在现实中是普遍存在的。人们通常都会相信，自己的爱好与大多数人是一致的。比如，喜欢电脑游戏的人，就可能高估喜欢电脑游戏的人数。你失恋的朋友会向你抱怨：“那家伙是个不折不扣的坏人！是不是？”他会坚定地认为你也觉得这事有如天崩地裂一般，并和他一起同仇敌忾，尽管你心里可能并不是那样想的。信访工作中，如果信访人对某一事件不满，他们也会认为很多人跟他们有相同的想法，而只有自己勇敢地站出来了。

心理智慧

明白了虚假同感偏差的存在虽然无助于改变他人的看法，但是至少可以使信访工作者了解到“人的想法是不同的”，这是个好的开端。你可以持有你的观点，但他人同样拥有持有自己观点的权力。这有助于我们建立沟通和对话渠道，并防止我们先入为主地错误推测他人想法。

简单来说，阐释自己的观点，并请对方阐释对方的观点，是避免虚假同感偏差的好办法。“替别人做决定”造成对方的不满，“自认为持有相同想法”被证实错误后的心理落差等情况将会减少一些。这也是预先避免冲突和解决冲突的一种方法。

第三章 信访人的心理特征分析

信访工作是一项光荣而艰巨的工作。说它光荣，是因为这项工作直接关系人民群众的切身利益，直接关系党和政府在人民群众心中的形象，直接关系社会稳定，直接关系和谐社会的构建。说它艰巨，是因为信访工作直接面对的是人，而且绝大多数是遇到了一定的困难和问题，需要党和政府“为他们做主”，帮助他们解决困难和问题的人。这些人，往往会先入为主地带着脾气和怨气。

因此，能否针对他们的心理特点，有效开展心理疏导，使他们的脾气得以平息，使他们的怨气得以排解，是决定信访工作成败的基础环节，也是关键环节。因此，了解信访人的综合心理特征显得尤为重要。

第一节 信访人的综合心理特征

一、信访人的自尊需要心理

需要，是人思维活动的基本能力。人的各种心理活动的发展，就是为了寻求满足各种需要，而各种需要对人的情绪和行为又会产生一定影响。人的需要得不到满足时，心理上会产生压力，会引起烦恼、痛苦、忧虑；反之，一个人合理正当的需要得到满足时，就会产生积极的反映。

由此可见，信访人都是有某种需要的，而想方设法满足他们合情合理的需要，是做好信访工作的基本保证。

心理学家马斯洛认为，人的基本需要分为生理、安全、归属和爱、尊重、自我实现五大类。其中生理需要、安全需要、归属和爱需要、尊重需要可称为缺乏型需要，只有满足了这些需要个体才能感到基本的舒适；自我实现需要可称之为成长型需要，因为它主要是为了个体的成长与发展。这五大类需要是从低级向高级发展的。

获得尊重，是人的普遍性精神需求，也是人类共有的社会心理。每一个人，都希望获得别人的尊敬和尊重。

对于信访人而言，自尊心理往往表现得更为突出。因为遇到了困难和问题而没有顺利得到解决，这容易使得他们产生一定的自卑心理。因为个人与信访部门相比，个人总有一种弱势感。这种自卑心理和弱势感的存在，往往会让这些信访人反过来产生一种赢得尊重的心理渴求。

对于这种渴求，信访部门必须认真面对，从情感上予以疏导和满足，为信访工作的开展奠定基础。

案例

有一位黄姓中学老师，学校在研究她的职称申报问题时，认为她是老知青，年龄较大，工作情况基本可以，虽然破格评审条件不够硬，但还是决定从照顾老知青的角度推荐上报区教委，但是在资格审查时，黄某没有通过，原因是破格评审条件不够。此后两年，学校继续照顾她破格申报进入评审，市里根据有关政策及破格评审条件，对材料进行认真审查，认定她提供的论文质量不高，不具备中学高级教师应有水平，不符合破格评审要求。

于是，黄某来到信访局反映情况。她深知自己申报职称条件的确不够，自己信访的理由的确不充分，但她认为作为一名知识分子已经信访了就要有所得，否则会沦为周围人的笑柄。因此，在信访时言辞嚣张偏激，情绪激动。信访工作人员在听了她的情况后，一方面对她的实际情况表示关心和理解，另一方面给她分析了职称评审的原则界限。等谈完的时候，已经是中午十一点半了，负责接待的同志又主动请她到食堂就餐。这位信访人很是感动。她说："尽管我的问题还是没有解决，但信访部门对我的理解和尊重，是我没有想到的。"后来，她和信访局负责接待的同志还成了朋友，经常保持联系。

信访人的自尊心理是一种自然的心理状态。实践证明，对于抱有这种心理的信访人，只要信访工作者能够从情感上予以关心和理解，从一些细节上给予切实的尊重，就可以使他们的自尊获得满足，进而转变态度，改变对问题的看法，为信访事件的进一步处理打下良好基础。

二、信访人的求助心理

求助心理是信访人普遍存在的心理现象。每一个信访人都是带着困难、带着问题、带着委屈来的，他们不仅希望在信访部门的帮助下顺利解决问题，而且希望尽快解决问题。因为信访不仅耗费时间和精力，更重要的是信访问题时时困扰着信访人，严重影响着他们的生活和工作。

针对这种心理，信访部门必须真心实意地从本职工作要求出发，从维护群众的利益出发，切实发挥应有的答疑释惑、协调各方的作用，及时反馈和化解矛盾纠纷，使信访人能够有一个满意的结果。

案例

一对外来务工夫妻于2019年初在市内某地盖了违建。2019年10月9日，所在街道执法中队对其违建发出了“限期整改通知书”。但一旦违建拆除，他们便无处栖身。因此，对于政府的整改通知，他们拒不执行。2020年1月，所在街道再次对其发出“限期整改通知书”，可夫妻俩非但不配合，还扬言“若拆违，就自焚”。

在这种情况下，夫妻俩来到了信访局，希望能够获得帮助。信访局的同志在听取了他们的情况陈述后，一方面对他们的恶劣态度委婉地提出了批评，另一方面也考虑到夫妻二人的实际困难，积极与所在街道联系，商讨采取建设性措施。最终，由信访局和街道共同出面，做他们的思想工作，引导他们购买经济适用房。同时，为了帮助夫妻俩筹集购房资金，街道还在社区组织了一定规模的捐款。

信访部门自身能力毕竟有限，要完全解决信访人的问题显得力不从心。信访部门能够为信访人提供优质的服务态度、信访事件咨询及协调工作，但具体的处理还是在于有权处理信访事件的职能部门，这就必须发挥与其他职能部门的沟通协调作用，为信访事件的解决创造条件。俗话说："众人拾柴火焰高。"将不同职能部门的资源调动和整合起来，就是一股巨大的力量。人们还常说，办法总比困难多，只要真正把群众利益放在心上，就一定能够找到解决问题的办法。

三、信访人的对立心理

不少信访人之所以通过信访方式来向党和政府部门反映情况，是因为他们觉得相关单位在某些涉及他们切身利益的事情的处理上没有让他们满意。因此，他们在信访之前，就对相关单位甚至党政部门存在一定成见，总认为"天下衙门"一回事。

因此，在他们跨进信访办公室的门槛的那一刻，就有了一种与信访工作者对立的情绪。如果不能将这种对立情绪予以化解，信访工作将无法继续进行。

案例

信访人黄某因为住房拆迁补偿问题，多次和开发公司协商未果。最后，他来到信访局，声称"横竖都要讨个说法"。他一进门，满脸怒气，嘴里还骂骂咧咧。

对此，信访局的同志没有以怒制怒，而是笑脸相迎、和颜悦色，耐心听他讲述事情的前后经过。在此基础上，又从合理与合法的不同角度，与他一起分析情况，寻找问题的症结所在，并提出解决问题的办法和思路。通过动之以情、晓之以理，这位信访人最终消除了对立情绪，转而产生了一种积极务实的建设性的心态。后来，在信访局的协调下，他的问题终于得到了解决。

对于信访人的对立心理，信访工作者应当平和看待。作为信访部门，决不能因为信访人的不良情绪而失去接待的耐心，决不能因为信访人的误解和成见而产生厌烦心理。要对信访人所遇到的困难和问题给予足够体谅，对他们由此产生的急躁情绪给予充分理解。有时候，甚至要多做一些换位思考，多从信访人的角度考虑问题，这样才能耐心地做好信访人的情绪疏导工作。

四、信访人的不公心理

现实中的确存在政府职能部门或执法部门在处理问题过程中因为主观或者客观原因，导致不公和偏差现象发生，使得当事人产生强烈的心理愤恨，在这种心理驱使下，当事人开始信访。假如得知当事人开始信访，有关部门认真处理该事件，有错便纠、知错就改，及时做好赔偿安抚工作，事情一般都能够得到解决。但也有些部门为了维护所谓“面子”，或有惧怕麻烦的心理，甚至出现以权压人的现象，就会迫使当事人狠下一条心走向漫长而艰辛的信访之路。

当然还有另一类人，由于认知偏颇，对有关部门作出的复查复核意见不服、对法院的判决不满，出现自动负性思维并且不断强化，进而形成社会不公心理。人的态度决定行为，处于社会不公心理状态下的信访人便会不计代价和后果，反复信访。

案例

某市某信访人历时 15 年，先后 11 次进京信访。尽管经过县、市、省三级法院调查了解，还进行了字迹技术鉴定，按程序判决了此案，但因为受社会不公心理的驱使，该信访人在毫无证据的前提下，认定是某省各级法院“受贿断案”，因而反复进京信访。

信访人一旦有了社会不公心理，并且在长期的信访过程中不断被强化，就会出现不断反复的信访，不接受任何机构的解释和劝说，固执己见，甚至缠访和闹访。

五、信访人的猜疑心理

猜疑是人性的弱点之一，历来是害人害己的祸根。

一个人一旦掉进猜疑的陷阱，必定处处神经过敏、事事捕风捉影，对他人失去信任，对自己也心生疑窦，不但损害正常的人际关系，还影响个人的身心健康。

由于猜疑而自我封闭，不但阻隔了外界信息的输入，同时还遏制了人间真情的交流。

猜疑一般总是从某一假想目标开始，最后又回到假想目标，就像在画一个圆圈一样，越描越粗、越画越圆，进入“先入为主”“按图索骥”的死胡同。

很多信访人抱着猜疑的心理，对信访工作者不信任，对处理结果不满意，固执于自己的想法，往往走上缠访甚至闹访的道路。

案例

> 某人的信访是因为儿子。其子因信访之事未遂其愿，后来心肌梗死，经过医院抢救无效不幸死亡。其父认为死亡诊断与其想象事实不符，是被告人买通他人毒害了儿子，并声称此为“天下第一冤案”。

深层理解“猜疑”这个词，“疑”是建立在“猜”的基础上，很多是缺乏明显的事实根据和合理的逻辑思维。单凭主观的猜测或非此即彼的思维方式，不会在得不到自我证实和不能自圆其说的情况下自行消失，反而会使事情越想越糟糕，需要及时地做心理疏导。

六、信访人的不信法心理

在集中处理涉法涉诉信访问题工作中，经常会遇到这样的情况，在司法机关息诉罢访的信访人，又不断到各级党政部门信访。

涉法涉诉信访人往往已寻求司法救济，案件经过司法机关依法处理后，信访人对处理结果不满，开始进行信访。有的案件正在进行司法程序的处理，有的案件司法机关已作出了最终裁决，但部分当事人还是不断信访甚至闹访，导致司法机关苦于信访压力，在处理上一再作出让步，甚至对法律终审判定的案件进行多次调解，严重损害了司法的严肃性、权威性。这种“信访不信法”的怪象，有司法效率不高、司法制度不完善的原因，也有民众法律意识淡薄的原因，在给信访工作带来巨大压力的同时，也对法律的公正权威造成损害。

案例

某区法院依法对范某提出的行政诉讼作出裁决后，范某对裁决结果不满，未通过合理合法渠道继续反映问题，反而频繁进京到中央国家机关信访，试图以访压法，要挟地方政府，终因寻衅滋事违法行为，被处以行政拘留。

七、信访人的惧讼心理

我国传统文化思想推崇礼义，提倡“和为贵”，追求“无讼”的境界。人们视诉讼为不祥、无奈之事。宋人判词写道：“打官司有甚得便宜处，使了盘缠，废了本业，公人面前赔了下情，着了钱物，受了惊吓，或输或赢，又在官员笔下，何必也。”把古人恐惧诉讼的心态描述得淋漓尽致。

惧讼的思想对中国人影响甚远：一部分涉法涉诉信访人认为诉讼是一件不好的事情，或至少认为是件麻烦事；还有一部分认为诉讼要出钱，唯恐“鸡未抓到，倒蚀一把米”。因此，很多涉法涉诉信访人不愿通过诉讼解决问题。

惧讼的原因有三点：其一，人们从心理上还没有接受依法治国的理念；其二，在没有树立司法权威的同时，现阶段偶发的并被曝光的司法腐败案件，损害了司法机关在人民群众心目中的威严和公正形象；其三，当今的新闻媒体、文艺作品过重渲染个别领导在纠正冤假错案上的突显作用，现实中领导的批示的确时常显效，影响面甚广，由此造成以寻找党政机关和高级领导干部为主要目标的信访趋势。

人民群众信奉“民不与官斗”，不到万不得已不愿意打官司。但这又使得一些事情本可以通过司法途径很快解决，却因为在信访途径中耽搁了诉讼时效，导致信访无力和司法无门的结果出现，事件也成为历史遗留问题。

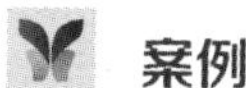

案例

张某承包了某公司的工程建设项目，项目完工后，该公司以现金流不足等理由迟迟不给张某结算工程款。张某认为，自己是“大老粗”不会打官司，并且“打了官司也没用，万一钱没要到，找律师写状子的钱还得我自己掏”，不愿意通过司法途径解决。因此，多次到当地信访部门反映问题。

八、信访人的省讼费心理

我国诉讼费用，相对国民收入而言是比较高的，很多的人的确打不起官司。

当事人如果想打赢官司，又想省下诉讼费用，就想着通过信访的途径，迫使司法机关内部启动监督程序或由检察机关抗诉引起案件重审、再审。因此，出现一些当事人主动放弃上诉权，待法院判决生效后，再到司法机关、检察机关申诉，在申诉未能如愿的情况下，走上了信访之路。

案例

龚某因与王某、涂某的借款合同纠纷提起诉讼。2018 年 4 月，当地人民法院作出民事判决书，判令由王某偿还 83 万元本金及利息，涂某承担连带清偿责任。判决生效后，被执行人王某、涂某未履行判决义务。2019 年 7 月，龚某申请法院强制执行。执行中，双方当事人协商达成执行和解协议，被执行人按约定还款 90 万元。2021 年 7 月，龚某又反悔而不执行和解协议，以该案未执行到位为由多次到有关部门信访。

九、信访人的谋取不正当利益心理

在现实中，还存在一类信访人为谋取不正当利益而信访。他们信访反映的问题不一定就是其真实意图，而是借一个合理的信访理由，达到另一个不合理的暗藏目的；他们或者以息访为筹码，迫使党政部门领导出面给自己补偿信访费用，并声称不达到目的决不罢休。对待这类信访人应该看清他的目的和本质，站在法律公正的角度面对他所提出的问题，依法处理，打消他的不合理想法。

案例

信访人廖某在明知其妻子已按规定领取征地拆迁补偿款的情况下，仍以政府违反征收拆迁程序为由，索要高额补偿，并多次到各级部门缠访、闹访。在其信访事件三级终结后，先后多次到中央国家机关进行信访，甚至在被征拆房屋楼顶当众脱去衣裤，以侮辱手段阻挠征收拆迁工作。后廖某因寻衅滋事罪被判处有期徒刑 2 年。

十、信访人的不愿认错心理

一些信访人多次信访，仍然没有达到目的，经过信访工作者做思想工作或依法按程序答复、处理后，明知诉求是不合理的，但为了争口气，非得“讨个说法”。他们认为一旦认错就毫无面子，怕被知情人耻笑，只好继续信访，寄希望于不合理要求侥幸得到补偿或解决。这是一种常见的不愿认错的心理现象。

不愿认错心理是一种单值、单向、单元、固执偏激的思维习惯，它使人无法客观准确地认识事物的本来面目，幻想通过错误的方法和途径解决所面临的问题。此类信访人如果能够给他一个“合适台阶”，一般能够息诉、罢访。

第二节　信访人群体类型的深度分析

心理学认为，理解是人的根本需要。各种不同心理特征的信访人都希望自己的某些行为能够得到理解，更希望自己的目标能够实现。所以在做信访工作时，首先应充分理解信访人，只有准确地了解信访人的心理活动，才能有理、有据、有效地解答其反映的问题；也只有理解了信访人的心情，才能有的放矢地以恰当方式做工作。信访人也只有看到信访工作者对他们的帮助是真诚的，才能把自己的思想顾虑反映出来，这有利于信访工作者了解信访事项的原委，因势利导做好工作。

同时，信访人由于社会身份不同，所受教育不同，所处生活环境不同，其心理特征、行为表现也千差万别。鉴于此，针对不同类型的信访人而采取不同的工作方法，是做好信访工作的关键所在。

一、初次信访人心理分析

（一）初次信访人的心理特点和行为表现

一般来说，初次信访人的心理比较平和，态度也比较好，初次信访的主要目的是试探一下其问题能不能解决，或者什么问题属于可以解决的范畴等。

有些初次信访人，与其说是信访，不如说是来政府部门了解相关政策。

由于对政策不熟悉、不了解，他们在个人利益受到侵犯时，不知道如何运用法律和政策武器去维护自己的合法权益，不知道到哪个部门去寻求支持。

案例

李某离婚后出现家庭财产分割的纠纷，法院作出了相应判决。但她总认为是对方打通了法院关系，认为法院的判决有失公正，损害了自己的利益。

可是，究竟法院在哪些方面偏袒了对方呢？她自己并不懂法，感到无所适从。于是，她来到信访局，希望值得信赖的信访部门能够给她提供法律援助。

为此，信访局接待同志认真询问了她的离婚纠纷细节，并详细了解了法院审理的过程。根据这些情况，又查阅了《中华人民共和国民法典》中有关离婚财产分割的条款。在此基础上，在信访局同志耐心的解释和劝导下，李某终于明白了法院的判决是依法作出的，是公平公正的，而且已经充分考虑到了她的实际困难，在财产分割上对她作出了相应的倾斜。最后，她带着满意的笑容离开了信访局。

初次信访人一般都有侥幸心理和信任心理。

侥幸心理是人们的一种自我保护本能。比如当人们遇到压力、风险、危机而感到焦虑时，心理会失去平衡，为了防止这种不平衡无限制地扩展下去，导致人出现精神问题，就需要一种不确定的乐观情绪来支撑人的精神层面。

这种乐观不基于现实，甚至与现实相反，它的作用就是暂时稳定人的精神。但是侥幸心理就如同心理上的吗啡，如果过度依赖侥幸心理来安慰自己，就是一种自我催眠，不仅会导致现实生活中的种种问题，而且也容易患上精神疾病。

同时，这也是一种趋利避害的投机心理，有这种心理的信访人往往对解决某个问题抱有一定的希望，并把这种希望寄托在“机遇”上，幻想“也许上面有了新政策、新规定”“也许会有内部文件能解决我的问题”“也许我会碰上一个善于变通的解决问题的领导”等。在这种情况下，有的人明知问题不能按照自己的想法解决，却也要找一些借口或理由信访。

信任心理即初次信访人对上级组织充满了信任和依赖。尽管有时期望值高了一点，但他们的信访行为本身就证明了对信访部门的权威和能力充满信心。有这种心理的信访人一般表现为：对自己的切身利益如实陈述，相信信访部门能为其排忧解难；对于他人的不良行为敢于举报。初次信访人一般比较通情达理，主观愿望比较符合客观实际。

（二）接待初次信访人的要点

在接待初次信访人时，要注重心理学上的首因效应。信访工作者应采取有效措施，尽量给信访人留下良好的印象。如前所述，第一印象的好坏将直接影响到人们之间的进一步沟通。

1. 注意仪态

信访工作者应当服装整齐、坐姿端正、表情平和，既不刻板面孔，也不喜笑颜开；与信访人交谈时，保持正当社交距离（2米左右）；谈话时一般要直视对方眼睛，或者不断扫视对方眼神和表情，不要过度直视给人以压迫感，也不要上下打量显得轻浮；表现出尊重和热情，不要双手交叉胸前、跷二郎腿、晃荡椅子、随意玩弄手中的笔或接打电话。信访工作者一旦心不在焉，不仅是对信访人不尊重，而且因为破坏了接访情境，客观上可能直接影响接访效果。

2. 文明用语

接待信访人态度应当平和诚恳，见面时使用礼貌用语，如“请进！”“请坐！”“欢迎你的来访！”等；一般应间接询问信访人的来访事由，如，“您想解决哪方面的问题？”“您希望在哪方面得到我们的帮助？”等。

3. 专心倾听

学会倾听，会使信访人感觉信访部门工作规范，他们的问题会受到重视，对信访问题的陈述也会更加具体详细；信访工作者在听取信访事件的过程中要注意引导信访人提供有效信息，及时准确地厘清来访事由，同时要做好记录；态度要和蔼可亲，让信访人把所反映的问题、心里堆积的话讲完，然后根据反映的实际情况做好解释说明工作；对反映有理的问题一定要给予承认，该解决的问题一定要按政策及时解决；暂时解决不了的，也要向信访人讲明政策，使其明白解决不了的原因；对不能解决的问题，必须态度明确地把不能解决的原因、道理讲明讲透，使信访人明白原因，放弃过高要求。

4. 解释疑惑

初次信访人的主要目的是了解相关政策，鉴于此，信访部门应当耐心做好政策介绍和解读，使初次信访人存在的困惑得到解决，要能够有效消除初次信访人的困惑心理。

作为信访工作者，首先必须充分熟悉情况，对初次信访人的困惑之处了然于胸；其次必须具备一定的法律知识和政策水平，能够从法律和政策层面给初次信访人提供有力支持和援助。

信访人有各种各样的类型，他们的问题涉及多个领域，因此，信访工作者除了要了解信访工作的政策、规定和要求之外，对其他相关法律知识和政策规定也应尽量多地掌握，在法律和政策的掌握上应当成为“杂家”。

把问题解决在初访，是减少重复信访、越级信访以及避免矛盾积累的关键。

二、信访老户心理分析

（一）信访老户的心理特点和行为表现

信访老户反映的问题有部分合理的，有坚持过高要求的，也有极个别无理取闹的。

信访老户的产生有错综复杂的原因，归纳起来，主要有两个方面：一是职能部门或信访部门的问题，二是信访老户本人的问题。

大部分信访老户由于对政策不理解，为了达到自己的目的，或出于对问题处理的不服而多次信访。他们往往有“青天情结”，爱找“官”说事。乡里不行找县里，县里不行找市里，甚至赴省、进京信访。

由于这种传统的“青天情结”作怪，这些信访老户将一些本应在基层乡镇解决，甚至不出村就能解决的问题，演变为越级信访、重复信访。他们明明知道自己某些要求无法实现，但又不想放弃争取的可能，希望有朝一日组织能作出让步。他们一般不愿协商解决，更不愿用诉讼方式解决，与信访工作者往往保持一定距离，过分强调自己的要求和理由，听不进他人劝告。他们也积累了一定的信访经验，等待问题的处理有一定的耐心。他们善于捕捉政策信息，一旦遇上“合适的时机”就立即信访，旧事重提。

信访老户一般具有嫉妒心理。嫉妒心理是一种与他人相比，发现自己的才能、地位、经济收入或工作生活境遇等方面不如他人而产生的愤怒、怨恨等复杂的心理状态。信访工作者只有正确引导，信访老户的嫉妒心理才可能转化为一种进取向上的积极心理。

另外，当案件处理和裁决不能达到自己的要求时，信访老户往往认为是由于司法机关不公正办案的结果，从而迁怒于办案人员，由案件申诉转为信访投诉、控告办案人员。

信访反映的问题没有得到及时解决，信访老户往往又迁怒于信访工作者，认为信访工作者有意推诿、不负责、徇私包庇，甚至指鼻怒骂，转而又投诉信访工作者。

有的信访老户常年信访，信访投诉、控告的对象不断增加转换，以至于凡是接待过他的人都被列为投诉、控告对象。

（二）应对信访老户的要点

信访实践中，大部分信访老户是由于对法律政策不了解，为了达到自己的目的或对问题的处理不满意而多次信访。

针对信访老户的这种心理状态，信访工作者要有耐心，不怕麻烦，不怕反复，要多开导，不断帮助信访老户了解政策，提高思想认识。在对信访老户某些不违背政策原则的要求尽可能帮助解决的同时，应采取相关接待方式，对其过高要求不予让步，尽量坚持说服教育，力争息诉罢访。

1. 控制会谈

因信访老户长期信访，信访工作者对其信访事由和要求比较熟悉，可以将接访活动置于自己的控制下进行。即接待信访老户，信访工作者应当是有计划、有目的地进行。

控制谈话的技术较多，而且可以随机应变，最常用的有如下三种：

（1）中断法。在接访过程中，信访老户经常因情绪激动、思维紊乱或认识不到位而喋喋不休时，不能硬行迫使他停止谈话，可以请他坐下休息，给他倒杯水；让其出示某项证据材料；建议双方约定一个合适的时间、地点再次会谈等。

（2）情感反射法。信访工作者有意识地刺激一下信访老户，使其把话题引向某些问题，如“你一直不服市政府对你的信访问题的处理，为什么不向上一级单位进行复查复核呢?”等，这种方法要注意时机，谨慎使用。

（3）引导法。由当前话题引向另一话题。引导不是直接建议转换话题，而是由原来的话题引出新话题，如当信访工作者想了解信访老户的一般社交关系，而他却不停地埋怨自己领导。此时，信访工作者可以把领导关系作为人际关系的一种，之后对社会一般人际关系发一下感叹，一方面表示对他的同情，另一方面可以把他的思想引向更大的范围，排除对自己领导的埋怨情绪。随后再提出同事关系和朋友关系的问题，进而引导他谈一下他的朋友对他的态度。这样就可以把话题引向信访工作者需要关注的方面。

2. 面质

面质也称对峙、质疑，是指信访工作者指出信访老户身上存在的问题，让信访老户面对自己暴露出的心态、思想、行为等方面的矛盾之处，并对矛盾之处进行对质讨论，以便使其澄清自己，达到对自己的透彻理解。

一般认为在以下情形中可进行面质：信访老户的自我观念与其理想自我不一致；信访老户的自我观念与其实际行为表现不一致；信访老户的自我体验与信访工作者对其体验和印象不一致；信访老户所谈到的体验、思想或看法前后不一致；信访老户的言语和非言语不一致等。

比如，“你说你的腿受伤了，可你刚进大院时候是提着拐杖，而不是现在拄着拐杖这种状态啊。”

在使用面质时要注意以下两点：

（1）要有事实依据。问题确实存在于信访人身上，事实明显，宜使用面质；在没有掌握事实时，要耐心地等待，仔细地寻找，不能从想象出发。

(2) 尝试性使用面质。若没有把握，不应当使用面质。若有使用必要时，可以适当用一些尝试性面质，在语气中加入一些不确定的询问性内容。如，“我不知道是否误会了你的意思，你上次来访说……，这次又说……，不知是哪些情况更能反映你的问题？”如此可减少冲击力，避免信访人难堪。

三、缠访、闹访者心理分析

（一）缠访、闹访者的心理特点和行为表现

缠访、闹访者信访时一般表现包括：情绪激动、言辞激烈并难以接受不利于自己的意见；易怒且缺乏理智，一般态度粗暴；对全局性的政策、规定和问题的发生、发展全过程不愿了解，反映问题易带片面性；较多地表现为要求按自己认定的情况解决问题，认为自己的问题重于一切；情绪偏激、固执己见，一旦问题不能按他们的意见得到解决，就会变得愤怒或把矛头指向信访工作者；一般都有“大闹大解决，小闹小解决，不闹不解决”的心理，认为老实人吃亏，不闹不解决问题。

近年来，维护社会稳定成为党政机关、单位工作的重要内容之一，很多地方经常提出“人要回去，事要解决”的要求，也会经常强调“大事不出市，中事不出县，小事不出镇”的要求。所以很多领导都怕越级信访，更怕出现群体性信访。一些缠访、闹访者就是利用相关部门的这个弱点，通过各种方式越级信访，甚至进京信访，如在国家机关门口静坐、下跪、哭闹，甚至扬言要制造危害公共安全的恶性事件等，一心扩大其信访造成的影响，向党政机关、单位施加压力，欲迫使其就范。

同时，缠访、闹访者往往具有逆反心理。逆反心理是一种单值、单向、单元、固执偏激的思维方式，它使人无法客观准确地认识事物的本来面目，

而采取错误的方法和途径去解决所面临的问题。逆反心理具有强烈的情绪色彩，带有较强的抵触情绪。

一般来说，逆反心理在以下三种情况下容易产生：一是当一个人的自尊心受到伤害时，就容易产生反感进而产生抵触情绪，有些来信来访就是在这种情绪的支配下造成的；二是当人的平衡心理受到冲击时，容易产生抵触情绪，如在收入分配、职务晋升、职称晋级等问题上出现不平衡，也极易导致来信来访；三是当客观要求超过主观的限度时，也很可能会引起当事人的抵触情绪。

（二）应对缠访、闹访者的要点

在接待缠访、闹访者时，必须冷静耐心地倾听他们的陈述，理解和体谅他们；有道理的及时给予肯定，为其一一解惑，能解决的尽快解决；如果要求过高或暂时解决不了的，要耐心地宣传和解释相关政策规定，不要纠缠于细节，要教育他们从大局出发，全面看待问题；对那些无理纠缠者，要予以警惕，进行严厉批评，但是千万不可偏激甚至采取与其对立的态度，避免其作出过激行为；面对不合理的信访方式，接访人员应当严守法律的界限，缓和他们的情绪，寻找解决问题的办法，紧急时可以使用强制措施维护法律的尊严。

同时，针对缠访、闹访者，可以采用心理疏导技术。信访工作中的心理疏导技术是指在信访接待过程中，通过解释、说明、同情、支持和相互理解等方法，运用语言和非语言的沟通方式，针对一些缠访、闹访者进行引导和帮助，缓解其心理压力，排除其心理障碍，达到化解矛盾的目的。

对于缠访、闹访者，一般倾诉已经无法满足其心理需求，即缠访、闹访者的需求基本上可认为“无法律依据”之需求。其生活在法律制度的框架之下，但并不具有完全从法律的立场出发思考和认识社会的习惯和能力。对此种需求可予以心理干预，通过矫治他们不正常的心理障碍，使其转变认识，即由不认同到认同的过程，从而达到息诉罢访的目的。

心理疏导技术在实践中有以下三点要求：

（1）争取建立友好关系。信访工作者在接访中首先要消除缠访、闹访者的敌意和对抗情绪，让他们保持一个没有偏见、相对平和的心态来与接访人员交流，使他们认为信访工作者是一个可以倾诉心思的朋友，增强缠访、闹访者解决问题的自信心。

（2）寻找并直面问题核心。信访工作者在接访时不能主观臆断，应努力与缠访、闹访者合作，帮助他们找出缠访动机和信访需求，查明心理障碍、心理危机、心身疾病的根源，找出量变引起质变的焦点及诱发因素。

（3）尝试制定解决方案。积极引导缠访、闹访者主动、轻松地听取信访工作者的解答和疏导，鼓励缠访、闹访者对信访工作者的讲解、处理方法等提出不同意见，通过质疑，提高和强化他们的心理素质，由此转化为自身力量和主动应付应激的方法，认识到缠访博弈的零效率，从而息诉罢访。

四、集体信访人心理分析

（一）集体信访人的心理特点和行为表现

集体信访大多因某些政策或规定触及了一部分人的利益，这些人经过相互串联，以多人或集体的名义向组织和领导提出要求。集体信访人之所以采取这种方式，除因共同利益关系使他们能自然联合外，更主要的是认为这种方式力量大、影响大，对组织和领导的压力也大，问题容易得到解决。因而集体信访人有一种不达目的不罢休的心理状态。这些人深知彼此联合起来不容易，也不可久拖，所以对问题的处理有一种强烈的迫切感。这些人火气大，仗着人多势众，容易闹事。

参与集体信访的绝大多数人具有从众心理。从众心理指个人受到外界人群行为的影响，而在自己的知觉、判断、认识上表现出符合公众舆论或多数人的行为方式的一种心理。一般说来，群体成员的行为，通常具有跟从群体的倾向。当群体成员发现自己的行为和意见与群体不一致，或与群体中大多数人有分歧时，会感受到一种压力，这促使他趋向于与群体保持一致。

从众是一种比较普遍的社会心理和行为现象。通俗地解释就是“人云亦云”“随大流”。表现为大家都这么认为，我也就这么认为；大家都这么做，我也就跟着这么做。

一般来说，从众心理大致有三种类型：一是在领头人的感知下，急流勇进地积极从众；二是自己虽有主见，但怕冒风险而跟随大众地消极从众；三是自己没有主见，随着多数人随波逐流地盲目从众。这些人往往对事物缺少分析，容易受到外界的压力或消极暗示，而放弃自己原来的主见去跟随大多数人的行为。

从众源于一种群体对自己的无形压力，迫使一些群体成员违心地产生与自己意愿相反的行为。集体信访大部分是从众心理导致的从众行为。

对从众行为也要具体分析，一般有这样几种表现形式：一是口服心服，表面服从，内心也接受；二是口服心不服，出于无奈只得表面服从，违心从众；三是完全跟随大众，谈不上服不服的问题。

就从众心理的客观影响来看，既有积极意义，也有消极影响，主要看从众行为的具体内容。

从众现象在我们生活中，比比皆是。比如，大街上有两个人在吵架，这本不是什么大事，结果人越来越多，最后连交通也堵塞了。后面的人也停下脚步，抬头向人群里观望……

从众心理对人的影响很大。造成从众心理的原因是多方面的。在群体中，由于个体不愿标新立异、与众不同而受到孤立，当他的行为、态度与意见同别人一致时，却会有一种“没有错”的安全感。

不同类型的人，从众行为的程度也不一样，一般来说，性格内向、有自卑感的人大于外向、有自信的人；文化程度低的人大于文化程度高的人；年龄小的人大于年龄大的人；社会阅历浅的人大于社会阅历丰富的人。

（二）应对集体信访群体的要点

针对集体信访群体，必须采取认真接待和积极疏导的办法。要稳定他们的情绪，切忌简单粗暴地处理问题。同时，可采用防止“去个性化”的心理技术。去个性化又叫个性消失，最早是法国社会学家勒邦提出的，意指在某些情况下个体丧失其个体性而融合于群体当中。此时人们丧失自身的自控力，以非典型的、反规范的方式行动。

去个性化产生的环境一般具有如下两个特点：

（1）匿名性。即个体意识到自己的所作所为是匿名的，没有人认识自己，所以个体毫无顾忌地违反社会规范与道德习俗甚至法律，作出一些平时自己一个人决不会作出的行为。

（2）责任模糊。当个体成为某个集体的成员时，他就会发现，对于集体行为的责任是模糊或分散的。参与者人人有份，任何一个个体都不必为集体行为而承担罪责。

由于感到压力减少，觉得没有受惩罚的可能，没有内疚感，从而使行为更加粗野、放肆。一旦去个性化开始并聚集力量，就难以逆转或是停止。

集体信访由于涉及面广、影响大，处理不好对社会的危害很大，所以一旦出现，就要高度重视，立即采取措施迅速处理。信访工作者在遇到集体信访时，应严格执行重大信访信息报告制度，及时向上级报告；同时采取措施隔离集体信访群体，避免其与外界接触和对外界产生影响，防止围观群众裹入其中，产生较大范围的信息与情绪传递，爆发社会感染，引发群体性暴力事件。例如，尽快让集体信访人进入信访接待室内，不要让他们围堵在机关、单位门口；若人数众多，应按照《信访工作条例》，要求信访人推选出不超过5人的信访人代表，并对其他人员进行疏散劝返，尽量减少信访声势，从而控制住局面。同时，要引导集体信访人提高独立思考和明辨是非的能力，让他们既要慎重考虑多数人的意见，也要有自己的思考和分析。要冷静地分析和对待他们提出的问题。

接待集体信访群体时，信访工作者态度要和气，注意信访人的反应；根据信访人感情的变化来不断改变谈话方式，掌握说话的主动权；特别要做好主要群体人员的工作，做到化大为小、化整为零；采取有效措施，进行化解分割，局限范围，以防去个性化现象发生，进而阻止形成社会感染，防止演化成群体性暴力事件。

五、越级信访人心理分析

（一）越级信访人的心理特点和行为表现

几千年封建社会“人治”的统治方式和腐败的吏治，使人民群众产生了“包公情结”：一方面对可以接触的领导持极度否定的态度，另一方面又坚定地相信有像包拯、海瑞那样可以解决自己问题的“清官”存在。因此，他们不屈不挠地信访，希望找到一位“清官”。

抱有这种心理的信访人，对本地党政机关和职能部门的领导都不信任。他们相信只有上一级机关才有他们心目中的“清官”，但只要不按其意愿解决问题，就认为是“官官相护”，转而向更上一级机关信访，直至信访到中央，期望能遇到其心目中的“包青天”。他们不屈不挠地信访，寻找自己心目中的好领导，是越级信访人的普遍心理。

（二）应对越级信访人的要点

人与人之间的交流，感情交流最为重要。

在接待越级信访人时，通过嘘寒问暖、让座、询问等方式，让信访人产生亲近感，使受冷落、受委屈的心灵得到温暖，使信访人和信访工作者之间的距离缩短、感情拉近，从而有可能减轻和改变信访人逆反、不信任等心理。同时，可以采用共情技术。

共情，即同感、同理心，是人本主义心理咨询提倡的影响咨询进程和效果的最关键的咨询特质。人本主义心理学家代表马斯洛在需要层次理论中曾经指出，人都有自尊和他尊的需要，即每个人都希望得到别人的尊重和理解。

信访实践中，共情技术的运用即是要求信访工作者一边倾听信访人的叙述，一边进入信访人的精神世界，并能设身处地、感同身受地体验这个精神世界；言语准确地表达对信访人内心体验的理解，并将理解传递给信访人。

运用共情技术需要注意以下四个问题：

（1）表达共情因人而异。一般地，情绪激烈与情绪稳定的，表达杂乱与表达清晰的，两者都应给予更多的共情。

（2）共情反应要适度。共情反应的程度应与信访人的问题程度、感受程度相适应。过度，会让人感到信访工作者小题大做；不足，会让信访人觉得理解不够。

（3）善于把握角色。实践中，有的信访工作者做到了设身处地，以致同悲同怒，进而完全忘掉自己的角色。信访工作者应保持客观公正的立场，防止完全受信访人情绪的影响。

（4）避免语言拖沓冗长。信访工作者与信访人在交谈过程中，信访工作者的应答相对而言可以是频繁的，但要做到简明扼要，避免使用一些过于专业的术语，使信访人产生距离感。

第三节 信访人心理类型的深度分析

一、倾诉型信访人心理分析

案例

周某拿着厚厚的信访材料来到信访局，一见到信访局接待的同志，他就明确表示："不管这次信访有没有效果，你都得听我把事情从头到尾讲清楚。"接待的同志耐心地听完了周某的讲述后，表示理解，同时纠正了周某的错误观念。之后，周某便轻松地离开了信访局，表示今后不再信访。

（一）倾诉型信访人的心理特点

案例中的周某是典型的倾诉型信访人。

倾诉是人类的基本需求之一。人们在日常工作、生活和学习中需要保持一种平静而稳定的情绪，人们的情绪总是在平衡点附近上下小幅波动。

一般而言，信访人必定是有难以解决的困难才决定信访的，这个难题也必定已经在他心中困扰多时。当信访人的信访问题没有很好地解决，需求没有得到及时地满足，信访人就会产生负面的情绪，如哀怨、悲伤、愤怒、恐惧等。负面情绪积于心中亟待爆发，这时信访人就非常需要将这种情绪释放出来，而诉说就是一种很好的方式。

案例中的周某一见到接待的同志就表示，不管这次信访有没有效果，都要听他把事情从头到尾讲清楚。其实，他的潜台词就是“你听了，我就舒服了”。因此，倾诉型信访人基本都有寻求宣泄的心理需求，他需要倾诉，需要宣泄积蓄已久的苦楚，需要信访工作者这样的政府工作人员来倾听他的委屈。

另外，部分倾诉型信访人有着扩大事实希望引起各方同情和重视的心理。这部分信访人反映的问题，最初可能只是很小而又很琐碎的问题，因为迫切希望得到重视，往往把事情夸大化，有时还加上自己猜想杜撰的情节。久而久之，连自己也变得深信不疑。

（二）倾诉型信访人的表现症状

“情郁于中，必发之于外。”倾诉、谩骂，甚至有暴力、破坏等行为，都是寻求情绪回复平衡的表现形式，而倾诉是最便捷的宣泄途径。

倾诉型信访人带着满腔情绪，一见到信访工作者必定开始长篇大论地讲述他的遭遇。他会以期待的眼神、恳切的神情、急促的语调向信访工作者传递一种信息：我需要你听我说。他甚至会在讲述过程中生怕对方离开似的抓住信访工作者。因为心中积怨已久，心理压力非常大，倾诉便显得那么自然。有的信访人，反复到同一个部门信访，每次都是陈述同样的问题，其实这就是一种宣泄，他内心可能并没有很高期待信访工作者真的解决他的问题。

另外，部分反映伤害案件没有得到及时处理的信访人，往往把伤情夸大，把情节的恶劣程度讲得很严重，以此引起信访部门的重视，希望对被告加以严惩。这种心理多数是由信访人迫切期望事情得到解决的需要没有得到满足而引起的。

当信访人的需要不能得到满足时，就会产生负面情绪，这种负面情绪的强烈程度决定了信访人的反应方式，如果负面情绪过于强烈，信访人会产生过激做法，例如，对信访工作者态度恶劣、谩骂，甚至大打出手。

（三）应对倾诉型信访人的要点

1. 注意倾听

宣泄是释放紧张等负面情绪的过程，常伴有对痛苦经历的回忆。作为一个合格的信访工作者应该熟悉面对带有宣泄心理信访人的方法。倾听是一种很有效的策略，是一种顺其自然的解决途径。面对倾诉型信访人，信访工作者要学会倾听，让信访人将想要说的话都说出来，但不要轻易表态。

美国戴维斯和藩宁两位学者对“听”的技巧进行了分析，认为只有为了以下目的，人才会积极地听取他人的诉说：

（1）想要理解某人或某种情况；

（2）对某人的话感兴趣；

（3）想要学习某些东西；

（4）想要帮助别人或安慰别人。

因此，信访工作者在倾听的过程中要注意思考，引导信访人提供有效信息，及时准确地把握信访事由，同时要做好记录。接待信访人时对信访问题进行记录，既能使信访人感觉到信访工作者在认真倾听，也会让信访人感觉对其信访问题的重视。同时，又便于信访工作者对信访材料进行梳理，随时记下疑惑之处，利于信访问题的备案归档。

2. 善用眼神

目光接触是最重要的非言语沟通方式。眼睛是心灵的窗户，是最有效显露个体内心世界的途径。人对目光很难做到随意控制，人的态度、情绪和情感变化都可以从眼睛中反映出来。

信访工作者在接访中应擅于保持眼神交流。倾听信访人讲话时，信访工作者可以将视线落于对方双目与额头之间的三角区域，或者不间断地用柔和的目光正视信访人的双眼，以表现出热情、友好、理解的神情。目光要坚定、集中，避免目光游移不定、东张西望。通过有效的眼神交流，表现出对信访人的尊重，对信访人讲话内容感兴趣。当听完信访人讲述后，对信访人在政策和法律上有错误认识，或对程序上有误解的地方，信访工作者要解释清楚，尽量用通俗易懂的语言把政策法规讲给他们，让他们从本源上认识事实，并将《信访工作条例》向信访人解读清楚，告之正确的解决问题的途径和方法。对于一些掌握不准的问题，信访工作者应慎言慎行，切忌随意表态，避免之后工作被动。因为信访工作者不是万能的，这时应转交相关职能部门，待研究清楚后再下结论。

二、偏执型信访人心理分析

案例

某单位有刘姓信访人，因为自认为30多年前单位分房子不太公平合理，而走上了信访之路。从单位到政府，从地方到中央，他的信访坚持了30多年。每年这个单位都会收到从上级部门转来的厚厚的信访材料，事情还是那样的事情，全部都是用钢笔手写的材料。现在，信访人已经退休多年，信访意愿依然未改，就是写材料的字大了许多。

某地有黄姓信访人，每每有重大政治活动就到北京信访，这次进京采取了新的“策略”，在北京他常常换地方给当地有关领导打电话，大概说的意思是，如果不怎么样，就怎么样。当地领导怕他采取极端行为，被他搞得异常紧张但又无可奈何。

（一）偏执型信访人的心理特点

以上案例中的信访人属于偏执型信访人，这类信访人往往具有偏执型人格。

信访人的偏执心理不同于妄想，妄想属于精神分裂症。偏执型人格是指以极其顽固地固执己见为典型特征的一类人格特征，表现为对自己过分关心，自我评价过高，常把挫折的原因归咎于他人或推诿客观。偏执型人格是1980年的美国《心理疾病诊断统计手册》中（DSM-Ⅲ）人格障碍12种类型之一。

据调查资料表明，具有偏执型人格障碍的人数占心理障碍总人数的5.8%，由于这种人少有自知之明，对自己的偏执行为持否认态度，实际情况可能要超过这个比例。

偏执型人格形成原因有以下四点：

（1）早期失爱。幼年生活在不被信任、常常被拒绝的家庭环境之中，尤其是缺乏母爱，经常被指责和否定。

（2）后天受挫。成长中连续遭受生活打击，经常遇到挫折和失败。

（3）自我苛求。自我要求标准极高，并与自身存在某些缺陷之间构成尖锐的矛盾，但是从不公开承认自身的某些缺陷，如个子不高、长相不出众、才能不突出等。其实，意识深层正为此自卑。

（4）处境异常。某些异常的处境也使人偏执。如没有学历的人，厌恶别人谈论学历；经济状况不好的人，回避谈论经济收入问题；单亲家庭的孩子，生怕别人知道自己的家庭情况等。

一些偏执型人格障碍的人通常也有潜在的情绪性动机犯罪可能，其家庭成员和社会成员需要多以包容之心对待，多以温情和爱感化，及时化解矛盾，以免小事酿大祸。很多时候，偏执型人格障碍的人的烦恼源于对自己和周围要求太多，现实的欲望总是不能得到满足，自然会心生烦恼，甚至产生极端行为。在现实生活中，人们所遭遇的烦恼将近一半左右是出于自己的想象，而剩下的一半才要靠智慧和力量去解决。

对于偏执型人格障碍的人，如果能够及时发现，并能在心理咨询师的指导下采用认知领悟疗法和行为疗法进行及时的心理治疗，大多数情况下，其思想压力将有所减轻，社交能力将有较大改善，家庭及生活中的矛盾能够得以缓解，精神生活质量也会有较大提高。

研究显示，偏执型信访人有70%属于心理障碍，反复为小事信访，处于偏执状态。他们多少遭遇过一些不公之事，再加上性格偏执，缺少弹性，不会变通，因此，就走上了长期反复信访的道路，而且是“越挫越勇、不畏艰苦”。他们始终坚信坚持就是胜利，社会自有公平，但他们却不知坚持正确的叫顽强，坚持错误的叫顽固。

（二）偏执型信访人的表现症状

偏执型信访人的行为特点常常表现为：在信访过程中极度敏感，察言观色；口口声声将失败和错误归咎于他人或客观原因，在叙述时往往言过其实；过多地要求别人，多疑，不轻易信任信访工作者，持怀疑态度；认为信访工作者不能正确客观地分析形势，陈述问题易从个人情感出发，主观片面性大；反映问题时言辞激烈、缺乏理智，容易发脾气，产生偏激行为，唯一的目的就是要别人相信和理解自己，说明自己反映问题的正确性。

偏执型信访人总是将周围环境中与自己无关的现象或事件都看作与自己关系重大，甚至还将报刊、广播、电视中的内容与自己对号入座。尽管这种多疑与客观事实不符，与生活实际严重脱离，虽经他人反复解释也无法改变这种想法，甚至对怀疑对象有过强烈的冲动和过激的攻击行为，从一般的心理障碍演绎成精神性疾病。

偏执型信访人如果认为信访问题没有得到及时满意的解决，同时又不能及时主动地矫正自己的性格缺陷和心理障碍，较易出现人际关系紧张、工作生活不顺心等问题，个别严重者有可能诱发精神性疾病，甚至对家人和社会造成严重危害。

有的偏执型信访人因为对信访结果不满意，冲击国家机关，砸车、堵路、打砸机关办公用品，更有甚者围攻领导、殴打信访工作者，情绪偏激，表现出强烈的报复心态，成为缠访、闹访信访人。

（三）应对偏执型信访人的要点

作为信访工作者，要重视偏执型信访人，及时对其进行有效引导和转化。

1. 分析心理，掌握主动

首先要对偏执型信访人的心理状态进行判断和分析。信访行为是信访人的内部动机和外部环境影响的结果，行为受动机的支配，动机取决于需求。当信访人仅凭自身力量无法满足自己需求时，便产生了诉诸社会管理者帮助自己解决问题的动机，在这种动机支配下，便采取信访形式诉诸社会管理者。偏执型信访人企盼心理与环境的失调得到调整，需求获得满足，从而形成了与其相适应的心理反应。分析偏执型信访人的心理动态，有利于我们掌握主动权，作出处理决策，有利于将事态控制在萌芽阶段，抓住缓和矛盾和解决问题的最佳时机。

2. 礼貌接待，文明沟通

接待偏执型信访人时，要和颜悦色、耐心热情、彬彬有礼，分散其注意力。待其平静后，再细问详记，让信访人把话讲完，不要轻易评判其对错，使信访工作者与偏执信型访人实现心理交融、互相接纳。

3. 传递正确信息，排除错误信息干扰

偏执型信访人在信访前接收的信息，有的是道听途说，有的是偏听偏信，有的是言过其实，有的带着宗族色彩。正是这些信息的不断强化，使他们言辞激烈。因此，接访过程中必须耐心细致地向他们宣传法律政策，向他们传递正确可靠的信息，对他们的错误信息和错误认识予以解释和疏导，引导他们形成正确的态度。

4. 不约期、不许愿，及时解决问题

信访工作有一定的被动性，解决问题特别是重大问题的时间在很大程度上不是信访工作者能够决定的。解决偏执型信访人反映的问题不能偏听偏信，不能只听一面之词，必须深入调查后才能作出处理决定。如果约期，便有可能导致再次信访；如果许愿，则提高了信访人的动机强度，如果许愿后不能践约还愿，更会引起偏执型信访人强烈的情绪反应，使其理智进一步降低，作出一些不顾后果的事情来。

因此，在接待偏执型信访人的过程中，不要约期、许愿，但要尽可能以最快的速度调查他们反映的问题，及时解决问题、反馈信息，切实把纠纷化解在基层，把矛盾消化在萌芽状态。

三、复合型信访人心理分析

复合型信访人是最常见的信访人类型，这类型的信访人可以是以上提到的任何类型的组合，如倾诉型初次信访人，偏执型信访老户等。可以根据以上提到的措施来具体对待。

（一）应对复合型信访人的注意事项

1. 谨言慎行

信访工作者要时刻想到自己代表的是党政机关而不是个人。不说过分的话，不做出格的事，凡事三思而后行。能信访的人，都是没有了其他的救济渠道，特别是信访老户，他们也许已经去过了许多部门，不但对政策法律有

了一个大概的了解，而且，对去过的各个部门比较清楚，心中有一个综合评价。信访工作者如果不够严谨而说出不符合政策法律的话，就会成为信访人的话柄。

2. 热情礼貌

讲文明是中华民族的传统美德，信访工作者更应该注重。常言道“敬生威”，一个人礼貌对他人，才能得到他人的尊敬。当信访人到来时，他的内心都带有很多委屈，都带有一定的情绪。如果信访工作者热情礼貌、讲文明，那他也就不好意思再把信访工作者当作发泄对象了。同时信访工作者再热情一点，就能拉近与信访人的距离。

3. 注意倾听

信访工作者要让信访人将要说的话都说出来，但不要轻易表态。当倾听信访人时，是对他的尊重。在倾听完信访人的讲述后，对信访人在政策和法律有错误认识或对程序上有误解的地方，信访工作者要尽可能解释清楚。

4. 讲究语言艺术

信访工作者不但要学会用语言沟通，还要学会去引导信访人。摆事实，讲道理。先表示理解，再讲政策和法律的重要性。对冲动型信访人，要讲清后果。

5. 时刻保持警觉

一个合格的信访工作者，要时刻有敏感性，一旦发现不良苗头，要及时上报领导，以便领导及时决策，防患于未然。领导更有大局观念，可以提出科学的应对方案，化解困难。

6. 坚持原则

如果信访人反映的问题真的合理合法，一定要向相关有权部门和领导建议并及时解决；要坚持自己的主张，找出政策或法律依据，提供给相关有权部门或领导，以便及时处理，化解矛盾。

7. 懂得忍让

信访工作者大多数情况下就是“出气筒”。在信访人出现不良情绪时，信访工作者要懂得忍让；从信访人角度考虑问题，多多理解信访人；当信访人情绪平稳后再劝说，这样更利于解决问题。

（二）应对复合型信访人的要点

在接访工作中，信访工作者可以运用心理咨询等相关技术，对信访人行为和心理活动作出正确判断，充分了解其来访的需要和动机，并针对不同情况，运用不同方法有针对性地开展接访工作。

1. 自我开放

自我开放亦称自我暴露、自我表露，是指信访工作者将自己的思想、感情、经验等相关内容告诉信访人。信访工作中，自我开放可以使信访人感受到信访工作者理解他的困难，进而拉近信访工作者与信访人的心理距离，增强接待效果。

自我开放主要有以下两种形式：

（1）信访工作者把自己对信访人的体验感受告诉信访人。若感受是积极、正面、赞扬性的，即为正信息，如“我很高兴，你能坦率主动地谈……”；若感受是消极、反面、批评性的，则为负信息，如“你已经书面承诺就此事不再信访了，今天怎么又谈这事，我有些不愉快，或许有你的原因，能讲讲吗？”

（2）信访工作者暴露与信访人所谈内容有关的个人经验。如信访人是退伍人员，而信访工作者也是部队转业人员，若信访工作者披露其有部队经历，将会增加彼此的亲近感和信任感，增强接访效果。在运用自我开放时应注意，接访人员自我开放的内容以及内容的深度和广度都要与信访人谈话的主题相关，且要适度，避免过度披露造成消极影响。

2. 倾听

倾听要求信访工作者全神贯注地听取信访人的表达，不仅要用耳听，更要用心去感受和理解。倾听的方式和质量直接决定着沟通效果。一个懂得倾听并善于鼓励他人倾诉的信访工作者更容易赢得信访人的好感和信任。因此，学会倾听不仅是尊重信访人的表现，也是做好接访工作很重要的一环。

（1）为准确而倾听。澄清是让信访人表达的信息更加清楚，并确认信访工作者对信访人知觉的准确性。如果信访工作者误解了信访人的信访意图，其处理结果也必定不会令信访人满意。因此，一定要仔细倾听信访人的信访意图，把握问题的关键点，做到处理问题有的放矢。

（2）为理解而倾听。部分信访人在诉及信访事由时，所表达的观点可能失之偏颇，情绪也会比较激烈，故信访工作者要留取充足的时间倾听，这样不仅可以更好地弄清事情的来龙去脉，而且满足了信访人一吐为快的愿望，对不满、愤慨等消极情绪也起到一定的宣泄作用。

“为川者决之使导，为民者宣之使言。”这句话同样可以运用于接待信访人。通过“宣之使言”，本质上也是一种无为而治的心理疏导。在倾听的过程中，信访工作者一般不要轻易打断信访人的谈话，对于信访人一定程度的消极情绪应有其职业素养和心理承受力，确保理性和冷静。

（3）为释理而倾听。有的信访人提出过急、过高甚至无理要求，一些要求法律政策上并无依据，从道理上也讲不通。在接访过程中信访工作者对信访人要求解决问题的急迫心情要予以理解，不能一推了之，要带着感情耐心做好说服工作。政策说透，道理讲通，情况表明，消除信访人的疑虑，使信访人心悦诚服，最大限度赢取信访人的理解和支持。如信访人初访反映某人贪污，经查证失实，信访工作者在认同其正义感的同时，可以依据已查明的事实向信访人作出解释，并向其宣传相关法律知识，帮助其树立正确的法律观念。

3. 反应

反应包括内容反应和情感反应两种。

（1）内容反应。内容反应，也称释义或说明，是指信访工作者对信访人的信息内容加以解释后再反馈给信访人本人。

内容反应应掌握以下三个要领：

1）听取信访人的基本意思；

2）提纲挈领地向信访人复述基本意思；

3）观察信访人的反应，以便了解他是否感到被准确理解。

在接访过程中，为了进一步获取主要信息或关键问题，信访工作者可以选择信访人反映的实质内容，用自己的语言将其表达出来之后顺势提出另一个问题，如此可以使信访人感觉自然合理，便于息诉罢访。如，“上次你反映劳动仲裁对你的案件不予受理，我能够理解你作为当事人的感受，但是有一个问题，企业向你支付的赔偿款你没有领取，是这样吗？”“你对信访三级复查复核决定没有意见，只是希望政府对你当前的经济困难予以救助，是不是？”

（2）情感反应。情感反应是指信访工作者用语句来表达信访人所谈到和所体验到的感受。情感反应与内容反应很接近，但有所区别。内容反应着重于信访人言谈内容的反馈，而情感反应则着重于对信访人的情绪反应。情感反应的基本作用是引导信访人注意和探索自己的感受和情绪体验，在意识水平上了解他们，使其重新面对和审视自己的情绪反应，清理、整合自己的情绪，达到对自己的整体性的体验和认识。

情感反应通常情况下能起到稳定信访人谈话时心情的作用。情感反应在表达时，常常使用感受性动词和情绪性词汇。如，“你觉得领导干部犯罪都应当由纪检部门来管，我们把你上次反映的领导问题转交组织部门，你认为是不对的。对此感到很失望。”“你感到非常气愤，是因为上次李局长约定好今天接待你，却外出开会了，是吗?”

4. 拒绝

信访人的要求因为主客观多方面的原因，并不能全部得到解决，对于一部分信访人的要求需要理智地拒绝。在拒绝的时候，如何把拒绝带来的非议和埋怨等降到最低，既不伤害当事人的自尊心又使他们真正接受，就需要运用拒绝。在接访过程中总结出了直截拒绝法、委婉拒绝法、转移话题拒绝法、体态语言拒绝法四种拒绝方法。对于信访部门无法解决的问题，或者在政策法律上没有依据的信访问题，即应使用相应的拒绝方法。

信访接待中，可以因人而异使用拒绝语言。针对不同的信访人和信访案件，要选择较为妥帖的拒绝方法或者直截拒绝当事人，也可以建议当事人寻找其他途径解决，或者显示出疲劳、倦怠的心情，以体态姿势、辅助性语言等表示出拒绝的用意。如，“上次你反映的有关职称评定的问题，已经过信访的三级复查复核，现信访部门不予受理。”在拒绝的过程中，信访工作者应实事求是，不欺骗当事人，并牢记在接待过程中做到态度诚恳，用语文明和善。

第四章 信访人常见心理障碍的识别与应对

心理障碍既包括轻微的心理问题，也包括比较严重的心理活动紊乱。

轻微的心理问题，例如，当人们遭遇挫折后的沮丧，亲人死亡后的悲伤，人际关系紧张引起的烦恼、退缩、自暴自弃等，往往是过度应用防卫机制来自我保护，且表现出一系列适应不良的行为。比较严重的心理活动紊乱，例如，由各种身体疾病和各种物质（成瘾物质、某些药物或毒物）引起的继发性精神障碍，以及尚不知道的原因的原发性精神障碍，如精神分裂症、心境障碍、焦虑障碍等。

正确区分心理活动的正常与异常有一定困难，其原因有四点：一是人的心理活动是不可见的，只能通过人的言语和行为推测他的心理活动过程；二是心理活动受多种因素，如环境、人际关系和社会文化等的影响，而言语和行为亦是如此；三是心理活动的个体差异很大；四是正常和异常的心理活动之间缺乏明显的分界。因此，仅有一方面的心理活动异常无法肯定就是心理障碍；诊断心理障碍需要符合一定的标准，并且个体自己也感到痛苦或者明显影响其社会交往或职业功能。

第一节 一般心理障碍概述

一、什么是心理障碍

心理障碍是指一个人由于生理、心理或社会原因而导致的各种异常心理过程、异常人格特征及其导致的异常行为方式，是一个人表现为没有能力按照社会认可的适当方式行动，以致其行为后果对本人和社会都是不适应的。

这种“没有能力”可能是器质性损害或功能性损害的结果，或两者兼而有之，可概括表现为以下三种：

(1) 心理机能失调，指认知、情感或者行为机能的损坏；

(2) 个人的痛苦，指病症给个人造成痛苦（不完全如躁狂状态）；

(3) 非典型的或者非文化所预期的，不是该地区文化行为典型的特点。

相应地，世界心理卫生联合会具体明确地指出心理健康的标志是：

(1) 身体、智力、情绪十分协调；

(2) 适应环境，人际关系中彼此能谦让；

(3) 有幸福感；

(4) 在学习和工作中，能充分发挥自己的能力，过着有效率的生活。

与之相反，则表明出现了心理障碍问题。

二、正常心理和异常心理的区别标准

正常心理和异常心理的表现是相对的，并没有绝对的界限，并且受文化的影响很大。因此，正常心理和异常心理的判断标准也是相对标准，主要分

为以下四种类型。

（一）经验标准

研究者根据自身的经验和体验来鉴别正常心理和异常心理，或以一般人对正常心理与行为的经验作为出发点或参照点。这种标准会因人而异，主观性较大，不同研究者的差异也较大。

另一种情况是根据病人自己的主观体验去判断正常心理和异常心理。例如，轻度精神疾病病人就医的主要原因是不适感和内心痛苦，主诉是判断其病情和严重程度的重要根据。但此标准不适用于缺乏自知力的重症精神病病人和某些人格障碍病人。

（二）医学标准

有些异常心理是由于脑或躯体的器质性损害伴发。对于这类异常，可通过各种医学检查来判断。例如，颅内感染所致精神障碍、癫痫所致精神障碍、内脏器官疾病所致精神障碍等。但是，大部分异常心理没有明显的器质性损害，至少目前还没有找到病变的原因，如神经症等。因此，医学标准也有局限。

（三）统计学标准

对人群的各种心理特性进行心理测试的结果通常呈正态分布，处于平均数正负两个标准差区间的人数约占总人数的95%，我们将这95%确定为正常心理，而把远离平均数的两端（即剩余的5%）视为异常心理。因此，决定一个人的正常心理和异常心理，就以其心理特性偏离平均值的程度作为依据。由于对心理特性进行了量化，比较客观也便于比较，所以统计学标准有一定的实用价值。

当然，选用心理测试应注意其信度、效度、适用范围、对测试结果的解释和社会文化的制约等因素。

异常心理是从量变到质变的过程，要多少量的积累才算异常呢？统计学标准只能显示其当前心理，不能显示其追踪结果，这是统计学标准的不足之处。如 IQ 在 140 以上只能在当前视为天才，视为超乎正常的智商。如追踪下去，一些人会逐渐降为正常智商，其中少数人甚至有心理障碍表现。

（四）社会学标准

一个社会中大多数遵循的一般行为规范及道德标准称为社会常模。正常情况下，人的行为总是与环境相协调的，人的行为应符合社会准则，根据社会的要求和规范行事。按此标准，一切严重违反社会常规模式的行为不是犯罪就是变态。

以上对异常心理的判定标准各有其利弊。现在，越来越多的人倾向于将社会利益和个人利益结合起来，将各种标准的作用结合起来，来判定异常心理。

基于此，可将异常心理定义为由于器质性或心理原因，个体不能按社会认为适当及可接受的方式行动，以至本人或社会遭受有害后果的心理状态。

其实，如果心理和行为的异常发生了质的变化，其正常与否的判断并不困难，但许多情况下的变化只是程度上的不同（量的变化），很难有一个绝对的界定标准。比如，一个人反复洗手，以至于手部皮肤损伤，却仍然说自己的手不干净，这显然是不正常的。

但是，我们却很难确定一个人一天洗几遍手就是不正常的。而大多数异常心理者从外显行为和内部情感体验上讲，与其他人并无多大区别。正常心理者有时也会表现出一些看起来与异常心理者类似的行为和体验，只不过在持续时间和强度上有所差异。

因此，判断一个人的心理是否正常，除了综合以上四种标准之外，还要进行横向和纵向的比较。横向的比较是指与他所处的社会文化背景以及客观环境中的大多数人去比较，看他的行为是否为常人所理解，有无明显的离奇行为；纵向比较是指与他一贯的心理状态、人格背景和行为方式相比较，看他是否发生了令人无法理解的改变。

三、从健康状态到心理疾病状态

心理问题等级划分从健康状态到心理疾病状态一般可分为四个等级，即健康状态、不良状态、心理障碍、心理疾病。

（一）健康状态

健康状态与非健康状态的区分标准一直是心理学界讨论的热门话题，不少国内外心理学学者根据自己调查研究的结果提出了多种心理健康标准。在临床心理学实践工作中，总结前人的理论与经验，可以采用简洁的评价方法，即从本人评价、他人评价和社会功能状况三方面进行评价。

1. 本人评价

本人不觉得痛苦，即在一个时间段中（如一周、一月、一季度或一年）愉快感大于痛苦感。

2. 他人评价

他人不感觉到异常，即心理活动与周围环境相协调，没有出现与周围环境格格不入的现象。

3. 社会功能状况

社会功能良好，即能胜任家庭和社会角色，能在一般社会环境中充分发挥自身能力，利用现有条件（或创造条件）实现自我价值。

（二）不良状态

不良状态又称第三状态，是介于健康状态与心理障碍之间的状态，是正常人群组中常见的一种亚健康状态。它是由于个人心理素质（如过于好胜、孤僻、敏感等）、生活事件（如工作压力大、晋升失败、被上司批评、婚恋挫折等）、身体不良状况（如长时间加班劳累、身体疾病）等因素所引起的，常表现为以下三个特点：

1. 时间短暂

此状态持续时间较短，一般在一周以内能得到缓解。

2. 损害轻微

此状态对人的社会功能影响比较小。处于此状态的人一般都能完成日常工作、学习和生活，只是感觉到的愉快感小于痛苦感，“很累”“没劲”“不高兴”“应付”是他们常说的词汇。

3. 能自己调整

此状态通过自我调整，如休息、聊天、运动、钓鱼、旅游等放松方式，大多可以得到改善。还有小部分人若长时间得不到缓解可能形成一种相对固定的状态，应该去寻求心理医生的帮助，以尽快得到调整。

（三）心理障碍

心理障碍是因为个人及外界因素造成心理状态的某一方面（或某几方面）发展的超前、停滞、延迟、退缩或偏离，常表现为以下四个特点：

1. 不协调性

此状态者心理活动的外在表现与其生理年龄不相称或反应方式与常人不同。例如，成人表现出幼稚状态（停滞、延迟、退缩），儿童出现成人行为（不均衡的超前发展），对外界刺激的反应方式异常（偏离）等。

2. 针对性

此状态者往往对障碍对象（如敏感的事、物及环境等）有强烈的心理反应（包括思维及动作行为），而对非障碍对象可能表现很正常。

3. 损害较大

此状态对人的社会功能影响较大，可能使当事人不能按照正常人的标准完成其某项（或某几项）社会功能。如社交焦虑症不能完成社交活动，锐器恐怖者不敢使用刀、剪，性心理障碍者难以与异性正常交往等。

4. 需要求助于心理医生

此状态者大部分不能通过自我调整和非专业人员的帮助来解决根本问题，必须由心理医生进行专业指导。

（四）心理疾病

心理疾病是由于个人及外界因素引起个体强烈的心理反应（思维、情感、动作行为、意志）并伴有明显的躯体不适感，是大脑功能失调的外在表现，常表现为以下四个特点：

1. 强烈的心理反应

此状态者可出现思维判断上的失误，思维敏捷性的下降，记忆力下降；头脑黏滞感、空白感，强烈自卑感及痛苦感；缺乏精力、情绪低落至忧郁，紧张焦虑；行为失常（如重复动作、动作减少、退缩行为等）、意志减退等。

2. 明显的躯体不适感

此状态者由于中枢控制系统功能失调可引起所控制人体各个系统功能失调，如影响消化系统可出现食欲不振、腹部胀满、便秘或腹泻（或便秘、腹泻交替）等症状；影响心血管系统可出现心慌、胸闷、头晕等症状；影响内分泌系统可出现女性月经不调、男性性功能障碍等。

3. 损害大

此状态者不能或只能勉强完成其社会功能；缺乏轻松、愉快的体验；痛苦感极为强烈；“哪里都不舒服”“活着不如死了好”是他们真实的内心体验。

4. 需心理医生的治疗

此状态者一般不能通过自我调整和非心理专业医生的治疗而康复。心理医生对此类患者的治疗一般采用心理治疗和药物治疗相结合的综合治疗手段，在治疗早期通过情绪调节药物快速调整情绪，中后期结合心理治疗解除其心理障碍，并通过心理训练达到其社会功能的恢复并提高其心理健康水平。

四、发生心理障碍的原因

心理障碍的病因学是一个复杂而又十分重要的课题，是目前精神医学基本理论中亟待研究和解决的主要内容之一。

为了探索心理障碍发病的因素，可从两个方面来寻求：一是从个体内的生物因素；二是从个体外在环境中的心理、社会因素。但两者往往是相互作用的，心理障碍的病因不是单一的致病因素，而是多种因素共同作用所形成的。

（一）生物因素

1. 遗传因素

遗传因素是决定个体生物学的特征，在某些心理障碍病因中有一定地位，现实中确实是一个重要的问题。

遗传性，是先天既得性和后天获得性两者相互作用形成的。遗传性这一因素能否显现，还要了解病人发病前和发病时社会环境对病人的影响。例如，良好环境或减少不利心理因素是可以降低或避免心理障碍发病的。

2. 体质和性格因素

体质是在遗传的基础上，个体发育过程中内外在环境相互作用，从而形成的整个机体的机能状态和躯体状态。性格是在先天的禀赋素质和后天的环境影响下形成的心理特点。体质和性格与心理障碍的发生有相关性。

3. 性别差异

由于机体的发育，不同性别和年龄的个体在生理机能和心理活动特点上存在差异，这与心理障碍的发生有一定关系。女性由于性腺内分泌和某些生理过程的特点，如月经、妊娠、分娩等的影响，常可出现情感多变、冲动或抑郁、焦虑等。男性常因饮酒、外伤、感染等机会较多，工作生活压力大而易患酒精依赖精神障碍、脑动脉硬化性精神障碍、颅脑损伤性精神障碍和神经衰弱等。

（二）心理、社会环境因素

1. 心理因素

心理因素对心理障碍的发生起着主导作用，但不是发病的单一致病因素，主要看心理因素的性质和强度对心理障碍患者的影响程度而定，即个体对心理因素所持的态度。

（1）生活事件如离婚、丧偶、事业失败、失恋、失学、家庭纠纷、经济问题等。

（2）自然灾害如地震、火灾、洪水、滑坡等重大而骤然事故，遭遇者心理急剧受到超过限度的应激，多急剧诱发短暂的或持久的心理障碍。

2. 社会环境因素

（1）环境因素如空气污染、嘈杂声音、住房拥挤、交通乱杂、环境卫生不良、人际关系紧张等增加了心理应激，对其产生不良影响，使人长期处于厌烦、紧张状态之中。

（2）文化环境如民族文化、社会风气、宗教信仰、生活习惯等，与心理障碍的发生有着密切关系。

在这里之所以谈心理障碍问题，是因为信访工作者在工作中极有可能会遇到患有心理障碍的信访人。一方面，信访人信访的目的是解决生活中遇到的问题，这些问题长期困扰着信访人，长期的精神紧张和压力有可能导致信访人敏感、神经质，甚至是心理失衡；另一方面，本身有心理障碍的人更可能因为一些小事而不屈不挠地信访。

因此，信访工作者了解心理障碍的表现，能大致识别出心理障碍患者，学会应对患有心理障碍的信访人，这对信访工作的推进显得尤为重要。在实际工作中，信访人心理障碍主要有意志行为障碍、情感障碍和人格障碍三种主要类型。

第二节 信访人的意志行为障碍

人在生活和社会实践中，为了达到既定目的而采取制订和执行计划、克服困难、完成任务的行为过程，称为意志活动。

人的意志通过行为来完成。因此，意志与行为是密不可分的。

意志障碍和行为障碍在心理障碍中较为常见，由于意志和行为密不可分性，因此，意志障碍多从外显的、可观察的行为来加以描述，统称为意志行为障碍。

一、意志行为障碍概述

意志是人自觉地确定行动目的并有意识地支配行动实现预定目的的心理状态。它从人的行为中得到表现，受到人的思维、情感的支持并受社会文化的制约，还受到个体人格特征的影响。

意志障碍包括两个方面，主要表现在量和质的两方面变化。在量的方面，比较常见的意志障碍有意志增强和意志减弱；在质的方面，较常见的意志障碍有意志缺乏、意向倒错和矛盾意向。

行为障碍不仅多见，而且表现也很突出，尤其对患者本人的健康安全，对周围环境、社会秩序等的影响和危害更大。这类障碍的症状表现不一，影响也不相同，但是，对症进行诊断、治疗却是很值得重视的。

二、信访人意志行为障碍的识别

（一）意志障碍

1. 意志增强

意志增强指在病态动机和目的支配下，一般意志活动的增强，表现为病态的自信和固执的行动，多见于躁狂症、偏执型精神分裂症以及偏执性精神病。产生意志增强往往与其他心理活动有密切的内在联系，或以其为基础，或受其支配和影响，主要有以下两种典型症状表现。

（1）躁狂状态的情感高涨。这类人对其周围环境中的一切事物都很感兴趣，觉得什么都有意义，因而什么事都去参与或干涉；终日忙忙碌碌，不能保持片刻的安静，精力充沛，丝毫也不感到疲劳。但他们的活动经常因外界环境的变化而不断改变其目的和行为的指向，以致做事有始无终，不能贯彻到底，结果一事无成。这类人在思维、情感和意志活动之间的紧密关联，与环境之间的统一性仍保持完好。有很多信访老户属于此类范围。

案例

张某是一名有十余年信访经历的“老户”，通过查询国家信访信息系统和有关材料，发现他反映的诉求五花八门，既有生活琐碎事，如邻里吵架、帮朋友“打抱不平”，也有新闻时事，如对某个社会事件的个人看法，还有对国际政治的评论，平均每周邮寄一封来信，对多个事件都有指向不一致的目的和行为。

（2）精神分裂症。信访人因受到妄想的支配而不断到处控告或抓住他所怀疑的问题紧紧不放，追查不休。虽然所有这些都缺乏客观的根据，甚至内容荒谬，矛盾百出，但信访人却坚信不疑，始终顽固坚持，无法纠正。

案例

某信访人坚信自己在工作中被领导针对，称有人取代了他的身份和地位。多次邮寄按有血手印的来信，每次都在信中声称自己被人跟踪、遭人陷害，认为单位领导通过手机控制他的脑电波，进而控制他的思想和身体，还常常夹带血腥照片。

以上两类意志增强的现象，在信访人中比较常见，因其本质不同而出现上述两类不同的疾病，在鉴别时应加以注意。

2. 意志减弱

意志减弱和意志增强相反，指意志活动明显减少，表现为缺乏主动性和进取性。这类人由于情绪低落对周围一切兴味索然，以致意志消沉，不愿参加外界活动；对一切事情都懒得处理，因而经常独处一隅，整日呆坐不动或卧床不起；平时行动缓慢，工作学习感觉非常吃力甚至不能进行，严重时即使日常生活也不能自理。

此类人自身的这些变化，一般还能自我意识到，自知力可能少部分保存。并不缺乏一定的意志要求，但总感到自己做不了，或因为情绪低沉觉得什么都没有意义而不想做。因此，这类人的一般活动就较其正常时有明显的减退。这类症状常见于抑郁症，并构成该病“三主症”（即思维迟缓、情感低落、意志减退）的表现之一。信访工作中，此类别的信访人较少有。

3. 意志缺乏

意志缺乏指意志活动极度减少或缺乏，意志力量极度减退，与意志减弱有本质区别。这类人对任何活动都缺乏明显的动机，没有什么确切的企图和要求；不关心事业，也不要求工作和学习，缺乏应有的积极性和主动性，行为被动；即使个人生活方面也变得极端懒散，不注意个人卫生，甚至连最基本的清洁梳洗也置之不顾；经常独处，行为孤僻，退缩；与周围环境不相协调，严重时对生活本能也缺乏一定的要求；但很多人对此既缺乏自觉，也完全不能意识到这是不正常的，因此毫不在意。

这类症状常与思维贫乏、情感淡漠同时出现，构成精神分裂症常见的基本症状之一。另外，此类人表现为犹豫不决，缺乏决断力，行动上举止不定、忧虑重重，多为焦虑与强迫症。他们表现为易受暗示，思想和行为易受别人言语和态度的影响，不加批判地按别人的观念行事。

4. 意向倒错

意向倒错指人的意志活动与正常人的意志相违背或是不为常人所允许，以致某些活动或行为使人感到难以理解。例如，伤害自己的身体；吃一些正常人不会吃的东西，如肥皂、泥土、粪便、草木等。有时这种行为可以在某些幻觉和妄想的支配下产生，往往对此作出一些荒谬的解释。

5. 矛盾意向

矛盾意向指人对同一事物同时产生对立的相互矛盾的意志活动，而本人对此毫无知觉，不能意识到它们之间的矛盾性，因而从不主动地加以纠正，是精神分裂症的特征性症状。

（二）行为障碍

1. 兴奋状态

兴奋状态是精神疾病临床上很重要的一种症状，一般是对于整个精神活动的增强而言的，表现为思维联想加快、情感高涨、意志活动增强、行为紊乱等。就其内容而言，兴奋状态涉及精神活动的每一个方面。由于疾病性质不同，兴奋状态可以有很多不同的表现：有的以情感失调为中心，伴有言语和活动的增多；有的则以动作行为的异常更为突出，而言语的增多却并不显著。

虽然影响的程度并不是一致的，但因为知觉、思维、情感和意志都可以产生一定的障碍，所以从表面上看不同类型的兴奋状态可能有许多颇为类似之处。为了避免混淆，应该注意从本质方面去加以区别，就不致造成鉴别上的困难。

从本质方面来说，兴奋状态分为躁狂性兴奋、青春性兴奋、紧张性兴奋、器质性兴奋。

（1）躁狂性兴奋。这是情感性精神障碍躁狂状态的主要表现，也称之为协调性精神运动性兴奋。在这类兴奋状态中，包括有情感高涨、思维奔逸和意志增强的“三主症”现象，同时还常伴有一种自身感觉良好的舒适感，主要临床表现为兴奋遍及精神活动各方面，但以情感高涨更为突出，并且往往以此为主导而影响和支配其他方面的活动。

这类人的精神活动在知觉、情、意各个过程本身和三者之间，并与其周围环境保持互相协调和配合，同时他们的意志活动和表情，也与当时他的思想、内心体验和愿望相一致，所以这类人的言语和行为都比较易于理解，也往往容易引起别人的共鸣。

（2）青春性兴奋。这类兴奋主要见于精神分裂症青春期，又称不协调性精神运动型兴奋，其主要临床表现为：动作、行为和其他精神活动之间的统一性和完整性遭到破坏；动作和行为既无明显的动机和目的，也缺乏一定的指向性，以致杂乱无章、不可理解；本能意向（食欲、性欲）增强，严重时可出现意向倒错。此外，这类症状在多数临床表现中都具有一种特殊的愚蠢、幼稚、做作、冲动、荒谬和离奇的特点。因此，即使这类人载歌载舞、仿佛很欢乐，但依然不能引起旁观者情感上的共鸣。

（3）紧张性兴奋。这类兴奋主要见于精神分裂症紧张型，也属于不协调性精神运动性兴奋的一种，主要临床表现为：兴奋常常突然发作，强烈、粗暴、冲动、杂乱；单调而刻板，往往无端攻击他人、伤人毁物；既无明显的原因，也无确切的指向和目的，使人无法捉摸，以致难以防御；一般持续时间较短，往往与紧张性木僵交替出现。

（4）器质性兴奋。这是一类因大脑器质性病变而出现的兴奋状态，也属于不协调性精神运动性兴奋的一种。这类兴奋状态的共同特点是：动作行为多且杂乱，并带有冲动性，甚至可出现攻击性行动；平时常有一种无目的动作的倾向。这类人一般有不同程度的智能障碍，严重时出现痴呆现象和人格异常；思维活动缓慢迟缓，反应时间较长，语言增多但啰唆琐碎（病理性赘述）；常出现重复语言或持续语言；情感脆弱而不稳定，易激怒，有时可见强制性哭笑。

2. 木僵状态

木僵状态是运动抑制的表现，轻者言语、动作、行为迟缓笨拙，重者缄默不语、不吃不喝，能保持一个固定的、较不舒适的姿势长时间不动（蜡样屈曲）。

根据引起木僵状态的原因，木僵状态分为紧张性木僵、心因性木僵、抑郁性木僵和器质性木僵。

（1）紧张性木僵。紧张性木僵是在紧张性综合征中最常见的一类运动抑制的表现，木僵程度不一，轻时这类人的言语和动作行为显著减少，缓慢、举动笨拙；严重时运动完全抑制，缄默不语、不吃不喝，往往保持一个固定不变的姿态，任何刺激都不能引起相应的反应或躲避，有时肢体可以受人摆布。

（2）心因性木僵。这是一种在急速而强烈的精神创伤作用下所产生的反应状态，如由于遭遇意外灾害或严重威胁生命的其他事件导致的精神创伤，临床上表现为一种普遍的抑制状态。这类人的活动大大减少，呆滞、缄默、拒绝饮食，甚至呈现僵住状态；躯体方面常伴有自主神经系统功能失调的症状，如心跳加速、面色潮红或苍白、出汗、瞳孔散大等，有时可见某些轻度的意识障碍。一般来说，当环境改变或外因消除后，木僵症状即可消失，本人对此常不能完全回忆。

（3）抑郁性木僵。这类木僵常由急性抑郁引起。这类人缺乏任何自主行动和要求，反应极端迟钝，以致经常呆坐不动或卧床不起，且缄默不语；在反复劝告或追问下，有时对外界刺激尚能作出相应反应，无论在表情、姿势方面和他内心体验都是相符合的。

（4）器质性木僵。这种类型较为少见，常见于脑炎、脑瘤侵入第三脑室，癫痫、脑外伤或急性中毒等。除病史外，一般还可以在神经系统或躯体及化验检查中发现相应的阳性结果，并且也可见到一些意识障碍及痴呆的现象。

3. 违拗症

患有违拗症的人，对于他人向其最初的要求不仅没有相应的行动反应，甚至加以抗拒，包括主动性违拗和被动性违拗。主动性违拗指作出与对方要求完全相反的动作；被动性违拗指对他人的要求一律拒绝，不肯履行要求其做的任何事情。

4. 被动服从

被动服从指这类人被动服从他人的命令和要求，甚至一些令患者不愉快、违背意愿的命令和要求。即使被要求作出很不舒适的事情和动作，这类人也无条件地服从和执行。

5. 刻板动作

刻板动作指这类人持续地、单调而重复地做某一个动作，尽管这个动作并没有什么指向性和意义，有时与刻板言语同时出现。

6. 模仿动作

模仿动作指这类人毫无目的、毫无意义地模仿周围人的动作，和模仿语言有同样性质并经常同时出现。

7. 作态

作态又称为装相。这类人常做一些愚蠢而幼稚的动作和姿势，但使人感到好像是故意装出来似的，如怪声怪气地与他人交谈、用脚尖走路等。

8. 离奇行为、古怪动作

离奇行为、古怪动作指这类人的行为离奇古怪、不可理解，常无故作出挤眉弄眼、装怪样、扮鬼脸等奇怪的表情和动作。

9. 持续动作

持续动作指当周围人向这类人提出新的要求后，他仍要重复地做刚才的动作，它经常和持续言语同时出现。

10. 强制性动作

强制性动作指在精神分裂尤其是具有精神自动症的患者中，可以见到不符合其本人意愿且又不受本人支配而带有强制性的动作。这类人往往没有强烈的摆脱愿望，因此缺乏痛苦的体验。

11. 强迫性动作

强迫性动作指一种违背患者本人意愿，反复出现的动作。这类人能意识到有些动作没有必要做，努力摆脱但又无法摆脱。强迫症和抑郁症病人对强迫性动作，有反强迫表现，以及有强迫与反强迫之矛盾带来的焦虑不安、心慌、出汗等。

第三节 信访人的情感障碍

当人们在感知事情时，不论是对来自躯体内部的感觉，还是对外部世界的感知，必然会伴随着相应态度和外部表现，如面部表情、身体表情和声音表情等。这种喜、怒、哀、乐等的体验和表情，总称为情感活动，它是人类对客观事物的主观态度。

例如，当一个人听到坏消息时，随之会产生悲哀和痛苦的体验，流露出忧愁的表情，甚至会哭泣；相反，当一个人听到好消息时，会产生高兴和喜悦的体验，流露出愉快的表情，并且会发自内心地大笑。

一、情感障碍的概念

情感障碍也称心境障碍，主要表现为情感高涨（躁狂）或低落（抑郁），又或两者交替出现。情感障碍严重者称为情感性精神病。

二、信访人情感障碍的识别

信访人情感障碍分为以程度变化为主的情感障碍、以性质改变为主的情感障碍、以脑器质性损害为主的情感障碍。

（一）以程度变化为主的情感障碍

1. 情感高涨

情感高涨的信访人总是表现得欢欣、喜悦；讲话时眉飞色舞、喜笑颜开，表情丰富生动；对一切都感到非常乐观，好像从来没有忧愁和烦恼；对任何事情都有兴趣，自信满满，甚至过分夸张。但是，这种情感的高涨并不稳定，信访人易激动，稍有不遂便勃然大怒，遭遇悲伤事情则伤心流泪，但转瞬即逝，迅速恢复原样。此类信访人常有良好的自我感觉，感到无比舒畅和幸福；行为有感染力，经常能引起周围人的共鸣。

2. 情感低落

情感低落的信访人轻则情绪低沉，整日忧心忡忡、愁眉不展、唉声叹气；重则忧郁沮丧、悲观绝望，感到自己一无是处，以致觉得人生兴味索然，大有“度日如年”“生不如死”之感；外界一切都不能引起他的兴趣，仅增悲伤，甚至因自责自罪出现自杀的念头和行为；这种情感低落经常伴有思维缓慢、语言及动作减少、意志要求减退、反应迟钝，但整个精神活动与周围环境仍有密切联系。

3. 焦虑

焦虑的信访人在缺乏充分的事实根据和客观因素的情况下，对其自身健康或其他问题感到忧虑不安、紧张恐惧、顾虑重重，犹如大祸临头，惶惶不可终日。

4. 恐怖

一般人面临危险处境时会有恐怖这一情绪反应，并伴随有明显的心悸、气短、尿频、出汗、四肢震颤等自主神经功能紊乱症状，这是容易为他人所理解的。某些情感障碍的人遇到特定的境遇（如参加集会）或某一特定事物（如看到家犬或尖锐物品时），随即产生一种紧张恐惧的心情，明知没有必要，却无法摆脱这种恐怖的内心体验。脱离这种特定的环境或事物时，紧张恐惧的心情随即消失。

（二）以性质改变为主的情绪障碍

1. 情感迟钝

情感迟钝的信访人对一般情况下能引起鲜明情感反应的刺激反而表现较

平淡，并缺乏与之相应的内心体验，多表现为细微情感逐渐丧失。如对亲属不体贴，对工作不认真，情感反应不够鲜明生动。这类信访人的一些高级的、人类所特有的、很精细的情感（如疲劳感、荣誉感、责任感、义务感等）逐渐受损，但是还没有达到完全丧失的程度。

2. 情感淡漠

情感淡漠的信访人对外界任何刺激均缺乏相应情感反应，即使一般能引起正常人极度悲伤或高度愉快的事件，如生离死别、久别重逢等，也漠然处之、无动于衷；对周围发生的事漠不关心、视若无睹；面部表情冷淡呆板；内心体验极度贫乏，与周围环境失去情感上的联系。

3. 情感倒错

情感倒错是针对认识过程和情感活动之间丧失协调一致性而言的。这类信访人的情感反应与思维内容不协调，遇到悲哀的事情却表现为欢乐，遇到高兴的事情反而痛哭，如面带笑容地诉说自己的不幸遭遇。

（三）以脑器质性损害为主的情感障碍

1. 情感脆弱

情感脆弱的信访人一般在细微的外界刺激甚至并无十分明显的外因影响下，情感容易产生波动，反应也迅速，有时还较为强烈，常因无关重要的事件而感动得伤心流泪或兴奋激动，无法克制。

2. 易激惹

易激惹是一种剧烈但持续时间较短的情感障碍。这类信访人一遇到刺激或不愉快的情况，即使极为轻微的刺激，也很容易产生一些剧烈的情感反应；容易激动、生气、愤怒，甚至大发雷霆，与人争吵不已，持续时间一般比较短暂。

3. 强制性哭笑

强制性哭笑的信访人在没有任何外界因素的影响下，突然出现不能控制或带有强制性的哭或笑，呈现为一种奇特的、愚蠢的，与其情感内容完全不相符合的面部表情。此时信访人对此既无任何内心体验，也说不出为什么要这样哭和笑。

4. 欣快

欣快的人在表面上与情感高涨很相似。虽然这类信访人经常乐呵呵的，也似乎有十分满意和幸福愉快的体验，但是由于智能障碍的影响，与情感高涨有本质的不同。这类人即使很高兴，但其面部表情却给人以呆傻、愚蠢的感觉；同时，也说不清他们高兴的原因，表现的内容也比较单调刻板，因而难以引起正常人的共鸣。

三、双相情感障碍的识别

双相情感障碍也叫躁狂抑郁症，是情感性精神疾病的一种，病发时有狂躁和抑郁两种情感轮流交替。本病以情感低落、思维迟缓和运动抑制为三大特征。

这类患者先兆为双向性性格变异，多呈循环特点，情感变化经常不明原因地“两极分化”。此类人以躁狂或抑郁的反复发作和交替发作为特征：躁狂症的特征是兴奋的、激动的、乐观的、情感高涨；抑郁型恰恰是另一极端，其特点是忧郁的、悲观的、沉静的、情感低落的。因二者可交替发病，故该病又称循环性精神病。发病全程中，有的以躁狂型为主，有的以抑郁型为主，一个阶段化悲为喜，一个阶段又转喜为忧，并呈躁狂、抑郁交替发病。

（一）躁狂型先兆

躁狂型先兆的人病情性格多呈循环特点，即兴奋性病前性格与抑制性病前性格相交替。

1. 早期先兆

早期先兆以失眠、头痛、烦躁、易兴奋激动、话多，以及无原因的、持续性的、高涨的兴奋激动为先兆。

2. 典型征兆

典型征兆以无原因的、持续的兴奋躁动、活跃乐观为症状，即所谓的情感高涨、思维奔逸、意志增强三主征；无幻觉、妄想但本能（食欲、性欲）亢进。

（二）抑郁型先兆

1. 早期先兆

无重大原因地进行性忧郁、悲伤、孤僻、消极迟钝，为该病早期先兆症状。

2. 典型征兆

该征兆表现为从忧郁、悲伤，发展至悲观失望、消极低落、自罪妄想，甚至自杀或木僵，即所谓的情感低落、思维迟缓、意志减退三主征。

第四节　信访人的人格障碍

一、人格障碍概述

（一）人格障碍的定义

人格障碍的定义是难以精确规定的。早期的一些定义因具有贬义已被废弃。严格意义上的人格障碍，是变态心理学范畴中一种介乎精神疾病及正常人格之间的行为特征。人格障碍是指人格特征显著偏离正常，使患者形成了一贯的反映个人生活风格和人际关系的异常行为模式。这种模式显著偏离特定的文化背景和一般认知方式（尤其在待人接物方面），明显影响其社会功能与职业功能，造成对社会环境的适应不良，患者对此感到十分痛苦，并已具有临床意义。

患者虽然无智能障碍，但适应不良的行为模式难以矫正，仅少数患者在成年后程度上可有所改善。通常开始于童年期或青少年期，并长期持续发展至成年或终生。如果人格偏离正常系由躯体疾病（如脑病、脑外伤、慢性酒精中毒等）所致，或继发于各种精神障碍应称为人格改变。

（二）人格障碍的病因

迄今为止未完全阐明人格障碍的病因，一般认为是在素质基础上受环境因素影响的结果。

1. 生物学因素

（1）遗传因素。家系调查资料表明，先证者亲属中人格障碍的发生率与血缘关系呈正比，血缘关系越近，发生率越高。双生子与寄养子调查结果都支持遗传因素起一定作用的观点，但家庭、社会环境及教育因素也不容忽视。

（2）脑发育因素。研究发现情绪不稳定型性格障碍的人有较多的神经系统软体征，神经心理学测验也提示轻微脑功能损害。

（3）染色体异常。47XYY 综合征和 47XXY 综合征患者中有人格障碍的患病率非常高。

2. 社会环境因素

社会环境因素在人格障碍的形成上占有极为重要的地位。例如，儿童的大脑发育未成熟，有较大可塑性，强烈的精神刺激会给儿童的个性发育带来严重影响，不合理教养可能导致人格的病态发展，缺乏家庭正确教养或父母的爱是发生人格障碍的重要原因。另外，幼年失去母爱、父母死亡或遭受其他精神创伤也可影响儿童的个性发育。

（三）人格障碍的鉴别诊断

根据《中国精神障碍分类与诊断标准第三版》，人格障碍的鉴别诊断包括以下四点。

1. 症状标准

个人的内心体验与行为特征（不限于精神障碍发作期）在整体上与其文化所期望和所接受的范围明显偏离，这种偏离是广泛、稳定和长期的，并至少有下列一项：

（1）认知的异常偏离；

（2）情感的异常偏离；

（3）控制冲动及对满足个人需要的异常偏离；

（4）人际关系的异常偏离。

2. 严重程度标准

特殊行为模式的异常偏离，使病人或其他人（如家属）感到痛苦或社会适应不良。

3. 病程标准

开始于童年、青少年期，18 岁以上至少持续 2 年。

4. 排除标准

人格特征的异常偏离并非躯体疾病或精神障碍的表现或后果。

二、各类人格障碍的识别

（一）偏执性人格障碍

1. 行为特点

偏执性人格又称妄想型人格，以猜疑和偏执为主要特点。其行为特点常常表现为：

（1）极度的感觉过敏，对侮辱和伤害耿耿于怀；

（2）思想行为固执死板、敏感多疑、心胸狭隘；

（3）爱嫉妒，对他人获得成就或荣誉感到紧张不安、妒火中烧，不是寻衅争吵，就是在背后说风凉话，或公开抱怨和指责他人；

（4）自以为是、自命不凡，对自己的能力估计过高，惯于把失败和责任归咎于他人，在工作和学习上往往言过其实；

（5）内心很自卑，总是过多过高地要求他人，但从来不信任他人的动机和愿望，认为他人存心不良；

（6）不能正确客观地分析形势，有问题易从个人感情出发，主观片面性大；

（7）如果建立家庭，常怀疑自己的配偶不忠。

这种人格障碍类型的人不能与家人和睦，在外不能与朋友、同事相处融洽，他人只好对他敬而远之。

2. 诊断标准

为了便于诊断，《中国精神障碍分类与诊断标准第三版》中将偏执性人格障碍的诊断标准确定为：

（1）对挫折和遭遇过度敏感；

（2）对侮辱和伤害不能宽容，长期耿耿于怀；

（3）多疑，容易将别人的中性或友好行为误解为敌意或轻视；

（4）明显超过实际情况所需的好斗对个人权利执意追求；

（5）易有病理性嫉妒，过分怀疑恋人有新欢或伴侣不忠，但不是妄想；

（6）过分自负和自我中心的倾向，总感觉受压制、被迫害，甚至上告、信访，不达目的不肯罢休；

（7）具有将其周围或外界事件解释为“阴谋”等的非现实性优势观念，因此过分警惕和抱有敌意。

这类人的症状如果符合人格障碍的诊断标准，以猜疑和偏执为特点，同时符合上述项目中的三项，可诊断为偏执性人格障碍。

3. 应对要点

当信访工作者在工作中遇到偏执性人格障碍信访人时，要注意以下应对要点：

（1）保持适当界限。在接访过程中要与这类信访人保持适当的界限，澄清各自的角色地位。

（2）敏感应变。在接触过程中要留心对方言语、行为和神情的细微变化。

（3）不要过分友好或好奇。要保持礼节性、尊重、诚实、开放的态度，避免诙谐幽默、过分亲密和过度热情。

（4）避免轻慢、贬损、反驳对方，或与其争吵。要尝试说服他们或者尽可能作出清晰的解释，如果太过积极地给对方施加压力或者过分与对方较真，可能信访工作者也会成为这类人猜疑的对象或被看成针对他的“阴谋”中的同谋。

（5）信息公开，坦诚相见。由于偏执型信访人对他人不信任、敏感多疑，不会接受任何善意忠告，所以首先要与他们建立信任关系，在相互信任的基础上交流情感，尽量与偏执型人格障碍者分享所掌握的信息，说话做事留有余地，不留把柄给对方。

（二）分裂样人格障碍

1. 行为特点

分裂样人格障碍以观念、行为和外貌装饰的奇特、情感冷漠及人际关系有明显缺陷为特点。男性略多于女性。对喜事缺乏愉快感，对人冷淡，对生活缺乏热情和兴趣；性格孤僻，缺少朋友，我行我素，很少与人来往，因此也较少与人发生冲突。

2. 诊断标准

《中国精神障碍分类与诊断标准第三版》中对分裂样人格障碍的诊断标准确定为：

（1）性格明显内向（孤独、被动、退缩），与家庭和社会疏远，除生活或工作中必须接触的人外，基本不与他人主动交往，缺少知心朋友，过分沉湎于幻想和内省；

（2）表情呆板，情感冷淡，甚至不通人情，不能表达对他人的关心、体贴及愤怒等；

（3）对赞扬和批评反应差或无动于衷；

（4）缺乏愉快感；

（5）缺乏亲密、信任的人际关系；

（6）在遵循社会规范方面存在困难，导致行为怪异；

（7）对与他人之间的性活动不感兴趣（考虑年龄）。

这类人的症状如果符合人格障碍的诊断标准，以观念、行为和外貌装饰的奇特、情感冷漠及人际关系缺陷为特点，并至少符合上述项目中的三项，可诊断为分裂样人格障碍。

3. 形成原因

分裂样人格障碍的形成一般与人的早期心理发展有很大关系。人类个体出生以后，有很长一段时间不能独立，需要父母的照顾，在这个过程中，儿童与父母的关系占据重要地位，儿童就是在与父母的关系中建立自己的早期人格的。在成长过程中，尽管每个儿童不免要受到一些批评，但只要他感觉到周围有人爱他，就不会产生心理上的偏差。如果终日不断被责骂、批评，得不到父母的爱，儿童就会觉得自己毫无价值。更进一步，如果父母对子女不公正，就会使儿童是非观念不稳定，产生心理上的焦虑和敌对情绪，有些儿童因此而分离、独立，逃避与父母身体和情感上的接触，进而逃避与其他人和事物接触，这样就极易形成分裂样人格障碍。

4. 应对要点

当信访工作者在工作中遇到分裂样人格障碍信访人，要注意以下应对要点：

（1）保持敏感、机智和热情。信访工作者在接访过程中需要经常对其关心、支持和鼓励。

（2）发展信任关系。信访工作者与这类信访人相处要能忍耐长时间的沉默，并且要有应对某些尴尬处境（如对方过分直白的讲话方式等）的准备。

（3）在对方能承受的范围内鼓励其参与社交活动。如参加棋类俱乐部或参加夜校等，因为这些场合的人际交往相对较少，从而逐渐纠正其孤独不合群等问题。

（4）鼓励他们学习综合技巧。如鼓励其学习交际技巧、松弛技巧、业务技巧、管理技巧等，创造条件，有意识地接触社会实际生活，扩大接受社会信息量，促使他们兴趣多样化。

（三）反社会性人格障碍

1. 行为特点

反社会性人格障碍也称悖德性人格障碍等，在人格障碍的各种类型中，是心理学家和精神病学家所最为重视的。

反社会性人格障碍以行为不符合社会规范，经常违法乱纪，对人冷酷无情为主要特点。男性多于女性。

2. 诊断标准

《中国精神障碍分类与诊断标准第三版》中对反社会性人格障碍的诊断标准确定为：

（1）严重和长期不负责任，无视社会常规、准则、义务等，如不能维持长久的工作（或学习），经常旷工（或旷课），多次无计划地变换工作，有违反社会规范的行为，且这些行为已构成拘捕的理由（不管拘捕与否）；

（2）行动无计划或有冲动性，如进行事先未计划的旅行；

（3）不尊重事实，如经常撒谎、欺骗他人，以获得个人利益；

（4）对他人漠不关心，如经常不承担经济义务、拖欠债务、不赡养子女或父母；

（5）不能维持与他人的长久的关系，如不能维持长久的（1 年以上）夫妻关系；

（6）很容易责怪他人，或对其与社会相冲突的行为进行无理辩解；

（7）对挫折的耐受性低，微小刺激便可引起冲动，甚至暴力行为；

（8）易激惹，并有暴力行为，如反复斗殴或攻击别人，包括无故殴打配偶或子女；

（9）危害别人时缺少内疚感，不能从经验，特别是在受到惩罚的经验中获益。

这类人的症状如果符合人格障碍的诊断标准，并至少符合上述项目中的三项，可诊断为反社会性人格障碍。

3. 形成原因

根据精神病学家和心理学家研究的成果来看，家庭破裂、儿童被父母抛弃和受到忽视、从小缺乏父母在生活上和情感上的照顾和爱护，是反社会性人格障碍形成和发展的主要社会因素。儿童被父母抛弃和受到忽视包括两种含义：其一，父母对儿童冷淡，情感上疏远，这就使儿童不可能发展人际的温顺、热情和亲密无间的关系。随后儿童虽然形式上学习到了社会生活的某些要求，但对他人的情感移入得不到应有的发展。其二，父母的行为或父母对儿童的要求缺乏一致性。父母表现得朝三暮四，喜恶、赏罚无定规，使得儿童无所适从。由于经常缺乏可效仿的榜样，儿童就不可能发展具有明确的自我同一性。

4. 应对要点

当信访工作者在工作中遇到反社会性人格障碍信访人时，要注意以下要点：

（1）掌握尽可能多的过去。信访工作者对信访人已经发生的事件的清晰了解，不仅有助于判断今后的事件或危机，以及避免这些危机的可能步骤，也有助于与信访人建立友善的关系。

（2）交往中不要轻易相信对方所说的一切。信访工作者在接访过程中不要轻易相信反社会性人格障碍信访人所说的一切，要多方面寻求可能支持其所述内容的进一步证据。

（3）创造开放和信任的关系，接纳对方。信访工作者要用热情接受对方的方式坦率地相处，如果对方明显是在撒谎时，要鼓励其说出事实。

（4）设定明确的交往界限。信访工作者不要过分卷入对方个人生活，尤其不要与对方成为“酒肉朋友”。

（5）接受与不接受。反社会性人格障碍信访人可能本质上就具有操纵性、逼迫性、冲动性，甚至攻击性，因此，信访工作者要保持冷静和镇静的举止，应对的技巧主要在于接受这些可能令人不快的人，但不接受他们麻烦和令人不快的行为。

(6) 为对方认知提供实用性的帮助。信访工作者可帮助对方提高认识，了解自己的行为对社会的危害，培养对方责任感，使对方担负起对家庭和社会的责任，提高道德意识和法律意识，使对方明白什么事可以做，什么事不能做，努力增强其控制自己行为的能力。

(7) 不要期望其能“奇迹般痊愈”。目前还没有能有效改善反社会行为的手段。

（四）冲动性人格障碍

1. 行为特点

冲动性人格障碍又称暴发性或攻击性人格障碍，以情感爆发，伴明显行为冲动为主要特点。发作没有先兆，不考虑后果，不能自控，易与他人发生冲突。发作之后能认识到不对，间歇期一般表现正常。

冲动性人格障碍与前面提到的反社会性人格障碍相类似，但又有所区别。一般来说，冲动性人格障碍呈现较为持久的攻击性言行，缺乏自控能力，以对他人攻击冲动为主要表现；反社会性人格障碍主要表现为对他人和社会的反抗言行，屡教难改，明知故犯，常以损人不利己的失败结局告终，不能吸取经验教训。简而言之，冲动性人格障碍的行为以自控能力低下为特点，而反社会性人格障碍则以行为不符合社会规范为特点。

2. 诊断标准

《中国精神障碍分类与诊断标准第三版》中对冲动性人格障碍的诊断标准确定为：

(1) 易与他人发生争吵和冲突，特别在冲动行为受阻或受到批评时；

(2) 有突发的愤怒和暴力倾向，对导致的冲动行为不能自控；

(3) 对事物的计划和预见能力明显受损；

(4) 不能坚持任何没有即刻奖励的行为；

(5) 不稳定的和反复无常的心境；

(6) 自我形象、目的，及内在偏好（包括性欲望）的紊乱和不确定；

(7) 容易产生人际关系的紧张或不稳定，时常导致情感危机；

(8) 经常出现自杀、自伤行为。

这类人的症状如果符合人格障碍的诊断标准，并至少符合上述项目中的三项，可诊断为冲动性人格障碍。

3. 应对要点

当信访工作者在工作中遇到冲动性人格障碍信访人时，要注意以下应对要点：

(1) 设定清楚的界限。这有助于信访工作者主动掌控双方的交往节奏。

(2) 预期信访人的一些行为，提出直率而清晰的引导。重要的是要明白无误地告诉对方，在不同情况下会发生什么，并且说到做到。

(3) 坦率指出其行为的不良后果，引导其对自己行为负责。

(4) 保持冷静和客观。不要与对方纠缠于一些琐碎小事，或者与对方争辩，或者因过分同情而受其操纵。

(5) 解决危机问题。最为严重的就是自杀倾向，对这类行为或危机需要优先处理，如建议或护送其去精神科门诊、让其家人注意监护等。

（五）表演性人格障碍

1. 行为特点

表演性人格障碍又称为癔症性人格障碍，是一种以过分的感情或夸张言行吸引他人的注意为主要特点的人格障碍。

2. 诊断标准

《中国精神障碍分类与诊断标准第三版》中对表演性人格障碍的诊断标准确定为：

（1）富于自我表演性、戏剧性、夸张性地表达情感；

（2）肤浅和易变的情感；

（3）自我中心，自我放纵和不为他人着想；

（4）追求刺激和以自己为注意中心的活动；

（5）不断渴望受到赞赏，情感易受伤害；

（6）过分关心躯体的性感，以满足自己的需要；

（7）暗示性高，易受他人影响。

这类人的症状如果符合人格障碍的诊断标准，并至少符合上述项目中的三项，可诊断为表演性人格障碍。

3. 应对要点

当信访工作者在工作中遇到表演性人格障碍信访人时，要注意以下应对要点：

（1）避免表现出讨厌和恼怒。信访工作者在接访过程中要尽量避免表现出厌恶的情绪，因为这样可能会加重对方情绪化或者敌意。

（2）保持温和、镇静和关注，对对方情绪化观点要坚决指出。信访工作者应保持镇静和关注，并坚持引导信访人，应表现温和，但当对方过分以偏概全、过分印象化、过分灾难化看待问题时，需要坚决地向对方提出。

（3）不要强化和鼓励表演行为。引导对方将表演特点转化到建设性活动上来。

（4）澄清自己的观点和态度。不要一味地迁就对方。

（5）学会处理性诱惑行为。部分表演性人格障碍信访人可能会出现对信访工作者性引诱的行为，对于一时出现的性引诱行为，最简单的就是不理睬其行为，与对方接触时要经常检查自己的行为是否无意中给对方造成了错误印象，如果对方言行下流，应明确告知，这样的行为是不恰当和不被允许的。平时接触时，要尽量让门开着，如果对对方的举止不放心，或者有理由相信对方会误认为你们的对话或活动有性色彩，那么聪明的做法就是房间里有其他同事与你在一起。

（六）自恋性人格障碍

1. 行为特点

对自恋性人格障碍的诊断，目前尚无完全一致的标准，一般认为其行为特点主要如下：

（1）对批评的反应是愤怒、羞愧或感到耻辱（尽管不一定当即表露出来）；

（2）喜欢指使他人，要求他人为自己服务；

（3）过分自高自大，对自己的才能夸大其词，希望受到他人特别关注；

（4）坚信他所关注的问题是世上独有的，不能被某些特殊的人物所了解；

（5）对无限的成功、权力、荣誉、美丽或理想爱情有非分的幻想；

（6）认为自己应享有他人没有的特权；

（7）渴望持久的关注与赞美；

（8）缺乏同情心；

（9）有很强的嫉妒心。

2. 诊断标准

这类人的症状如果符合人格障碍的诊断标准，并至少符合上述项目的五项，可诊断为自恋性人格障碍。

自恋性人格障碍在许多方面与表演性人格障碍的表现相似，如情感戏剧化，有时还喜欢性挑逗等。但二者的不同之处在于，表演性人格障碍的人性格外向热情，而自恋性人格障碍的人性格内向冷漠。

3. 应对要点

当信访工作者在工作中遇到自恋性人格障碍信访人时，要注意以下要点：

（1）多采用平等沟通和讨论的方式。这可以使对方产生一种控制感，从而减轻焦虑。

（2）引导对方解除自我中心观。自恋性人格障碍的最主要特征是以自我为中心，信访工作者要告诫自恋性人格障碍信访人，他们的行为是童年幼稚行为的翻版，一旦出现自我中心的行为，便给予警告和提示，督促及时改正。

（3）鼓励对方学习综合应对技巧。如交往技巧、松弛技巧等。

（4）指令要明确而详细。使对方能够按部就班地完成工作而不必忍受焦虑痛苦。

（5）鼓励对方参加能带来快乐和满足的活动。如参加轻松的音乐会、棋牌活动和同事聚会等。

（6）引导对方学会爱他人。应对自恋性人格障碍信访人，光引导对方抛弃以自我为中心的观念还不够，还必须让他们学会去爱他人，唯有如此才能真正体会到放弃自我中心观是一种明智的选择，因为要获得爱首先必须付出爱。

（七）回避性人格障碍

1. 行为特点

回避性人格障碍又称逃避性人格障碍，是以社交抑制、情感不适当和对负面评价过分敏感为主要表现的一种人格障碍。其最大特点是行为退缩、心理自卑，面对挑战多采取回避态度。

美国精神医学学会编著的《精神障碍诊断与统计手册（第五版）》中对

回避性人格的行为特点归纳为：

（1）很容易因他人的批评或不赞同而受到伤害；

（2）除了至亲之外，没有好朋友或知心人（或仅有一个）；

（3）除非确信受欢迎，一般总是不愿卷入他人事务之中；

（4）行为退缩，对需要人际交往的社会活动或工作总是尽量逃避；

（5）心理自卑，在社交场合总是缄默无语，怕惹人笑话，怕回答不出问题；

（6）敏感羞涩，害怕在别人面前露出窘态；

（7）在做那些普通的但不在自己常规之中的事情时，总是夸大潜在的困难、危险或可能的冒险。

2. 诊断标准

我们认为，只要以上症状符合人格障碍的诊断标准，并至少满足上述项目的四项，即可诊断其为回避性人格障碍。

3. 形成原因

回避性人格障碍形成的主要原因是自卑心理。心理学家认为，自卑感起源于人的幼年时期，由于无能而产生的不胜任和痛苦的感觉，也包括一个人由于生理缺陷或某些心理缺陷（如智力、记忆力、性格等）而产生的轻视自己、认为自己在某些方面不如他人的心理。

具体说来，自卑感的产生有以下三方面原因。

（1）自我认识不足，过低评价自己。总是以他人为镜来认识自己，如果他人对自己作了较低的评价，特别是较有权威的人的评价，就会影响对自己的认识，从而低估自己。研究发现，性格较内向的人，多愿意接受别人的较低评价而不愿接受别人的较高评价；在与他人比较的过程中，也喜欢拿自己的短处与他人的长处比，从而越比越自卑。

（2）消极的自我暗示抑制了自信心。当面临一种新局面时，首先都会自我衡量是否有能力应付。有的人会因为自我认识不足，常觉得“我不行”。由于事先有这样一种消极的自我暗示，就会抑制自信心，增加紧张感，产生心理负担，工作效果必然不佳。这种结果又会形成一种消极的反馈作用，影响到以后的行为，这样恶性循环，使自卑感进一步加重。

（3）挫折的影响。有的人由于神经过程的感受性高而耐受性低，轻微的挫折就会给他们以沉重的打击，变得消极悲观而自卑。此外，生理缺陷、性别、出身、经济条件、政治地位、工作单位等都有可能是自卑心理产生的原因。这种自卑感得不到妥善消除，久而久之就成了人格的一部分，造成行为的退缩和遇事回避的态度，形成回避性人格障碍。

4. 应对要点

应对回避性人格障碍信访人，主要是引导其消除自卑感，可以从以下几方面着手。

（1）引导对方正确认识自己，提高自我评价。形成自卑感的最主要原因是不能正确认识和对待自己，因此，要消除对方的自卑心理，须从改变认识入手。要引导信访人善于发现自己的长处，肯定自己的成绩，不要把别人想得十全十美，把自己想得一无是处，认识到他人也会有不足之处。只有提高自我评价，才能提高自信心，克服自卑感。

（2）引导对方正确认识自卑感的利弊，提高克服自卑感的自信心。有的回避性人格障碍者把自卑心理看作是一种有弊无利的不治之症，因而感到悲观绝望，这是一种不正确的认识，它不仅不利于自卑感的消除，反而会加重自卑感。心理学家认为，自卑的人不仅要正确认识自己各方面的特长，而且要正确看待自己的自卑感。自卑的人往往都很谦虚内敛，善于设身处地地体谅他人，不会与人争名夺利，善于思考，做事谨慎。信访工作者要善于指出回避性人格障碍信访人的这些优点，不是要他们保持自卑，而是要使他们明白，自卑感也有有利的一面，不要因自卑感而绝望，认识这些优点可以增强对生活的信心，为消除自卑感奠定心理基础。

（3）引导对方进行积极的自我暗示和自我鼓励，相信事在人为。

（4）引导对方学会鼓舞自己。回避性人格障碍信访人在面临某种情况感到自信心不足时，要学会自己给自己加油打气："我一定会成功，一定会的。"或者不妨自问："人人都能干，我为什么不能干？我不也是人吗？"如果怀着"豁出去了"的心理去完成自己的任务，事先不过多地体验失败后的情绪，就更容易产生自信心。

（八）依赖性人格障碍

1. 行为特点

依赖性人格障碍是一类以过分需要照顾和具有依附行为为主要表现的人格障碍，其主要特征就是过度依赖他人，而产生这种问题的原因是对遗弃的害怕。

2. 诊断标准

依赖性人格障碍是日常生活中较常见的人格障碍。

《中国精神障碍分类与诊断标准第三版》中对依赖性人格障碍的诊断标准确定为：

（1）要求或让他人为自己生活的重要方面承担责任；

（2）将自己的需要附属于所依赖的人，过分地服从他人的意志；

（3）不愿意对所依赖的人提出即使合理的要求；

（4）感到自己无助、无能，或缺乏精力；

（5）沉湎于被遗忘的恐惧之中，不断要求别人对此提出保证，独处时感到难受；

（6）当与他人的亲密关系结束时，有被毁灭和无助的体验；

（7）经常把责任推给别人，以应对逆境。

这类人的症状如果符合人格障碍的诊断标准，并至少满足上述项目中的三项，即可诊断为依赖性人格障碍。

3. 形成原因

依赖性人格障碍的人对亲近与归属有过分的渴求，这种渴求是强迫的、盲目的、非理性的，与真实的感情无关。他们宁愿放弃自己的个人趣味和人生观，只要能找到一座靠山，时刻得到他人对自己的温情就心满意足了。这种处世方式使得依赖性人格障碍患者越来越懒惰、脆弱，缺乏自主性和创造性。

4. 应对要点

当信访工作者在工作中遇到依赖性人格障碍信访人时，应注意以下要点：

（1）在工作和交往中要设置限制、规则、计划和目标，让对方感到安心。

（2）鼓励对方建立自信和做决定。不要替对方做决定，而要鼓励对方自己做决定。一开始可能是要求对方做一些小的决定，以此促进对方自信心的建立，逐步让他做对自己的工作或生活有较大影响的决定。

（3）下达清晰的任务指令。

（4）培养对方内省力。依赖性人格障碍者往往不知道他们有多么依赖他人，逐步让对方知道自己的依赖性，有助于帮助他们学会更加独立。

（5）鼓励对方增进对外界的兴趣。要鼓励对方增进独立的对外界的兴趣，参加社交聚会可能实际上会增强对方对他人的依赖性，而参加单独的业余活动，如游泳或绘画则可增进对方独立性。

（6）避免不必要的保证和承诺。依赖性人格障碍信访人总是不断要求得到保证，而保证其实对他们是不起作用的。

第五章 信访工作心理应对机制的建立

第一节　信访工作应激

当同事们与你分享某天遇到的一个“奇怪”的信访人时，通常这样的分享意味着同事们觉得无法应对周围环境的需求，并且他们感到不能适应。你能理解他们的意思，同时对他们所说的意思有些想法，因为你有过类似的体验。这种体验就是我们这里要讲的“工作应激”。

一、应激概述

应激由两部分组成，即躯体的（包括肉体直接挑战）和心理的（包括个体在生活中怎样感知周围的环境），是人与环境交流导致个体生理、心理或社会资源与生理或心理需求之间的感知差异。从这个定义我们可以看出应激具有以下四点特征。

（一）强调应激源

如果我们把生理或心理上挑战性的事件或环境称为应激源，那么对信访工作者来说，这份高应激的工作就是一个应激源。

（二）对人体的生理、心理、社会资源形成负担

人体的生理、心理、社会资源都是有限的，正如我们工作中会遇到各种各样的信访人，甚至会遇到不同程度有心理问题的信访人，当我们应对他们的问题耗尽精力时，会不知所措，希望寻求帮助。

（三）在个人的状况和资源的需求之间存在矛盾

如果你在处理一位信访人的问题时想做得很好，但你又非常担心自己做不到；如果这位信访人非常极端，拿着危险物品并威胁你，但是他的要求又十分无礼，或超出你的能力范围，那么此时你的需求和你的资源之间的矛盾就出现了。对需求和资源之间矛盾的不准确认识常常是应激产生的根源。

（四）需要评估需求、资源和环境之间的差异

在我们与环境的关系中，我们要评估需求、资源和环境之间的差异。这些评估受到很多因素的影响，包括以前的经历和当前的各种情况。

由此可见，应激不是一个简单的概念，可以将他看作一个过程，通过应激源（事件或环境）触发我们对对方进行心理评估，由此产生不同的应激反应，包括生理反应、心理反应和行为反应等。

二、工作应激

人在不同的年龄阶段都会经历心理应激，应激的来源可能随着人的成长而变化，但是应激情况在我们生活中的任何时间都可能出现，在这里我们着重强调工作应激。通常这些应激的状况是程度不一而短暂的，对人影响很少，但特殊情况下也存在强烈的并且持续时间长的应激。那是什么因素使工作产生应激呢？

（1）工作需求能够产生两种形式的心理应激。一种是工作负担可能太重。一些人工作非常努力，持续很长时间，因为他们感到需要这么做，例如，他们需要考虑收入或者认为如果不这么做，领导可能会不高兴。另一种是某种类的工作活动比其他的具有更多的应激性。例如，重复的操作活动可能是应激的，突发棘手事件的处理可能是应激的等。

（2）工作情况的评估可能产生应激心理，特别是涉及对人们生命负责的工作。

（3）工作中的其他一些方面可能增加工作者的应激，如工作环境噪声过大等，察觉到没有能力控制工作中的一些情况，淡漠的人际关系，感觉没有得到恰当的赏识或晋升，失业等。因为与应激伴随产生的情绪紧张和身体疲惫让人苦恼，所以它驱使人们去做一些事情以减轻应激，这些事情就涉及应对的问题。

三、应对措施

1. 应对的概念

关于应对，我们可以通过应激的定义来进行探讨。由于人们努力应对以减轻或消除应激，所以应对是个体用来调整对应激源的评价以减轻应激情境引起的焦虑。因此，应对是指个体努力控制对应激情境的评价产生的情境需求和个体可利用资源之间可察觉的差异的过程。也就是说，为了使得情境需求和可利用资源的差异变小，个体经过反复的心理评估努力缩减对情境的需求，同时尽可能地寻找可利用的资源。

在这里需要对应对定义进行如下三点说明：

（1）“控制”表明应对的结果可能是各种各样的，不一定必须解决问题。应对的结果可能仅仅是帮助个体改变了他对应激情境的认知，使他容忍或接受应激情境带来的伤害或威胁，或者逃避这一应激源。

（2）应对过程并不是一个单一的事件。应对是一个不断地评价和再评价以转变个体和环境之间关系的、动态的、连续的过程。

（3）我们通过对环境的认知和行为处理来应对应激。

2. 应对的功能

根据美国心理学家理查德·拉扎勒斯和他的同事的观点，应对主要具备两大功能：第一是改变导致应激的事件；第二是调整应激事件引起的情绪反应。根据这两个功能可将应对分为不同的类别。

情绪集中性应对是指以控制应激情境引起的情绪反应为目的的应对。人们能够通过行为和认知途径调整他们的情绪反应。行为途径如寻求来自朋友和同事的感情上的支持，通过和朋友言语上的宣泄等；认知途径主要是通过改变情境的意义。当人们认为他们无法改变应激情境时，他们倾向于用情绪集中性应对方式。

问题集中性应对是指以减少应激情境的需求或增加应对这一情境的资源为目的的应对。当人们相信自己具备的资源足以应对应激情境的需求时，他们更倾向于用问题集中性应对方式。

在实际生活中，人们通常是把情绪集中性应对和问题集中性应对两种方式结合起来一起用，以最大限度地减少应激焦虑体验。比如，我们在工作中因失误而受到领导的指责而体验到应激，我们可能会跟朋友倾诉：“这件事情不能全怪我，整件事是我和某某一起做的，事后我去看了问题基本出在他那部分。领导根本就没调查清楚就胡乱责怪我。我本来想去说明白的，可是某某也不容易……”

在这个例子中，在证实问题出在哪里时采用的是问题集中性应对方式，而在控制“想去说明白”的冲动时采用的是情绪集中性应对方式。

四、应对机制的内涵

心理学中，应对机制是指个体在面对挫折和压力时所采用的认知和行为方式，又可称作应对策略或应对方式。它是心理应激过程中一种重要的中介调节因素，个体的应对方式影响着应激反应的性质与强度，并进而调节着应激与应激结果之间的关系。以往的研究者在探讨压力应对问题的过程中主要采用两种不同的概念模式，即自我心理学模式和应激关联模式。其中，应对的自我心理学模式主要围绕着心理发展的主题进行展开，以心理防御的概念为基础将应对方式看作人格的一个方面；而应激关联模式将应对看作个体用来处理内部或外部要求的一系列不断变化的思考与行动的动态过程，在此过程中个体常常会采用不同的应对方式或策略的组合形式。

具体到信访工作中，应对机制主要是从信访部门的层面上理解的，可以理解为信访部门努力控制对应激情境的评价产生的情境需求和工作单位可利用资源之间可察觉的差异的过程。而这个过程需要上升到体系化、制度化的高度上。

第二节 信访工作中的应对机制

一、心理疏导机制

在信访工作中，一些信访人在反映的问题得到解决后，仍坚持信访并反映同一问题。这表明，需要解决的可能不是信访人反映的问题，而是信访人的主观认知和心理困惑。因而，在信访接待中必须调整视角，引入心理疏导机制，从认知和心理层面解决信访人的问题，达到“事心双解”和让信访人息诉罢访的目的。

信访心理疏导（以下简称“心理疏导”）是指在接访过程中，通过解释、说明、同情、支持、理解等方式，运用语言和非语言的沟通方式，针对一些信访老户、缠访、闹访人进行引导和帮助，缓解其心理压力，排除其心理障碍，达到化解矛盾目的的行为。

（一）心理疏导理论依据

1. 政策依据

《中共中央关于构建社会主义和谐社会若干重大问题的决定》首次提出，注重促进人的心理和谐，加强人文关怀和心理疏导，引导人们正确对待自己、他人和社会……塑造自尊自信、理性平和、积极向上的社会心态。党的十七大报告进一步强调，加强和改进思想政治工作，注重人文关怀和心理疏导，用正确方式处理人际关系。党的十九大报告也进一步强调，全党同志一定要永远与人民同呼吸、共命运、心连心，永远把人民对美好生活的向往作为奋斗目标。同时强调，加强社会心理服务体系建设，培育自尊自信、理性平和、积极向上的社会心态。这些不仅是做好思想政治工作的法宝，也是做好当前信访工作的法宝。

2. 法律依据

2022 年 5 月 1 日实施的《信访工作条例》明确指出，信访工作应当坚持党政同责、一岗双责，属地管理、分级负责，谁主管、谁负责的原则；坚持依法、及时、就地解决问题与教育疏导相结合的原则，把矛盾纠纷化解在基层，解决在当地。这都为信访工作引入心理疏导机制提供相关的法律依据。

3. 学科依据

心理学中人本主义理论认为，人是自己生活的主动构建者，在特定时刻，行为是每个人自己的选择，人最终要为自己的选择负责。但是，人有时候并不明白问题的根源，心理咨询师就是要针对信访人的背景，提供有效指导，使他们能够权衡别人的意见，自己作出决定，而不是强迫他们接受意见。该理论运用于信访接待中，就是要求信访工作者在面对固执、偏执型信访人时，不是居高临下或简单机械地解释法律，而是以平等尊重的方式，针对信访人的症结提出合理化建议，使他们能够意识到自己的错误认知。如此，他们便会对自己的信访行为进行重新审视，最终选择息诉罢访。

（二）心理疏导基本原则

实践中，心理疏导的运用应遵从和体现以下三项原则。

1. 以人民为中心的原则

信访部门处理信访问题的传统方式是针对信访人提出的问题直接进行处理或解答，对于其背后的深层原因及背景一般不予考虑，是一种比较简单直接的处理方式。引入心理疏导机制后，要求信访工作者必须认真研究信访人的心理活动及变化规律，掌握信访人的来访背景、认知情况和真正意图，从更深、更直接的层面解决信访人的心理困惑。这种工作方式的转变充分体现了以人民为中心的人文关怀的执政理念。

2. 化解矛盾的原则

信访工作中之所以引入心理疏导机制，其出发点和落脚点在于化解社会矛盾，促进社会和谐。因此，化解社会矛盾既是信访工作的目的，也是信访工作的原则。这要求在解决信访突出问题的同时，不能因为在解决某个问题或者某个环节上又引发新的社会矛盾，而造成新一轮信访。所以，在接访过程中尤其要牢牢掌握信访人的心理困惑，然后有针对性地进行心理疏导，以达到化解矛盾的根本目的。

3. 依法疏导的原则

当前正处于社会大转型的关键时期，社会矛盾日趋多元化、多样化、复杂化，一些群众的利益受损、心理失衡问题还比较突出。从其发展规律来看，只能疏通，不能堵截；只能引导，不能强行改造。在坚持疏导原则的同时，还应依法正确处理信访人反映的信访问题，防止为息事宁人而突破法律政策的规定，无原则地迁就、满足信访人的无理要求，形成“大闹大解决、小闹小解决、不闹不解决”的错误导向。积极引导信访人树立依法信访的观念，逐步改变“信访不信法、信上不信下”的错误认识。

（三）心理疏导的适用对象

根据长期以来的信访实践，心理疏导的适用对象主要有以下几类：一是信访问题几经处理，仍然不服并持续信访的；二是经多次化解疏导仍坚持信访的；三是原案经过多次审查后，证明适用法律政策准确、适用程序合法、处理得当，仍然多次重复信访的；四是反映的问题虽不属于相关机关、单位管辖，但仍然坚持要求相关机关、单位处理的；五是其他需要通过心理疏导予以解决的。

但是，从心理学角度分析信访老户、缠访和闹访者等群众的心理状态发现，这些信访人的心理障碍总体表现为三种情形：一是偏执性精神疾病又名妄想性精神疾病患者，其特征是意识清晰但思维破裂，有妄想症状，且一般无幻觉；二是偏执性人格障碍者，其人格特征明显偏离正常，有固执、敏感、狭隘、敌意等症状；三是一般心理问题和心理紊乱者，他们一般是在承受婚姻、社会和人际交往失败压力之后，产生非理性行为。

接访过程中，如果遇到的信访人属于重度或中度心理障碍者，一般的心理疏导无法解决，需要专业的心理医生通过长时间的心理治疗和药物治疗才能康复。如果不能有效区分，势必会造成人力、物力和财力的巨大浪费，甚至造成信访局面的严重恶化。因此，只有轻度心理障碍者，即有一般心理问题和心理紊乱者，才是心理疏导的对象，有可能通过信访工作中心理咨询技术的运用加以成功疏导。

基于上述分析，在信访中心理疏导的对象主要是那些患有轻度心理障碍的信访老户、缠访和闹访者等。

（四）建立有效的心理疏导配套措施

1. 设立“心理疏导室”

心理咨询实践表明，会谈环境对咨询效果有一定程度的影响，因此，有必要在信访接待中设立专门的心理疏导室，并考虑以下设计条件：一是色调，以冷色调为主，有助于信访人情绪冷静；二是安静，隔音效果要好，保证不受外界噪声的干扰；三是温度适宜，温度过低或过高，会导致信访人出现强烈的应激反应；四是座椅舒适，软硬适中，座位摆放尽量不要设在背对房门的位置，以免信访人产生不安全感；五是情境点缀，悬挂“全心全意为人民服务”等醒目标语，增强信访人的信任感。

2. 配备信访心理疏导员

采取“请进来，走出去”的方式，一方面加强信访工作者的心理学知识和心理疏导技术的学习培训，不断提高其心理预警能力、心理判断能力和心理疏导能力；另一方面加强信访工作者法律政策和信访经验的学习积累，不断提高其法律政策和信访经验的运用能力，从而努力塑造一批心理学知识过硬、法学知识过硬、信访经验丰富的信访心理疏导人才，更好地服务大局和信访实践。

3. 邀请心理专家介入疏导

在心理疏导方面，信访工作者毕竟不是专家，在遇到一些较为棘手的心理问题时，可以考虑邀请经验丰富的心理专家介入疏导，从心理学上提供一定的专业支持和帮助。为了使心理专家介入疏导制度化、经常化和规范化，可与心理咨询师协会、心理咨询研究所、医院等单位建立合作机制，并形成心理专家介入疏导的规范性文件。

4. 拓展亲友心理疏导

实践表明，一些信访人对信访工作者的心理疏导具有防范性和抵抗性，不易拉近心理距离。对于这类思想比较顽固、很难达成合作的信访人，必要时可以向其亲友说明情况，让亲友对其进行心理疏导，通过亲情和友情来克服信访人的心理障碍。

在积极倡导心理疏导机制的同时，我们也应当清楚地认识到心理疏导不是万能的，只是一种防止矛盾激化和避免产生新矛盾的方法，并不能从根本上解决信访人的心理困惑。因此，在信访工作中，不要刻意、机械地套用各种心理疏导技术，关键在于把握信访问题的实质，通过释法析理、利益分配等多种途径化解社会矛盾。

二、心理危机干预机制

心理危机干预主要是指向存在心理危机倾向或处于心理危机状态的人提供支持、帮助、咨询和治疗，使之战胜危机，恢复心理功能并获得应对技能，进而预防未来心理危机的发生。

（一）心理危机干预的目标

1. 最低目标

在心理上帮助信访人解决危机，避免自伤或伤人，使其功能水平至少恢复到危机前的水平。

2. 最高目标

提高信访人的心理平衡能力，使其高于危机前的平衡状态。即帮助信访人解决危机，帮助信访人恢复功能和平衡，帮助信访人重新掌握应变能力等。

（二）心理危机干预的基本程序

1. 确定问题

从信访人的立场出发，运用倾听技术，确定和理解信访人的问题。

2. 保证信访人的安全

在心理危机干预的过程中，应该将保证信访人的安全作为首要目标，将信访人及相关人的生理和心理的危险性降低到最小的可能性。

3. 给予支持和帮助

心理危机干预强调与信访人沟通交流，积极、无条件地接纳，通过语言、语调和躯体语言让信访人认识到心理危机干预工作者是能够给予其关心和帮助的人。

4. 提出应对的方式

帮助信访人探索更多问题的解决方法以及可以获得的环境支持，采用各种积极应对方式，充分利用支持资源，使用建设性的思维方式。

5. 制订行动计划

要充分考虑到危机个体的自控能力和自主性，与危机个体共同制订（让其感到这是他自己的计划）切实可行的行动计划，以克服其心理失衡状态。

6. 得到信访人的承诺

帮助信访人向自己承诺采取确定的、积极的、可完成的行动步骤并积极坚持。心理危机干预工作者通过观察、交谈以及使用量表等方法对危机个体进行评估，了解干预效果，及时调整干预方案，并在结束心理危机干预前，心理危机干预工作者应该从信访人那里得到诚实、直接和适当的承诺。

（三）心理危机紧急处置程序

1. 对自伤、自杀（或有自杀倾向）信访人的应急处理程序

（1）立即有效阻止并将该信访人转移到安全环境；

（2）立即进行监护并送往医院救治；

（3）立即向主管领导和上级部门报告；

（4）立即向信访人属地党委、政府及相关部门通报；

（5）立即通知当事人家属；

（6）及时保护现场，防止事态扩散和对其他信访人的不良刺激，并配合协调有关部门对事件调查取证；

（7）对于自杀未遂的信访人，稳定和疏导当事人的情绪，以帮助当事人获得支持性环境；

（8）正确应对新闻媒体，防止不恰当报道引发负面影响。

2. 对有伤害他人意念或行为的信访人的应急处理程序

（1）立即采取保护或回避措施，保护双方当事人安全；

（2）立即进行监护并送往医院救治；

（3）立即向主管领导和上级部门报告；

（4）立即向信访人属地党委、政府及相关部门通报；

（5）立即通知当事人家属；

（6）及时保护现场，防止事态扩散和对其他信访人的不良刺激，并配合、协调有关部门对事件调查取证；

（7）进行危险等级评估并请专家诊断，接入后续处理；

（8）正确应对新闻媒体，防止不恰当报道引发负面影响。

三、心理危机及其预警机制

（一）心理危机的内涵

1. 心理危机的定义

心理学研究与生活实践都告诉我们，每个人的生命历程中都可能遭遇各种危机，它来自人内在心理以及外部环境的变化。1954 年，美国心理学家卡普兰首次提出心理危机的概念，认为每个人都在不断努力保持一种内心的稳定状态，使自身与环境相平衡和协调，当重大问题或变化发生使个体感到难以解决、难以把握时，平衡就会被打破，正常的生活受到干扰，内心的紧张不断积蓄，继而出现无所适从甚至思维和行为的紊乱，进入一种失衡状态。也就是说，心理危机是个体在遭遇了超出他们的资源和应付能力的事件或境遇时，个体无法应对而导致的一种情感、认知和行为的功能失调状态。

2. 心理危机的种类

美国心理学家布拉默研究认为，人们主要面对以下三种心理危机：

（1）境遇性危机。是指当出现一些超常事件（随机的、突发的、震撼性的、强烈的和灾难性的），且个人无法预测和控制时出现的心理危机，如交通意外、失业、疾病、亲人故去等。

（2）发展性危机。是指在人生不同阶段履行不同的成长任务，当遇到困难及阻滞时，便会产生压力或不适反应，产生心理危机，如升学、就业、婚恋、生育、职业转变、退休等。

（3）存在性危机。是指关于人生过去、现实和未来的意义问题出现的内部冲突和焦虑，往往是意义迷失所造成的心理危机，如人生目的、责任、独立性、自由和承诺等。

3. 心理危机的特点

（1）一种关键的压力事件或长期的压力情境；

（2）个体的悲伤经历；

（3）存在损失、危险和羞辱；

（4）有一种无法控制的感觉；

（5）事件的发生是预料之外的；

（6）日常学习或工作遭到破坏；

（7）未来的不确定性；

（8）紧张持续时间过长（2~6 周）。

4. 心理危机的过程及结果

人们对心理危机的反应通常经历不同的过程，并产生不同的结果：

（1）冲击期，发生心理危机事件的当时或不久后，感到震惊、恐慌、无措等；

（2）防御期，想恢复心理上的平衡，控制焦虑与紊乱，出现积极或消极的应对方式，如解决问题、寻求支持、否认、将其合理化等；

（3）成长或衰退，经历了心理危机获得了进一步的成长，逐渐走向成熟，获得应对心理危机的能力，但也可能进一步衰退，出现种种心理不健康的行为。

5. 可能出现的应激反应

如果心理危机超过个体的应对能力，或存在的越多或是持续的时间越长，可能出现如下心理与行为应急反应：

（1）处于痛苦、抑郁、无望或无价值中；

（2）易激惹，过分依赖，持续不断的悲伤或焦虑；

（3）注意力不集中，成绩下降，经常缺勤；

（4）孤僻，人际交往明显减少；

（5）酒精或药品的使用量增加；

（6）行为紊乱或古怪；

（7）睡眠、饮食或体重明显变化；

（8）过度疲倦，体质或个人状况下降；

（9）无望、脱离社会、愤怒、绝望、自杀倾向或者死亡。

总之，心理危机普遍存在且复杂，尤其是在当今社会、经济、文化背景下，心理危机的出现往往并非偶然和孤立事件，其发生有着深刻的内在诱因，而且发生的原因和危机行为的变化是多样化的，无论是在预防危机还是在处理危机的过程中，都存在着许多不确定的因素。因而，需要一系列长期性和系统化的危机管理策略。

心理危机是消极破坏与积极建设的并存体，是成长的转折点。心理危机本身不是心理障碍，心理障碍是危机自我解决的结果。积极地选择有助于加强自我力量，而消极地选择则导致自我力量削弱。危机之危险在于它可能导致个体严重的病态；机会在于危机的解决会导致积极和建设性的结果，如增强应对危机能力。因此，心理健康不是一种绝对的状态，心理危机的干预在于寻求有利解决大于不利解决，使个体不断在解决危机中成长和自我实现。

因此，应建立心理危机预警机制，使其成为信访人心理健康促进的重要策略。心理危机预警机制是指针对各种心理危机，通过系统的组织，调动各种可利用的资源，采取各种可能或可行的措施。

（二）心理危机预警机制的运行

1. 心理危机的预防

心理危机的预防需要在有效识别影响信访人心理健康因素的基础上进行积极的预防。信访人心理危机因素由三大类六小类因素构成。

第一类心理危机因素主要包括个体经历与个性特征。

（1）个体经历：经济拮据、违规违纪、婚恋生育、子女升学、离婚分居、亲人去世、同事/朋友意外、疾病或受伤、家族病史、受到侮辱或委屈、轻生记录、不健康生活方式等。

（2）个性特征：内向沉默、自我封闭、不合理信念、消极应对以及心理测试中抑郁倾向、狂躁倾向、偏执、人格障碍等得分较高者。

第二类心理危机因素主要包括与工作、职业相关的因素。

（1）工作特性：工作的挑战性、高标准、安全性、节奏性、责任性以及工作负荷、工作程序、工作条件等。

（2）职业发展：竞聘晋升、考核排序、学习机会、入职适应、岗位变化等。

第三类心理危机因素主要包括组织和社会环境因素。

（1）组织因素：组织变革、制度适应、同事关系、领导关系、价值肯定等。

（2）外部环境：社会治安、自然灾害、经济危机、诚信危机等。

2. 心理危机的预警层级

心理危机预警的主要目的在于科学评估信访人心理健康状况，准确聚焦信访人的心理问题，正确判断预警级别，及时反馈，快速应对，做到早评估、早发现、早通报、早介入、早治疗。

（1）黄色预警。本级预警主要是指那些经历中等程度的负面生活事件

（即使没有明显的负面心理反应）或心理健康评估为轻度心理障碍倾向的信访人，预警等级为三级，需要予以关注。

1）生活事件：家庭变故（家人失业、财产损失等）、身体疾病（病情较重但可治愈等）、遭遇性危机（性骚扰、性侵犯、性伤害、意外怀孕等）、感情受挫（恋爱失败、离异或分居、暗恋、家庭暴力等）、惊吓受辱、同事/朋友意外、人际冲突、考核末位、竞聘失败、投资损失、家产分配、单亲家庭等。

2）障碍倾向：在焦虑、抑郁、敌对、猜疑、癔症、精神分裂、躁狂、恐惧、强迫、疑病、人格障碍、进食障碍、适应不良、人际敏感与社交回避、孤独等维度（即使仅仅一个维度）被评估为轻度倾向的信访人。

（2）橙色预警。本级预警主要是指那些经历严重程度的负面生活事件（即使没有明显的负面心理反应）的信访人，或心理健康评估为中度心理障碍倾向的信访人，预警等级为四级，需要密切关注。

1）生活事件：黄色预警的生活事件中出现负面心理行为反应的信访人、家族有自杀史、亲人去世、家人意外伤害、身体重大疾病、身体重大创伤、童年心理创伤、有药物和酒精滥用史等。

2）障碍倾向：在焦虑、抑郁、敌对、猜疑、癔症、精神分裂、躁狂、恐惧、强迫、疑病、人格障碍、进食障碍、适应不良、人际敏感与社交回避、孤独等维度（即使仅仅一个维度）被评估为中度倾向的信访人。

（3）红色预警。本级预警主要是指那些经历特别严重程度的负面生活事件（即使没有明显的负面心理反应）的信访人，或心理健康评估为重度心理障碍倾向的信访人、心理明显异常者，预警等级为五级，需要深度关注。

1）生活事件：橙色预警的生活事件中出现负面心理行为反应的信访人、自杀未遂史、自杀计划、遭遇突然打击和受到意外刺激后出现心理或行为异常、陷入特别的创伤而难以自拔、行为突然异常等。

2）障碍倾向：在焦虑、抑郁、敌对、猜疑、癔症、精神分裂、躁狂、恐惧、强迫、疑病、人格障碍、进食障碍、适应不良、人际敏感与社交回避、孤独等维度（即使仅仅一个维度）被评估为重度倾向的信访人，尤其是一些被诊断为精神疾病的信访人。

3）明显异常：

①有严重的绝望或无助感，谈论过自杀并考虑过自杀方法，包括在信件、日记、图画或乱涂乱画的只言片语中流露死亡的念头者。

②不明原因突然给同事、朋友或家人送礼物、请客、赔礼道歉、述说告别的话、安排后事等行为明显改变者。

③生理上突然有明显异常者。如心悸和胸部疼痛；皮肤干燥、有斑点和刺痛；头疼的频率和程度在不断增加；消化系统问题，如胃痛、消化不良或溃疡扩散；肌肉紧张，尤其是发生在头部、颈部、肩部和背部。

④情绪突然明显异常者。如特别烦躁，消沉和经常性的忧愁，高度焦虑、恐惧，易感情冲动；情绪异常低落，或情绪突然从低落变为平静；饮食、睡眠受到严重影响；丧失信心或者变得自负自大；感觉精力枯竭并缺乏积极性等。

⑤精神明显异常者。如记忆力减退，判断力差；持续性地对自己及周围环境持消极态度；注意力不集中，经常有视而不见、听而不闻的情况；思维中断的现象增加，经常遗忘正在谈论和思考的事情；思维紊乱，分析问题缺乏逻辑，分析能力下降，思维混乱。

⑥行为明显异常者。如睡眠易受打扰；比平时更经常地饮酒和吸烟；从朋友和家庭的陪伴或同事的友谊中退出；发现自己很难放松，经常烦躁和坐立不安。

3. 进入紧急信访预警的情况

有下列情况之一的，各级信访部门应作为紧急情况，进行预警处置：

(1) 对各市（区）、各部门、各单位处理不服，有明显越级信访苗头的；

(2) 信访人有过激行为、影响当地社会稳定的（如聚集在党委和政府门前，阻塞交通等）；

(3) 信访人有异常行为的（如有组织、串联、集资信访或驾驶各种车辆信访动向）；

(4) 信访人有跨地区、跨行业进行串联倾向的；

(5) 涉及倾向性、苗头性问题或政策性问题，串联或扬言越级信访的；

(6) 携带危险物品信访或有可能制造事端和自杀的；

(7) 其他可能产生严重后果或影响社会稳定的信访问题。

4. 紧急信访预警处置原则

(1) 坚持“超前防范，信息灵敏，反应迅速，果断处置，及时平息”的原则；

(2) 坚持“分级负责、归口办理”和“谁主管、谁负责”的原则；

(3) 坚持“宜散不宜聚、宜解不宜结、宜顺不宜激”的原则。

（三）预警机制的组织

1. 建立健全紧急信访预警处置责任制

凡发生紧急信访，各市（区）、各部门、各单位要在做好处置工作的同时，及时向市信访部门报告。情况紧急时，各市（区）、各部门、各单位在向本市（区）、本部门、本单位负责领导报告的同时，向市委、市政府领导报告。

各市（区）、各部门、各单位都要在各自的职责范围内做好紧急信访的预警处置工作，制定和完善相应的工作方案和工作制度，确定专门的机构或人员，切实负起责任，确保预警处置工作落到实处。

2. **建立健全紧急信访报告制度**

凡出现紧急信访预警情况所列情况之一的，均应按相关程序报告。

必须在事发后 1 小时内向市信访部门报送紧急信访报告单（可附处理情况报告），并及时续报处理进展情况；24 小时内报告详细情况，包括问题产生的原因、参与人数、处理意见、控制措施及建议等；紧急信访处理期间，每日 16 时前报一次处理和稳定情况；处理稳定后，向市信访部门报送处结报告。

各级各部门在向市信访部门报送紧急信访的同时，要立即采取措施进行处置。相关部门和单位的分管领导要出面做工作，特殊紧急的情况，主要领导要出面做工作。组织与信访人对话，听取反映、理顺情绪、稳定控制事态，防止矛盾升级转化。要跟进做好处理工作，认真分析梳理群众反映的问题，研究提出解决办法，制定周密的处置措施，按期限进行答复，防止再次和反复发生异常情况。

涉及多个部门的，紧急信访稳控工作以当地党委和政府为主，信访问题的处理以责任单位为主。其他紧急信访按照党的隶属关系负责处理。

3. **紧急信访的信息传递**

紧急信访通过传真或者网络等方式，向市信访部门报送。市信访部门收到信息后，根据情况进行筛选，分别向市委、市政府领导进行预警预报或向有关责任单位、涉及的单位发紧急信访预警处置通知单。凡向市领导预警预报的，同时抄送市公安局指挥中心。市信访部门及时将市领导批示向有关单位交办，有关单位要按要求做好处理和情况反馈工作。

接市信访部门紧急信访预警处置通知单的有关部门和单位要按要求，做好处理稳定工作。情况紧急的，有关领导和人员要现场处理，特别紧急重大的，主要领导要现场处理。

4. 建立责任追究制度

各市（区）、各部门、各单位要确保紧急信访的预警预报渠道的畅通，不得漏报，更不能隐瞒不报。各级各部门都要选调政治敏锐、责任心强、熟悉业务的工作人员做好紧急信访预警处置工作，提供紧急信访报送必备的电话、传真和计算机。

对紧急信访预警处理不力，迟报、漏报、瞒报紧急信访信息，造成越级信访的，或造成其他不良影响的；对不履行职责，推诿、敷衍、拖延，影响及时妥善处置紧急信访问题的，市信访部门将进行通报批评。造成严重后果的，追究有关单位和人员的责任。

第三节 信访中群体性突发事件

一、群体性突发事件的内涵

群体性突发事件这个概念，包含“群体”“突发”和“事件”三个主要词语，把这三个词语连起来使用，据查，到目前为止还没发现有古典文献的记载。

关于“群体”一词，《现代汉语词典》（第7版）中的解释是，由许多在生理上发生联系的同种生物个体组成的整体，如动物中的海绵、珊瑚和植物中的某些藻类。“群体”一词还是社会学术语，指相对于个体的各种社会成员的聚合。这里的“群体”说的是一种人的集合体。需要说明的是，与“群体”相近词义的“集体”也是一种人的集合体，“群体”和“集体”都具有一定的场景性，它们之间的区别在于是有序集合还是无序集合，有序集合是“集体”，无序集合是“群体”。相对于有序集合的“集体”，人的无序集合的

“群体”更接近和反映人的自然特性。有序集合的“集体”则是“群体”的一种组织化状态。所以，“集体”的状态一般是暂时的、相对的，而“群体”的状态则是永久的、绝对的。

“事件”原指具体事物，如宋朝司马光的《司马温公集·三十贡院乞逐路取人状》曰：“今来柳村所请科场事件，若依而行之，委得中外均平，事理允当。”现在用来称历史上或现实中发生的大大小小不平常的事情。《辞海》把“事件”解释为历史上或社会上所发生的大事，它的范围很广，有政治性事件、经济性事件、医疗性事件、治安性事件等。另有人认为，依据汉语习惯，“事件”蕴涵有“破坏”或“危害”等反社会或非法性意义。如世纪之交的亚洲金融危机等。

在“群体”“突发”和“事件”这三个词语中，围绕“事件”一词，“群体”和“突发”都是用于描述“事件”的某种状态或某种性质的定语。由于很多事件是突然发生的，或一些事件的主体表现为群体性质，所以，有人将“突发”和“事件”放在一起表述为“突发事件”；也有人将“群体”和“事件”放在一起表述为“群体性事件”。“突发事件”和“群体性事件”这两种对事件的表述，前者突出了事件的突发性特征，后者则突出了事件的群体性特征。在社会现实中，“突发事件”概念的含义要比“群体性事件”概念的含义宽泛得多。除了上述两种表述以外，对于既是“突发性”也是“群体性”的事件，一种表述为“群体性突发事件”，另一种表述为“突发性群体事件”。本书认为，群体性和突发性都是事件的必要条件，上述两种表述只是用于事件定语的前后次序的差别，并没有本质上的差异。

二、群体性突发事件的构成要素

（一）导火索

大量的群体性突发事件表明，导火索往往是引发群体性突发事件的外在条件要素。导火索与群体性突发事件的关系一般有三种情况：一是与群体性突发事件有直接的联系，包括内在和外在原因；二是与群体性突发事件有间接关系；三是与群体性突发事件没有任何关系。前两种情况具有必然的因果关系，后一种情况往往是被借题发挥和被利用的。

（二）利益问题

利益问题是发生群体性突发事件的内在条件要素。根据上述的若干定义，群体性突发事件一般是为了解决具体的利益问题。往往直接涉及一部分群体的利益时，他们会采取群体行为方式以扩大社会或政治影响，对有关责任人施加压力，促使具体的利益问题得到解决。

（三）聚众行为

聚众行为是群体性突发事件重要的表现形式要素。聚众行为指的是有一定数量的人参与其中，参与者往往是利益关系比较一致的人，包括自发的和有组织者组织的，以多种群体行为方式发泄情绪，展示群体的力量。值得注意的是，群体性突发事件的这种聚众行为和集会、游行、示威存在差别，举行集会、游行、示威，必须依照《中华人民共和国集会游行示威法》的规定向主管机关提出申请并获得许可。

（四）与公共秩序和安全发生矛盾或冲突

与公众秩序和安全发生矛盾或冲突是发生群体性突发事件的性质要素。不论内容和规模如何的群体性突发事件，都必然不同程度上与公共秩序、公共安全发生矛盾，容易引发矛盾冲突，而且容易被少数别有用心的人利用，造成社会动荡，给国家和人民生命财产造成破坏和损失。

三、群体性突发事件的主要特征

（一）群体性

群体性是群体性突发事件的基本特征，是指利益一致或相近的人的聚集状态，这些人往往有一致的目的、动机或利益诉求等。相当多事件的起因是涉及一部分人的切身利益，而且大多数人有一定的正当理由。共同的利益目标极易吸纳相同利益者，并把他们联系在一起，人群的数量有几十人、上百人、上千甚至上万人，这完全取决于事件的起因、涉及面、群众情绪和策动者的组织能力等因素。

（二）突发性

突发性是群体性突发事件的重要特征。由于某种外部偶然事件的直接刺激，在极短的时间内使大量的人群聚集，往往出人意料、猝不及防。在具体事件中，突发性又表现为有先兆的突发和无先兆的突发。有先兆的突发是指由于矛盾和问题已经形成，早已表现出某种事件的先兆；无先兆的突发多表现为在某种特定条件的“催化”下，突然爆发的群体事件。显然，后者的突发性特征更为明显。

此外，群体性突发事件的组织者、策划者为达到目的，往往在行动前有一定的保密性，选择时机和场所突然行动，以达到他们认为最好的效应。

（三）利益性

利益性是群体性突发事件的目标特征。每一起群体性突发事件因其利益要求的不同而有具体目标指向，其所指或是党政机关，或是某一单位，或是另一部分群体，甚至是某个人，最终都要求解决其特定的利益问题。例如，要求党政机关和某一单位更改或暂缓执行某一出台的政策措施；要求解决生活困难、就业安置、工资拖欠、债务纠纷等问题；要求解决司法问题；要求惩治腐败和协调纷争；要求罢免某个领导者的职务或对有关负责人进行处置等。

（四）情绪性

情绪性是群体性突发事件的群体心理特征。情绪性既在个体心态中存在和作用，也在群体心态中存在和作用，具有明显的“同频共振”规律。在群体性突发事件中，人与人之间通过暗示和模仿，情绪互相感染，参与人员的非理性因素逐渐增长，以致达到狂热的程度。在特定社会环境的刺激下，人们的情绪会激烈地宣泄出来，导致行为失控。此外，由于“人多势众”，事件参与者普遍有一种“集体无责任”和“法不责众”心理。在这种情绪支配下，人们会不顾现行社会规范的约束，作出一些违反法律和社会规范的事情。

（五）对立性

对立性是群体性突发事件的外在表现。任何群体性突发事件的主体，即参与、制造事件的群众或某一团体、某一组织，同负责处置事件的党政机关、某一部门或另一部分群体，在情绪、利益要求上都是对立的。没有这种对立性，也就没有这种群体行为。这种对立程度又有一般对立和严重对立之分，并能够相互转化。一般对立的群体性突发事件，是指群体信访、请愿静坐等对峙形式的群体行为，参与者群体的情绪及其行为是在可自行控制的范围；严重对立的群体性突发事件，是指事件主体同维护治安秩序者形成尖锐对抗，冲击重要机关、重点工程或要害部门，妨害公共秩序和公共安全，造成人员伤害、公私财产损失和破坏的严重后果。

（六）多变性

多变性是群体性突发事情的重要特征。群体性突发事件往往由于引发原因、行为性质、行为方式以及控制手段的变化，而出现难以预料的变化，群体性矛盾由于处理不及时、不妥当，就可能激化。如果有国内外敌对势力乘机介入，有可能由局部问题发展为整体问题，由经济、社会问题转化为带有政治性、国际性的问题。

四、群体性突发事件的处置对策

在经济发展到一定程度的情况下，解决社会公平公正的问题，实现社会共同富裕应当成为新时期改革的基本目标。

（一）要建立利益协调和利益均衡机制

以解决基层群众最关心、最直接、最现实的利益问题为重点，统筹兼顾各方面利益，协调好不同利益主体的利益差别，尤其是弱势群体的利益需求，使改革中利益受损的群体得到合理补偿，让发展带来的利益增量为多数群众所共享。具体来说，党和政府要加大调节再分配政策的力度，合理调整不同阶层的利益结构，调节好社会成员之间的收入差距，努力遏制贫富差距、地区差距和城乡差距的扩大，建立一个公平合理的分配体系。党和政府要通过有效的政策机制，依法逐步建立以权利公平、机会公平、规则公平、分配公平等为主要内容的社会保障体系。

（二）关爱弱势群体，增强强势群体的社会责任

关心弱势群体，关注弱势群体的需求，发展经济是基本之策，就业是民生之本，应尊重和保障弱势群体的政治、经济和社会权利。一方面在全社会

建立健全社会保障、社会福利、社会救助等方面的政策机制，为弱势群体提供有效的制度性支持；另一方面，实现社会公平实际上是强势群体与弱势群体的无差别对待，社会强势群体应该承担更大的社会责任，至少应在依法纳税、保护环境、安全生产、扩大就业、社区服务和助弱济贫等方面切实履行责任。

（三）建立利益表达诉求机制

首先，要提高利益表达的理性化程度，完善法律诉求机制建设。政府应当确立群体利益问题解决机制，以司法制度来解决社会矛盾，建立处理群体事件的法律法规体系，改变行政诉求先于法律诉求的制度安排。例如，针对大量出现的诸如拖欠农民工工资等侵害弱势群体利益的情况，简化司法程序；发展针对弱势群体的社会法律援助体系和国家法律援助体系；把群众利益诉求纳入制度化、规范化、法制化的轨道。

其次，要拓宽利益表达的渠道。一是要充分发挥工会等利益表达和利益综合功能，使之成为各利益主体进行利益表达的主渠道，巩固基层民主政治建设的探索成果。二是在政府系统之外创建一个通过独立的提供利益表达的制度化平台来吸收不同社会群体的意见，如信息公开制度、社会听证制度等，保证群众广泛参与决策全过程，政府根据群众的意见制定、调整政策，使社会张力得以释放，从而将社会冲突置于理性范围之内，及时抑制、消解可能出现的各种不稳定因素，减少社会损失，同时公众也有了正当规范的渠道来表达自己的合理利益诉求。三是完善信访制度，敞开信访的大门，让基层群众进得来，也要让政府工作人员下得去，能够听得到基层群众的真实声音，真正形成上下良性互动，使群体性事件通过上下沟通得以化解。四是开拓利益表达新途径，近年来，舆论媒体在形式上更加多元化、便捷化，通过网络、移动通信等各种渠道反映民生诉求，披露事实真相，对表达民意起到了重要作用。

第四节　信访工作者的培训机制

面对不断上升的接访量和信访人负面情绪的传播，信访系统需要制定严格、可操作性强的培训机制，确保信访工作者无论是业务水平还是心理水平都处在较为稳定和健康的层次之上。信访部门需要致力于提供专业的信访工作者心理健康教育培训以及信访业务教育培训，为信访工作者提供心理健康成长计划。

一、构建“五位一体”信访业务教育培训体系

信访业务教育培训工作应坚持以《信访工作条例》为指导，认真贯彻落实“大规模培训干部，大幅度提高干部素质”的干部教育培训工作理念，努力构建“党校培训、领导干部讲党课、干部在职自学、基地实践培训、单位自主培训”五位一体的干部教育培训工作体系，走出一条“培训资源有效整合，培训质量显著提高”的新路子。

一是强化党校培训的主阵地作用。大力推行短、专、快的专题培训模式，办好主题突出、对象鲜明、形式多样的短期培训班。举办科级领导干部培训班、后备干部培训班、新提拔领导干部培训班、非党员干部培训班、妇女干部培训班、乡镇干部培训班、村干部培训班等主体培训班。

二是大力开展“领导干部讲党课”活动。动员领导干部提前选定题目，自备讲稿，对所属干部进行专题培训。以“党委书记带头讲、党委成员参与讲、一般干部谈心得”的形式，构建以领导干部讲党课为主要内容的干部理论学习、能力培养、党性锻炼的工作格局，促进大规模干部培训任务的落实。

三是完善信访工作学习制度。深入学习领会习近平总书记关于加强和改

进人民信访工作的重要论述，用党的最新理论创新成果武装广大党员干部的思想，采取集中学习、中心学习组学习、个人自学等多种形式，夯实学习制度，由各单位结合本单位工作性质和业务特点将学习任务列表细化，抓好干部理论学习，不断提升信访工作者的政治站位和理论水平，增强做好信访工作的责任感和使命感。

四是建立信访工作者一线培训锻炼基地。对重点培养干部进行一线实践锻炼培训，加快干部成长，建立干部一线培训基地，设立上挂下派锻炼岗位。每年选派优秀青年干部挂职锻炼，到信访维稳一线、重点项目建设一线、非公有制企业等一线岗位进行实践培训，使广大优秀青年干部进一步拓宽视野，提高驾驭复杂局面和化解矛盾、处理疑难问题的能力，加快成长步伐。

五是加大各级各部门自主培训干部的工作力度。大力推行党和政府主导、组织部门主管、各级组织各司其职的多层次、大规模的信访业务教育培训工作运行机制，每年年初将信访业务教育培训工作目标任务下发到各单位，实行目标责任制管理，鼓励各级各部门自主办班培训。

二、创建信访工作者心理支持培训体系

信访工作者的心理健康状况日益受到社会广泛关注。信访工作被称为社会“减震器”“减压阀”，面对满腹怨气的信访人和各种各样的问题，信访工作者充当着社会“心理咨询师”的角色。而如今这些如同“心理咨询师”一样的信访工作者同样出现了心理压力，不得不引起我们的重视和反思。

信访工作者的压力主要来源于 3 个方面：一是信访工作岗位现实要求带来的压力，表现为工作任务重、工作责任大、工作要求和标准高、工作任务难度大；二是信访工作组织运行机制带来的压力，主要表现在领导对工作的要求、期望和信任，群众的要求、依赖和信任，舆论的监督以及与平行部门的绩效对比等方面；三是信访工作者自我要求和期望以及职业发展的压力同

样困扰着信访工作者。

针对信访工作者的压力状况，信访部门和相关单位需要为信访工作者提供专业关爱，为信访工作者提供助人自助的好方法、好工具。从个体成长方面，可以帮助信访工作者疏导、缓解工作压力，让信访工作者更清楚地认识自己的心理健康状况，主动觉察自己的情绪状态，调整认知和态度，从而保持良好的情绪状态和人际关系。从促进社会和谐方面，可以帮助信访工作者掌握一定的心理学知识，帮助他们对信访问题进行判断，评估信访工作者处理信访问题是否妥当等。

第六章

信访工作者胜任特征

1993 年，美国心理学家戴维·麦克里兰借用了同事斯班舍关于胜任特征的定义：胜任特征就是个体所具备的某种或某些潜在特质，这些特质与高绩效员工的工作表现具有高度的因果关系，其中，潜在特质就是指在个体人格中扮演着深层次、持久性的角色特质，因果关系就是指胜任特征能够在实际工作中带来高绩效或者是可以用来预测任职者未来的相应行为表现。

1994 年，麦克里兰和斯班舍终于对胜任特征给出一个全面的定义：明确区分优秀绩效执行者和一般绩效执行者，或者说能够明确高效的绩效执行者和低效的绩效执行者的可准确测量的个体特征，这些特征可以是动机、特质、自我形象、具体知识、认知或行为技能。

第一节 胜任特征的基本理论

一、胜任特征理论概述

（一）胜任特征的含义

1. 胜任特征的起源与发展

胜任特征来自拉丁语 Competere，意思是适当的，它可以追溯到欧洲中世纪时期的行业协会，学徒通过跟随师傅学习而掌握一定的技能。最早正式提出胜任特征这一概念的是戴维・麦克里兰。

20 世纪 60 年代后期，美国国务院感到以智力因素为基础选拔外交官的效果并不理想，许多表面优秀的人才，在实际工作中的表现却令人非常失望。在这种情况下，美国国务院新闻总署的一名高级官员向麦克里兰请教这个使他们头疼的问题：能否确定杰出的美国新闻总署官员的态度和习惯，并通过确定出的标准来选拔高绩效的员工。麦克里兰凭借先前的研究经验作出了肯定的回答，并应邀帮助美国国务院设计了一种能够有效预测实际工作业绩的人员选拔方法，奠定了胜任特征研究的关键性理论和技术。

在完成这个项目的基础上，1973 年，麦克里兰在《美国心理学家》杂志上发表文章《测量胜任力而非智力》，从第一手材料直接发掘真正影响工作绩效的个人因素和行为特征，并概括性地提出了“胜任特征”的概念。在此文中，麦克里兰在承认智商测验、学术能力测验的信度之后，对用智商测验、学术能力测验预测人才在企业、政府机关工作中绩效表现的效度提出了怀疑和批判。此外，麦克里兰还列出提高测验预测效度的方法或原则，同时指出测量胜任力或胜任特征有助于提高测验的预测效度。此后，基于胜任特征模型的思想开始影响管理学界和职业资格考试。

2. 胜任特征的定义

麦克里兰的研究使人们看到现代人力资源管理理论新的曙光，为人力资源管理实践提供了一个全新的视角和一种更有利的工具。但是，在 1973 年，麦克里兰没有对“Competence”和“Competency”给出全面的定义，各家对这两个概念的理解也不完全一致。

《新牛津简明词典》把“Competence”定义为“承担和从事工作任务的实力、能力和潜力”，认为“Competence”和“Competency”是同义词。

杜波依斯认为，“Competence”是“员工在组织内、外部条件的限制下表现出高绩效时需要满足或超越工作要求的内在潜力”。

麦克里兰的资深同事鲍伊兹认为，“Competency”是“导致有效操作或卓越工作的员工的内在特征，诸如，动机、特质、技能、自我意象、社会角色和知识等”。杜波依斯也同意鲍伊兹关于“Competency”的定义。

“胜任力”是一个抽象笼统的概念，是指个体能够达到某个岗位的绩效要求的综合品质或能力状态。而“胜任特征”是个体能够达到某个岗位的绩效要求的具体要素和要素的组合。

胜任特征与能力之间是存在差异的。

具体而言，胜任特征可以用以下几句话进行更加详细的描述：胜任特征是驱动人才产生优秀工作绩效的各种个体特征的集合，是判断一个人能否胜任某项工作的起点，是决定并区别绩效差异的个体特征，它反映的是可以直接在具体岗位上通过不同方式展现出来的人才的知识、技能、个性与内驱力等。能力则是某个人才所具有的、可以应用到各种情形中的知识、技能、能力、态度以及价值观的综合。

因此，我们可以归纳出胜任特征的三个重要特点：

（1）与工作绩效有密切的关系，甚至可以预测员工未来的工作绩效；

（2）与任务情景相联系，具有动态性；

（3）能够区分业绩优秀者与业绩一般者。

只有满足这三个重要特点，才认为是胜任特征。胜任特征是多维度、多层次、跨职业的，在组织中不同层面的职务、不同职务系列的职务所要求的具体胜任特征的内容和水平是不同的。因此，需要根据“人员—岗位—组织”匹配的原则，对职务的胜任特征要求作出层次安排，并考虑组织战略、组织文化特征、高层管理哲学风格对胜任特征的要求。

（二）胜任特征的结构

正如前面所言，胜任特征是多维度、多层次、跨职业的，是一个复杂的指标。对于胜任特征的结构也是学者们广泛讨论的重点。其中较为权威的研究胜任特征的框架是莱尔斯潘塞和塞尼斯潘塞所提出的。他们认为胜任特征是指一定的工作情境中，与出色的或者有效的工作绩效有因果联系的，潜在的、深层次的个人特征，主要有五种类型的胜任特征，即动机、特质、自我形象、具体知识、认知或行为技能。

1. 动机

动机是指一个人对于某件事的渴望，以及他自身的信念或自我期许，动机会驱使个体去作相关的选择，并会有付诸行动的念头。例如，当某人开始对于某件事情产生动机，就会持续关注某件事情，并设立目标。具有成就动机的人们会为自己设立具体挑战性的目标，并用持之以恒的行动与自我挑战来达成目标，同时也会透过经验法则去不断改善修正。

2. 特质

特质是指身体的特性以及拥有对情境或信息的持续反应，也就是一个人生理特质以及对情境所产生的情绪反应。例如，有些人压力很大时仍可以平静地反应与处理，而不会情绪失控。主动积极的人能够主动求取表现机会，所以他们在工作中能表现良好。

3. 自我形象

自我形象是指关于一个人的态度与价值观，以及自我印象。例如，自信心，当一个人自信时在任何状况下都可以如期完成任务，这可以说是自己对于自我形象的设定。一个人的价值观是对现象的回应或反应式的动机，可以预测个人在一段期间内由别人操控所呈现的意向。

4. 具体知识

具体知识是指一个人在特定领域中所拥有的专业知识或信息，而这些专业知识是使一个人知道或记得某些事情，而非能做得到某件事情。例如，咨询顾问在管理学上的专业知识，医生对于医学方面的专业知识。

5. 认知或行为技能

认知或行为技能是指一个人执行有形或无形任务的能力，心理或认知技巧的技能，包括分析性思考与概念性思考，分析性思考是属于逻辑性或程序性的线性思考。例如，一个外科医师能够以熟练的技巧，在有效时间内为病人开刀，成功地完成手术。

这五个方面的胜任特征组成一个整体的胜任力结构。其中，具体知识和认知或行为技能是可见的、相对表面的外显特征，动机和特质是更隐藏的，位于人格结构的更深层，自我形象位于二者之间。具体知识和认知或行为技能是相对容易改变的，可以通过培训实现其发展；自我形象，如态度、价值观和自信也可通过培训实现改变，但这种培训比对具体知识和认知或行为技能的培训要困难；核心的动机和特质处于人格结构的最深处，难以对它们进行培训和发展。

相对于具体知识、认知或行为技能而言，素质要素中的潜能部分较难评价和培养，实施中不但花费的成本比较高，而且往往效果不佳，因为潜能的形成与人的大脑的生成过程有密切关系。由于人脑的内在结构在经历了先天的塑造与后天的培养之后，到了一定年龄将不易改变，因此一个人潜在的动机、内驱力、个性、自我形象、价值观、社会角色等，在一定程度上也是持久不变且与众不同的。许多单位或企业往往凭借具体知识和认知或行为技能来挑选员工，这样是不对的。事实上，素质中的潜能部分对于指导企业能否有效利用员工的具体知识与认知或行为技能是非常关键的，有时甚至起着决定性作用。同样道理，如果能够凭借潜能来挑选员工，再对其具体知识、认知或行为技能等素质施以相应的培养与开发手段，才能对员工素质的提升真正做到有的放矢、事半功倍。

二、胜任特征在工作中的应用

早在 1911 年，美国著名管理学家、“科学管理之父”泰勒就认识到优秀工人与较差工人在完成他们工作时的差异。他建议管理者用时间和动作分析方法，去界定工人的胜任特征是由哪些成分构成的，同时采用系统的培训和发展活动去提高工人的胜任特征，进而提高组织效能。

现今，全球的企事业单位人力资源管理已经逐步向以胜任特征为基础的人力资源管理转变，员工的胜任特征成为企业核心竞争力的关键，成为企业竞争优势的来源。胜任特征因此被用于从人员招聘、员工入职到教育培训、绩效管理、薪酬策略、晋升规划等全部人力资源管理流程。据相关资料统计，世界前 500 强企业中已有过半数的企业在使用胜任特征模型。

胜任特征模型明确地界定了产生优秀绩效所必需的行为特征，帮助组织了解员工的能力素质水平和改进重点。按照胜任特征模型可以建立关于人力资源能力和素质的评价标准、检验手段和能力素质保证体系。它可以在人力资源管理的各个方面得到应用，尤其是在人员的选拔、发展和提升方面。

具体来说，胜任特征在以下几方面有较为显著的影响作用：

（1）一个组织可以利用胜任特征来识别其领导团队的行为是否可以带领整个组织达到预定的发展目标；

（2）胜任特征对于预定目标的影响是可以衡量的，组织可以利用胜任特征的可衡量性来评价其领导者和员工目前在胜任特征方面存在的差距以及未来需要改进的方向和程度；

（3）胜任特征一旦被确定，组织就可以通过培训等方式促使其领导者和员工进行学习，达到胜任特征的要求，从而使组织获得更好发展。

第二节　信访工作者的胜任特征

构建信访工作者的胜任特征模型不仅可以为信访工作队伍建立一个统一的可以参照的标准，同时也为每一个信访工作者提供了在工作中自我修炼的路径。通过基于胜任特征模型的培养和提升，为信访工作源源不断地提供更多更好的信访工作者，从而带领整个信访工作队伍获得大幅度发展。

信访工作者胜任特征，从其应具备的特质，具体到知识、技能、素质三个方面，至少应该包括十种基本素质和一种独特能力。

十种基本素质：

（1）优良的政治素质；

（2）较强的政策水平；

（3）积极的人文关怀；

（4）良好的沟通技巧；

（5）准确的语言表达；

（6）敏锐的观察能力；

（7）丰富的人生阅历；

(8) 深厚的知识积累；

(9) 稳定的人格特质（坚定、正直、责任感、亲合力、乐观的人生态度等）；

(10) 健康的道德心态。

一种独特能力是指处理应急突发事件的能力。

一、信访工作者工作分析

胜任特征模型，是要将能力素质（职业素养、能力和知识）按内容、角色或按岗位有机地结合在一起。工作岗位和角色决定了胜任特征模型，而胜任特征又反馈到具体工作行为中，然后影响到工作绩效，即有什么样的工作就需要什么样的胜任特征，有什么样的胜任特征又将有什么样的工作行为。基于此，我们首先需要对信访工作者进行工作分析。

（一）信访工作的性质

信访工作是一项经常性的政治工作，也是党和各级国家机关、人民团体、企事业单位的一项重要的群众工作。信访工作直接面对人民群众，更加凸现群众工作的特性；信访工作不仅是人民群众表达意愿，维护和实现民主权利的重要手段，也是党和政府了解民意的重要渠道。因此，信访工作是党和政府与人民群众之间的重要沟通桥梁。

（二）信访工作的主要内容

(1) 协调、处理群众来信来访反映的生产、工作、生活中的问题，为群众排忧解难办实事；

(2) 积极发挥信访工作是党和政府体察社情民意的窗口作用，及时向各级领导转达群众对党和政府工作的意见和建议；

（3）向各级领导报送信访信息，反映社情民意，关注群众注意的“热点”“难点”及“苗头性”问题，为领导决策服务；

（4）向群众宣传党和政府的各项方针、政策、法律、法规，特别是《信访工作条例》，做好群众的思想工作和疏导工作，引导群众依法信访。

（三）信访工作者的工作职责

（1）认真学习和贯彻《信访工作条例》，努力钻研信访工作业务，提高政治站位和业务素质。

（2）热爱信访工作，全心全意为群众服务。认真受理群众来信，热情接待群众来访，如实反映群众的意见和要求，正确处理和解决群众所反映的信访问题。

（3）坚持原则，秉公办事。执行公务时，不接受公费或可能影响公正的宴请，不参加用公款支付的营业性娱乐活动，不徇私舞弊、不受贿、不索贿，坚决抵制和反对一切不正之风。

（4）做到急事急办，特事特办。对群体性突发事件，在迅速向领导汇报的同时，及时组织查办，及时反馈处理结果，严格按照领导批示意见进行办理。

（5）忠于职守，扎实工作。甘于清贫，乐于奉献，树立良好的工作作风；求真务实，开拓进取，坚持群众观念，虚心向群众学习，接受群众监督。

（6）严格遵守政治纪律、保密纪律、群众纪律、办案纪律和各项规章制度。

（四）信访工作者角色定位

根据信访工作内容和信访工作者的工作职责，可以将信访工作者的角色定位为：信访工作者是党和政府政策法规的执行者，是信访活动的组织者和实践者，其主要职责是按照党的政策和国家的法律法规及时妥善地处理人民群众来信来访问题，全心全意为人民服务，为领导服务，为党和政府的中心工作服务。简而言之，信访工作者既是为群众排忧解难的“服务员”，又是为领导提供社情民意的“信息员”，也是加强党和政府与群众密切联系的“联络员”。

基于信访工作者的工作职责和角色定位，我们可以将信访工作者的胜任特征归纳为以下三个方面的特征：

（1）自我管理胜任特征，即指向自身，是自我概念、特质和动机的指标集合，如成就动机、自信心等；

（2）任务管理胜任特征，即指向工作事务，是处理工作的能力指标集合，如创新能力、应变能力、分析决策能力等；

（3）人际管理胜任特征，即指向与自身工作有关的人际网络，是处理与他人关系的能力指标集合，如沟通能力、合作能力等。

二、信访工作者胜任特征模型

基于信访工作者的工作职责和角色定位的界定，可以构建出信访工作者的胜任特征素质模型。

（一）信访工作者的自我管理胜任特征

1. 亲和动机

亲和动机是指在群体工作和生活中，个体主动与他人沟通交往，参加社交活动，并建立亲密关系的意愿和需要。

亲和动机按评级分为三种类型：

（1）在信访工作中，表现出很强的与信访人及其他人员交往以及建立良好关系的愿望，信任他人，愿意与信访人进行言语和非言语的沟通交流，了解他们的问题和所处状况，与之合作共同解决问题，亲和力很强；

（2）在信访工作中，表现出一定的与信访人及其他人员交往以及建立良好关系的愿望，基本能够信任他人，愿意与信访人合作，共同解决问题；

（3）在信访工作中，与信访人及其他人员交往以及建立良好关系的愿望很弱，人际合作取向低，不在乎是否受到欢迎，较难相处，亲和力很差。

信访工作者所面对的工作对象，往往是一个或多个情绪比较激动的信访人，或者是言辞激烈的信访信件，他们为某一原因信访，目的都是解决问题。因此，信访工作者首先要面临的就是如何与信访人建立良好的关系，只有与信访人建立良好的关系方能进行之后的沟通和处理工作。如果一个信访工作者没有与信访人沟通并建立良好关系的意愿和动机，之后的工作将难以进行，信访工作更难以得到完善的处理。

2. 职业倾向

职业倾向是指个人对从事某种职业的倾向性态度和兴趣。由于不同人职业兴趣的差异很大，这种差异会影响工作成效，因此，职业倾向可以为“适当的人从事适当的工作”提供依据。它分为艺术取向（A）、经营取向（E）、社交取向（S）、事务取向（C）、技能取向（M）、研究取向（I）。

（1）艺术取向（A）

1）特征：

①具有某些艺术的天分和爱好；

②喜欢创造性工作，富有想象力；

③喜欢和观念而不是事务打交道的工作；

④在管理工作中，往往表现为独立、好想象、开放、有创造性。

2）相对的取向为事务取向。

（2）经营取向（E）

1）特征：

①具有推销、服务、管理类工作的倾向；

②对金钱和权力感兴趣；

③喜欢影响、控制他人；

④喜欢和人以及观念而不是技能打交道的工作；

⑤在管理工作中，往往表现为影响和控制，强调结果。

2）相对的取向为技能取向。

（3）社交取向（S）

1）特征：

①对诸如教师、护士等社交性工作感兴趣；

②喜欢与他人接触和交流、寻求广泛的人际关系；

③喜欢周围有别人存在，对别人的事很有兴趣；

④乐于帮助别人解决问题；

⑤善于合作、善解人意、友好和热情。

2）相对的取向为研究取向。

（4）事务取向（C）

1）特征：

①喜欢诸如记账、秘书、办事员等工作；

②喜欢按计划办事，细致、有条理；

③喜欢关注当前的实际和细节情况；

④乐于整理、安排事务；

⑤习惯于接受指令和执行；

⑥工作踏实、严谨、有耐心。

2）相对的取向为艺术取向。

（5）技能取向（M）

1）特征：

①喜欢有规则、需要操作技能的实在性工作；

②乐于使用各种工具及其设备进行操作性活动；

③动作协调能力和动手能力强；

④具有机械性技能和体力。

2）相对的取向为经营取向。

（6）研究取向（I）

1）特征：

①喜欢各种研究性、科学试验类工作；

②对逻辑分析和推理很感兴趣，肯动脑思考；

③求知欲和抽象思维能力强；

④喜欢和观念打交道；

⑤有很强的坚持性和独立性。

2）相对的取向为社交取向。

信访工作是一个经常与人打交道的工作，特别是接访工作，更是一项与人民群众面对面打交道的工作，接访质量完全取决于信访工作者自身素质的高低。因此，需要合适的职业个性特征的人员来胜任信访工作。

（二）信访工作者的人际管理胜任力

1. 沟通能力

沟通能力是指信访工作者能够主动积极地与信访人进行沟通，善于把握沟通情境进行有效表达、理解、倾听与反馈，达成信息共享、问题解决和人际促进。

（1）沟通能力主要包括以下三个方面：

1）沟通意愿。具有主动积极的沟通意识，愿意采用沟通的方式来促进理解和解决问题。

2）沟通技巧。善于把握沟通情境，灵活有效地运用表达、理解、倾听与反馈等技巧，达成有效沟通。

3）沟通有效。能够建立良好的沟通氛围，有效地信息共享，对问题解决达成共识并促进良性的人际成长。

（2）对沟通能力评级分为以下三种类型：

1）愿意通过沟通达到相互理解，并主动建立渠道来解决问题；根据不同情景灵活运用多种沟通策略，并善于倾听和反馈，灵活调整，营造良好的沟通氛围；沟通顺利愉快，促进双方的理解，并达成共识，为下一步合作建立良好的开端。

2）愿意通过沟通理解他人，并试图解决问题；沟通过程中，能根据不同情境转变沟通策略，但策略较为有限；能够通过一定的倾听和反馈，尽力达成双方的理解，基本上能够达成共识。

3）缺乏主动沟通意愿，经常回避他人的沟通要求，或者迫于完成任务目标勉强与他人进行信息交流；缺乏有效沟通技巧，难以有效倾听和反馈；双方交流无法达成明确清晰的理解，沟通难以完成。

沟通能力是人与人交往中不可或缺的能力，信访工作者的沟通能力对其工作有重要的影响作用。信访工作者能够与信访人保持言语与非言语交往的流畅性和有效性，给信访人以心灵的慰藉，他们心情顺畅，信访问题自然就容易得到解决。

案例

某天，有位村民为了村委会选举的问题，找到了县信访局。当时，这位信访人情绪非常激动，工作人员很热情地给他让座，并给他倒了一杯热茶，然后心平气和地劝道：“不要急，你跑这么远来，放下家里的事情，本来就不容易，咱们商量如何解决问题。”这位信访人喝完茶水，气就消了一半，信访局的工作人员又作了一些解释说明，他完全想通后便愉快地离开了。

一次让座、一杯热茶、一句宽心话就足以让信访人感受到人情的温暖，得到一种尊重。尤其在初次见面之时，一种好态度也许就会化解冲突，减少矛盾，更为下一步的沟通和事情的解决奠定基础。沟通能力不仅仅体现在说话艺术上，还需要沟通者有良好的沟通意愿，并且通过一些非言语行为，如微笑、让座、送茶等，以及一些艺术性话语，使得信访人通过沟通获得被尊重、被认同的感觉，促进信访问题的良好解决。

2. 人际理解

人际理解是指信访工作者善于从他人的立场和角度思考问题，洞察他人内心的想法，敏锐地体会到他人的需要和情感，并适时给予支持和帮助。

（1）人际理解主要包括以下两个方面：

1）换位思考。善于从他人的立场和角度思考问题，洞察他人内心的想法，敏锐地体会到他人的需要和情感。

2）支持帮助。能够根据情境与他人的特点，运用有效的方式设身处地来促进他人成长。

（2）对人际理解评级分为以下三种类型：

1）能够设身处地理解他人的需要和情感，充分站在他人的角度考虑问题，善于洞察他人的想法，准确预测他人的反应并作好准备；在理解他人需要和情感的基础上积极主动帮助别人。

2）基本上能够站在他人的角度去理解对方的需求和考虑问题，在一定程度上理解他人的想法；愿意给予他人支持和帮助，但可能由于理解不充分使得提供的措施不能完全解决他人的需求。

3）思考问题时更多从自己立场出发，缺乏对他人需要和情感的理解；对他人的感受和需求无动于衷，很难主动提供有效的措施帮助他人。

信访工作者在面对信访人时，能否站在信访人的角度去看待问题，换位思考，直接影响着信访工作者的工作态度和工作质量。对于信访工作来说，信访人来时或气或悲、或怒或恨、或哭或闹、或胆怯或犹豫、或不平或满腹牢骚，不论对待哪种情绪的信访人，信访工作者都应该设身处地为他们着想，将心比心，才能让信访人敞开心扉，更好与信访工作者沟通，达到解决问题的目的。

案例

某信访局曾经接待过这样一位信访人。该信访人因为住房拆迁补偿问题，多次和开发公司协商未果。最后，他来到信访局，声称“横竖要讨个说法”。他一进门，满脸怒气，嘴里还骂骂咧咧。对此，信访局接访人员没有以怒制怒，而是笑脸相迎，耐心地听他讲事件的前后经过，了解他的想法和情感。在此基础上，又从合理与合法的不同角度，与他一起分析情况，寻找问题的症结所在，讨论解决问题的办法和思路。经过信访工作者的晓之以理、动之以情，这位信访人最终消除了对立情绪，转而有了一种积极的、务实的、建设性的心态。后来，在信访局的协调下，他的问题终于得到了解决。

该案例中，信访工作者在面对怒气冲冲的信访人时，首先想到的是与之进行良好的沟通，站在信访人角度去了解其需求和情感。在这个过程中，信访工作者保持良好的耐心和非言语行为，使信访人平息怒气，再进行双方协商。因此，该信访工作者能够做好人际理解，能够更贴切于信访人的需求，从而高效解决信访问题。

3. 冲突管理

信访工作者应能够正面对待各种冲突，快速识别冲突的焦点，并灵活运用有效策略化解冲突。

（1）冲突管理主要包括以下三个方面：

1）正面对待。能够积极面对各种冲突，沉着应对，不回避。

2）识别焦点。准确把握冲突的核心焦点，并能对相关问题进行准确深入的分析。

3）策略有效。能够根据冲突情境采取合适的策略和方法，化解冲突达到双赢。

（2）对冲突管理评级分为以下三种类型：

1）能够正视各种冲突，积极应对不回避；能够快速识别冲突的焦点和性质，以及冲突产生的原因；能够识别冲突中可以有效利用的因素，提出的思路或方法能有效解决冲突；能够预测冲突的发展并采取预防措施；积极采取双赢的思维灵活处理，有效妥协。

2）能够应对面临的冲突，一般不会回避；能够在一定程度上识别冲突的焦点及原因；能提出一些思路或方法来化解冲突，但是有效性不够；对冲突的发展预测不充足；能够尽量选择双赢的策略，必要时选择妥协。

3）不能正视冲突，回避或否认冲突，面对冲突不知所措；仅能看到冲突的表象或对冲突焦点把握错误，对产生的原因分析不到位；难以识别冲突中可以有效利用的因素，解决冲突的思路和方法不能触及根本；看不到冲突的发展和变化并采取预防措施；采取非此即彼的思维激化矛盾和冲突。

信访人带着问题和情绪来信访，已经存在涉及利益或名誉等方面的冲突，信访工作者如果不能及时快速地识别冲突的焦点和性质，反而去回避冲突，或者没有抓住解决冲突的要点，仅仅对一些细枝末节花费心力，则可能不仅没能解决信访人的问题，甚至还会激化冲突，或者增加信访人与信访工作者之间的冲突。因此，能够及时准确地识别冲突，并及时采用有效策略和方法来解决矛盾，是信访工作者的必要素质。

4. 关系建立

关系建立是信访工作者能够深入理解和把握他人（包括同事及信访人）的需求并运用适当策略为达成工作目标而有效地建立和维护关系网络。

（1）关系建立主要包括以下三个方面：

1）主动识别。能够主动识别有助于或可能有助于完成工作目标的人并迅速理解和把握他人的需要。

2）建立联系。运用各种方式与他人建立良好的人际关系。

3）促进发展。主动维系和促进组织内外各种人际关系的发展。

（2）对关系建立评级分为以下三种类型：

1）善于主动识别有助于或可能有助于完成工作目标的人；能够迅速理解和把握他人的需求；创造各种机会与他人建立友好关系，及时为他人提供必要的帮助和支持；始终保持联系并提供必要的帮助，维护已有的关系网络。

2）能够识别有助于或可能有助于完成工作目标的人，理解他人需要；一般能够与他人建立较为友好关系，并提供帮助，但主动性不够；对于维护已有的关系网络意识较弱。

3）不关注他人的需求，难以识别有助于完成工作目标的人；很少为他人提供帮助和支持，缺乏建立互惠互利的关系和联盟的方法；已建立的关系难以主动维系，很快中断。

解决问题的前提是双方的信任，信访人能够信任信访工作者，敞开心扉，并真心接受其提出的建议，这就需要信访工作者与信访人建立良好的关系。信访工作者应特别重视与信访人的关系建立，主动识别信访人的需求，与之建立联系，并主动维系和促进双方的人际关系，避免缠访等事件的发生。

（三）信访工作者的任务管理胜任特征

1. 知识技能

知识技能是信访工作者在信访领域中所拥有的专业知识或信息，以及在信访工作中所执行的有形或无形任务的能力、心理或认知技巧和技能，这些专业知识和技能使信访工作者能够胜任工作。

（1）知识技能主要包括以下三个方面：

1）专业知识。主要包括法学基本理论和基础知识、国家主要法律法规、党的相关政策、信访工作基本理论，以及其他相关知识和经历。

2）技能。具有运用法律、信访知识分析和解决实际问题的操作能力，较好的语言表达、沟通能力和外语及计算机操作能力。

3）素质。具有相应的政治素质和信访工作者职业道德。

（2）对知识技能评级主要分为以下三种类型：

1）具有优良的政治素质和高尚的信访工作者职业道德，面对打压或阻抗决不有违原则；具有深厚的知识积累，不仅熟悉信访的相关专业知识，并对人文地理有一定了解，有丰富的人生阅历；熟练掌握信访工作需要的各项工作技能，具有良好的语言表达和沟通能力。

2）具有良好的政治素质和信访工作者职业道德，一般能够在打压和阻抗面前保持原则；具有信访工作所需的相关专业知识，可能在解决某些问题时缺乏所需知识；具备信访工作需要的多项工作技能，在某些方面不够熟练。

3）不具备相应的政治素质和信访工作者职业道德，面对打压和阻抗容易失去原则，轻易妥协；不了解信访工作中需要的法律法规等知识，难以以政策法规为依据解决信访问题；缺乏信访工作中所需的工作技能，很难完成信访工作任务。

信访工作涉及面相对较宽，如涉法涉诉类、行政执法类、农村基层类、企业改制类、社会保障类等多种类型，信访人反映的问题也涉及方方面面，这就要求信访工作者首先要具备较高的政治和业务素质，同时要掌握应有的政策和法律知识，并具备宽泛知识面，才能满足信访工作和信访群众的需求。

案例

某信访局接待一位信访人杜某，杜某是一位老者，但是火气很大，在诉说问题时经常会吹胡子瞪眼，说到激动处还不停用拐杖敲打桌子。信访工作者给他让座，并耐心地与他交谈。在聊天过程中，信访工作者有意无意地谈到一些文学、历史、典故方面的问题，想不到杜某饶有兴趣地接过话题滔滔不绝地讲起来，像遇到了知音一样，语气甚是欢快，与开始时判若两人，信访工作者看到杜某已经逐渐缓和，并且态度较好，便拉回话题，讨论其信访问题，经过一番推心置腹的沟通交流，终于制定出让杜某满意的解决方案，杜某满意地回家了。

案例中的信访工作者，正是具备了丰富的专业知识和人文历史知识，加快了与信访人建立良好关系的速度，使信访人从中获得共鸣和理解，更加信任信访工作者，也更加愿意服从信访工作者的安排。深厚的知识和丰富的阅历，需要信访工作者不断地积累和学习。

2. 分析决策

分析决策是指信访工作者能够有效地搜集和整理信息，并进行全面深入的分析，把握问题的本质与关键，提出有效的解决策略。

（1）分析决策主要包括以下三个方面：

1）信息搜集。积极主动地多渠道收集与目标相关的信息，讲究获取信息的方法和策略。

2）系统分析。能够准确地理解并全面分析问题信息，深入地把握问题的本质与关键。

3）有效判断。能够根据信息的分析，进行合理正确的推断，并得出有价值、有意义、可操作的结论和观点。

（2）对分析决策评级主要分为以下三种类型：

1）主动围绕问题，运用多种渠道、采用多种方法获取信息；对原始、零散的信息进行整理和归纳，把握资料或事情中潜在的关键信息；多角度、全面分析信息的内在关联，把握问题的本质；能够判断问题关键因素的影响关系，预测问题可能的发展方向及可能的结果，并得出有价值、有意义、可操作的结论和观点。

2）能够主动通过一些渠道去搜集信息；能够抓住表面信息之间的关联和本质，并进行一定的分析；对信息的判断比较合理正确，但是有时会陷入信息误区，影响判断。

3）不会主动搜集信息，更难从多方面、多渠道获取信息；只停留在表面的信息，不能把握潜在的关键信息，对原始、零散的信息不能进行有效整理和归纳；分析不全面，不能把握问题的本质，停留在问题表面；不能把握问题的关键线索及其影响关系，难以形成自己有效的结论和观点。

具体来说，作为一名信访工作者，首先，应该积极主动地多渠道收集与信访问题相关的信息，研究获取信息的方法和策略；其次，能够准确地理解并全面地分析信访人所反映的问题信息，深入把握问题的本质与关键；最后，也是最关键的一步，能够根据信息的分析，进行合理正确的推断，并得出有价值、有意义、可操作的结论和观点。

案例

某区居民张某，信访时已80岁高龄，他与邻居诸某为住房的分界纠纷来信访局信访。这位老先生虽年纪大，但火气不小，扬言如果区里不处理好纠纷，就跑到市里、省里甚至中央，还发誓就是“命赴黄泉”也要算这笔账。在接访过程中，首先老先生给人的第一印象就是脾气很倔强，其次谈吐中虽火气很大，但有较高的文化素养，是一个典型的老年知识分子。从这个线索出发，先要“熄火”，于是负责接待工作的信访局同志礼貌地请他坐下，并给他倒了杯水，让他润润喉，慢慢地叙述为何事由与邻居发生纠纷，信访局同志认真做好记录。信访局同志初步掌握纠纷的起因和现状后，在交谈过程中聊起老先生的儿孙，个个都是很有出息的人，老先生语气甚是欢快，与刚才判若两人，一看“熄火”目的已达到，信访工作者遂言归正题，并约好上门调查、现场察看的时间等。此时，老人识趣地起身，口中连说：“对不起，对不起！刚才来的时候恰与邻居争执过，正在火头上，所以一时得罪，请谅解。”遂拱手告辞，后来此纠纷通过努力调解，圆满解决，老先生愉快地表示“息讼”。

从本案例可悟出，对信访人通过观察和简单交谈，并善于从中获取有用的信息，对其身份、文化、修养、性格有一个大致的了解和分析，随后采取相应对策，所谓因人因事而异、有的放矢、对症下药，方能取得事半功倍的效果。这正是分析决策在信访工作中发挥的作用。

3. 应变能力

应变能力是指信访工作者面对突发或危机事件时能够沉着冷静、积极面对，并采取快速灵活的策略予以解决。

（1）应变能力主要包括以下三个方面：

1）正面应对。面对突发或危机事件时能够沉着冷静，积极面对。

2）快速反应。能够快速识别突发或危机事件解决的关键，把握时机，作出快速反应。

3）策略灵活。能够有效作出应急处理，消除影响并持续跟踪总结，形成预防性策略或机制。

（2）对应急能力评及分类主要分为以下三种类型：

1）面对突发或危机事件时积极面对，不回避，沉着冷静；快速识别事件处理的关键因素，及时辨认问题所在；快速及时地采取策略，把握时机；能够有效作出应急处理，果敢灵活；及时跟踪总结，形成预防性策略或机制。

2）面对突发或危机事件能够正面面对，一般不会选择回避，较为冷静；反应较为灵敏，有时也会出现慌乱的反应，但一般能够识别事件处理的重要因素；处理突发或危机事件时较为及时有效，但跟踪总结有时做不到位，特别是缺乏形成预防机制的意识。

3）面对突发或危机事件时表现慌乱，不知所措；不能快速识别事件处理的关键因素，反应迟缓；不能形成有效的应急处理，效果欠佳；策略单一，简单应对，存在较大隐患。

在处理信访工作时，信访人由于问题得不到符合自己预期的解决，往往会采取一些较为激烈的方式来表达自己的不满，产生言语冲突、身体冲突，甚至会威胁自己或他人生命的行为。面对这些突发或危机事件，信访工作者必须具备较强的心理素质，冷静妥善处理。

案例

某日，一位神情恍惚、脸露悲伤的妇女抱着一个小孩来到某县检察院公诉科，跟她一起来的还有十几个与她同村或者隔壁村的该县村民，各个手里拿着铁锹、木棍，带着怒气和不满，用质问的语气对办案人员说："周某什么时候放出来？你们抓他经过我们同意了吗？他被抓了，我们今后找谁要钱去？"公诉科科长随即向该院检察长做了汇报，该院检察长决定启动处理群体性信访案件应急预案，后勤保障组、秩序维护组、法律解答组等人员悉数到位。该院检察官在仔细倾听后，得知他们是前不久移送法院提起公诉的某信用社信贷员周某职务侵占、诈骗案的受害人，被告人周某侵占和诈骗40余位村民共计55万元，随后将这些非法所得挥霍一空。检察官在了解信访群众的诉求后，表示理解和同情他们的处境，并向信访群众耐心解释法律规定。检察官还邀请当地经验比较丰富的律师共同做工作，后勤保障组随后安排信访群众到食堂就餐，经过近一天的艰难细致工作，信访群众终于理解了检察机关对该案的处理，表示他们会依法请求人民法院挽回自己的经济损失，并对检察官的答疑解惑表示感谢。

在本案例中，该院及时启动相关应急预案，并及时调配多项资源，沉着应对较为激动的信访群众，并通过耐心倾听他们的想法，迅速识别问题的焦点，拿出相应的解决策略。在本案中所采用的策略，不仅包括前期的专业知识解答，还有对信访群众的理解和支持，并细致到对信访群众用餐的安排，这些灵活有效的策略，都是从以前对突发或危机事件的跟踪和总结而形成的应急预案中获得的。因此，面对突发或危机事件，不仅要有较强的应变能力，还必须建立起相关的应急机制和完备的信访工作机制。

当然，作为一名优秀的信访工作者，除了应具备上述基本胜任特征之外，还需要在工作中积累多种能力和经验，并有效结合起来，才能使得信访工作者队伍越来越优秀，为构建社会主义和谐社会做出贡献。

第七章

运用心理学方法做好信访接待工作

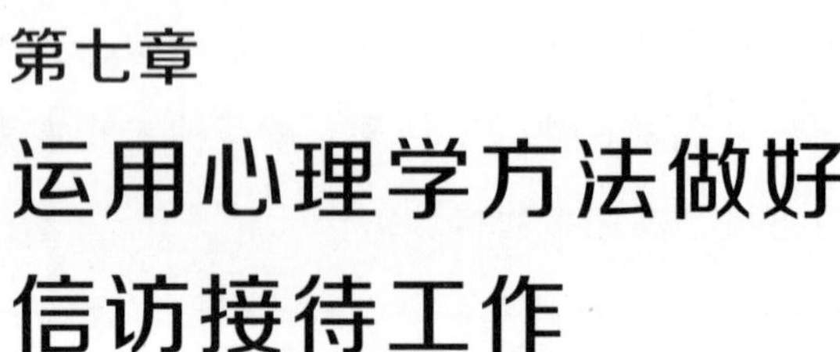

心理学中的许多原理和方法，都非常适用于信访工作。通过对信访问题的成因，以及信访人的情感、态度、目的等因素进行综合、科学分析，就会发现一些规律和特征，从而提高信访的调处效果，起到事半功倍的作用。为此，本书从信访实践出发，结合心理咨询的有关技术，提出了信访接待工作的程序和方法，概括起来讲就是“一二三四五”工作模型：一个坚持，即坚持以人民为中心，以信访问题为中心；二个注意，又称二戒，即戒主观武断，戒大事化小、小事化无；三种态度，又称三心，即爱心、耐心、诚心；把握四个环节，即倾听、共情、疏导、息访；实施五个步骤，即建立良好关系、认真倾听叙述、准确政策解答、提供解决方案（依法依规）、真诚疏导化解。

第一节 信访接待工作中应把握的原则

心理学研究认为，尊重和理解是人的两种根本需要。各种不同心理特征的信访人都希望自己的人格受到尊重，希望自己的某些行为得到理解，更希望自己的目的能够达到。信访接待工作是建立在尊重与理解的基础上的，接待中应该注意把握“一个坚持，二个注意，三种态度”的原则。

一、一个坚持

一个坚持，具体是指坚持以人民为中心，以信访问题为中心。这是一名合格的信访工作者首先必须坚守的工作理念。

在人本主义心理学看来，人性本善，人的基本特征不是敌意、破坏、反社会，或者邪恶的，而是倾向于创造的、建设性的。只要有良好的环境，人会朝向自我实现的方向发展。人有尊重、价值和向善的能力，只要他处在尊重、信任、同感的环境里，就能朝向他们成长的方向迈进。

信访工作者在面对信访人时，要时刻树立起以人民为中心的理念，信访工作者要将信访人看成一个平等的、为解决问题而来的人，而非一个故意挑衅、无端搞破坏的人，要给信访人应有的尊重和理解。

以信访问题为中心，更重要的是强调信访工作者的职业道德。信访工作者在处理信访问题时，必须遵循价值中立性原则，一切以信访问题为中心，坚持对事不对人，不能因为主观性而产生片面的认知，因个人的喜好来解决信访问题。

二、二个注意

二个注意，是指信访工作中要注意的“两戒”，即戒主观武断，戒大事化小、小事化无。

主观武断是指听不进别人的意见，一味按照自己的意愿行事。信访接待过程中戒主观武断，是指信访工作者在处理问题时，要以信访问题为中心，保持中立性和客观性，要认真倾听信访人把自己的诉求表述清楚，不盲目地以自己的价值判断，或者用以往的主观经验去理解信访人，不急于下结论，更不能以一个旁观者的姿态对其冷眼旁观或横加指责。

群众利益无小事。在信访接待中，信访工作者要防止出现一种意识，就是大事化小、小事化无。信访工作者的主要工作就是解决冲突，信访人所带来的问题必然是冲突的焦点，而在解决信访问题时，信访人和信访工作者的言语、行为都有可能会扩大或减小冲突。在此过程中，信访工作者要秉持严肃认真负责的态度，严谨看待信访人及其提出的每一个细微问题，给予他们足够尊重。相反，如果信访工作者抱着大事化小、小事化无的态度，只想着尽可能减小冲突或者避免冲突，解决问题时不认真、不负责，对待信访人敷衍了事，这样不仅难以解决信访问题，更有可能加深冲突。

三、三种态度

三种态度是指信访工作者在接待信访人和处理信访问题过程中要秉持的态度，对于解决信访矛盾、处理信访问题非常重要。三种态度就是在信访接待过程中体现的“三心”，即爱心、耐心和诚心。

爱心，这是信访工作者必须具备的“三心”之一，也是在接待信访人中首先要具备的态度。在接待信访人时，通过嘘寒问暖、让座、询问等言行，让信访人产生亲切的感觉，使其受冷落、受委屈的心灵得到温暖，使信访人和信访工作者之间的距离缩短，感情拉近，从而消除信访人的恐惧、拘谨、不安情绪，冲淡怨气和怒气，铺好通向信访人心扉的桥梁，并尽可能减轻和改变信访人的逆反心理等。

耐心，这是处理信访问题要具备的第二种态度。某些机关、单位一个新政策的出台，或者是一项制度的落实，信访问题随即发生，然而处理一个信访问题却需要较长时间的不断协调，做深入细致的思想工作。因此，在处理信访工作中不能操之过急，要有足够的耐心和细心。做信访工作每天要面对各种各样的信访群众，有时还会遇到一些比较“难缠”的信访人，他们或者哭哭啼啼，或者脾气暴躁、言语激烈，但都是不达到目的不罢休，信访工作者在应对这类信访人时，更需要耐心劝导，平抚其情绪。也许不能帮助他们解决问题，但是至少要让信访人相信党和政府，合理等待，避免冲突加剧。

诚心，这不仅仅是信访工作者在信访工作中要具备的一种态度，也是所有人在工作和生活中必需的态度。信访工作者在工作中要表现出诚恳的态度，以诚相待。真诚是打开心灵的钥匙。信访人在信访过程中难免会表现出这样或那样的情绪，信访工作者要将心比心，认真倾听记录，从中发现信访人的长处，及时给予适当赞许和肯定，即便有个别信访人提出过高要求或无理纠缠，也要耐心做好说服教育工作，使信访人心态放平，逐渐端正态度，正确对待自己反映的问题。

第二节　信访接待中应注意把握的四个环节

信访接待的过程是信访工作者与信访人思想交流的过程，也是人际沟通的过程，在这个过程中有四个环节需要把握，即倾听、共情、疏导、息访，这是做好信访接待工作的必须环节，也是取得信访工作实效的根本所在。

一、倾听

倾听是人际沟通的基本功，也是信访接待过程中要认真把握的环节。它是信访工作者了解信访人来访原因、目的和意图的过程，也是解决信访问题的前提和基础。在信访开始阶段，信访工作者应更多地采取倾听技巧，使自己更像一位倾听者。

倾听是指认真聆听信访人的讲话，认同其内心体验，接纳其思维方式，以便设身处地地理解，得到信访人的信任与沟通。

当一个人以言语表达自我时，会希望倾听他说话的人能有所反馈，也希望他人能够理解自己；当一个心烦意乱的人想要表达自己的情感和想法时，尤其如此。

但是，当你和对方同时想要被倾听和理解，但却没有一个人愿意先这样做时，那么就会出现争吵或是草草结束谈话。反之，如果你让对方完全地表达，那么对方愿意听你说话的可能性也就增加了。实际上，如果一个人有了被倾听和被理解的体验，他们就会敞开心扉，同时倾听你的话也就容易多了。

倾听，意味着我们要接受信访人的所有信息，而不仅仅只用耳朵去听。信访工作者在信访工作中不仅要注意倾听信访人所传达的言语内容（包括语意表述、语调的轻重缓急等），还要注意非言语线索传递的情感信息（如面部表情、眼神、坐姿等）。信访工作者只有把注意力全部放在信访人身上，才能做到有效和准确的倾听。

（一）有效倾听的重要性

1. 有效倾听可以使信访人充分地表达和尽情地宣泄

信访工作者面对信访人时，首先要让其充分地表达，尽情地宣泄，只有这样，信访人才能尽快平静下来，产生安全感，达到心理平衡。如果信访工作者在信访工作中，不能很好地倾听，而是随意插话、经常打断信访人的诉说，会影响信访人的表达；如果信访工作者错误地使用倾听技巧，如不恰当的沉默、不适宜的目光接触、不合理的信息反馈，则会使信访人更加紧张和焦虑。

2. 有效倾听能够收集详细的背景信息，洞察信访人的内心世界

信访接待工作中的首要任务就是收集信访人信息。因此，信访工作者必须使用一些言语或非言语手段的倾听技巧，使信访人充分表达自己，在信访工作者的引导下，充分挖掘信访人反映的问题，以及与所反映问题有关的事件、人物、语言、心理状态等背景信息，让信访人充分展现自己的内心世界。只有这样，信访工作者才能准确判定问题所在，才能决定采用何种方式来帮助他解决问题。

3. 有效倾听有助于建立良好的信访关系

良好的信访关系是信访工作取得成效的基础。在信访工作中，只有信访工作者真正尊重和理解信访人，信访人才能接受和信任信访工作者，才能与信访工作者建立友好关系，信访工作才能很好地推进。有人说："信访工作者首先是一个认真的听众。"信访工作者只有认真地聆听信访人讲话，充分恰当地体会信访人的情感，才能体现出对信访人真正的尊重和理解。

（二）如何倾听

倾听是一个积极主动的过程，在信访工作中，信访工作者要不断地倾听，不要随意插嘴，要让信访人自己把话说完。那信访工作者该如何倾听呢？

1. 良好的倾听态度

（1）专注与警觉。专注是将一个生命的所有能量聚集在另一个生命上，结果是迸发出生命的火花。在专注中包含着警觉，对信访人的每一种声音的特点和隐藏的变化趋势保持敏感。这样的倾听是面向瞬间性的倾听，可以抓住工作过程中的那些不可重复的瞬间。缺少了专注和警觉，那些瞬间就会永远消失。

（2）接纳与平等。一旦开始倾听，就意味着一种接纳。不是把信访人单纯作为来访者来接纳，而是把他作为一个鲜活的生命来接纳。这种接纳也表明一种真诚的平等和尊重，这是生命与生命之间的平等，是一个生命对另一个生命的尊重。

（3）执着与冷静。信访人从内心深处发出的声音的无限复杂性，是对信访工作者听觉品质的考验，一个执着冷静的倾听者不会为暂时性的失聪和各种倾听挫折所惧，也不会为信访人声音的无序和混乱所扰。他会在深沉的思考中，坚持不懈地进入信访人心灵深处去倾听他们的呼喊和需求。

（4）参与和体验。信访工作者的倾听不是对信访人声音被动地听，而是主动地听。这意味着作为倾听者不仅是旁观者，而且是行动者，他将通过倾听参与到令信访人愤怒或是不开心的事情中去。不过，这种参与不是从外部施行的控制和干预，而是一种引导和促进。一方面，信访工作者的倾听注重真实感受性；另一方面，信访工作者对信访人的倾听也构成了信访工作者自身的体验，它有助于信访工作经验的增长和丰富，更重要的在于信访工作者在对信访人体验性倾听的同时，也唤醒了自己的体验，使信访工作者能够从自身体验出发而不是从某种观念和理论出发，这样的倾听可将信访人的存在体验为“生命的存在”。

从以上态度出发倾听信访人，才是用心理解与接纳信访人，是从外在的听到内在的听、从抽象的听到具体的听、从观念的听到体验的听。

2. 善于控制谈话方向

重视倾听并非任由信访人自由发挥，信访工作者应不失时机地控制谈话方向。在心理学上，控制谈话方向的技巧很多，最常用的方法有以下三种。

（1）释义。释义是指信访工作者对信访人的信息内容加以解释后，再反馈给信访人本人。在信访工作中，为了获取重要信息或关键线索，在把信访人的话直接或间接重复一下，并表示理解或作出解释后立即顺势提出另一个问题。这样做可使信访人感觉自然合理。比如，“你说……，我能够理解，但有一个问题不知你是否注意到……你是怎么看的？”

（2）引导。引导是指由目前的话题引向另一个话题，不是直接建议转移话题，而是由原来的话题经由一段讨论而引出新的话题。例如，信访人一再反映某人贪污（已经查为失实），信访工作者可依据查明的事实向信访人作解释，并进一步宣传相关法律知识，帮助信访人树立正确的法制观念。

（3）中断。中断是指在谈话中暂时中止当前的谈话，当信访人表现出多话、控制话题等阻抗，无休止地谈论自己感兴趣但对信访实质问题毫不相关的话题时，可以通过请他喝茶，让他出示某项证据材料，或者建议换一个场所再继续谈等方式暂时中止谈话，尽可能不要直截了当地中断谈话。

3. 善于提问

在信访工作中，无论是要了解信访人的各种情况，还是要控制谈话方向，都要使用提问方法。问题提得是否妥当，直接关系结果：提得好，可以增进交流，减少抵抗；提得不好，则可能影响交流。问题提得不好，原因在于信访工作者对信访人缺乏基本的理解或不善于掌握语言表达技巧。在没有真正理解对方或还没有掌握良好的语言表达技巧时，最有帮助的办法是把各种封闭式提问变为开放式提问。

所谓封闭式提问，就是事先对当事人的情况作一种固定假设，而期望得到的回答只是印证这种假设正确与否。例如，提出“你和同事关系处得好吗？”这一问题，信访人心理潜在的一个假设是他和同事关系处得可能不好。而信访人回答只能是肯定的或否定的。如果把问题改为“你能谈谈和同事的关系吗？”这一方式，信访人可能谈得很细致，从他日常处理同事关系的方法中可了解其人格、日常情绪和行为习惯等。信访工作者如果过多地使用封闭式提问，就会产生咄咄逼人的交谈氛围，如同审讯犯人一样，容易使信访人产生焦躁和厌烦情绪。

（三）倾听的层次与注意事项

1. 倾听的层次

（1）听而不闻，不做任何努力去倾听；

（2）假装倾听，作出假象倾听；

（3）选择性倾听，只听你感兴趣的内容；

（4）专注地倾听，认真地倾听讲话并与自己的亲身经历作比较；

（5）设身处地地倾听，用心和脑来倾听并作出反应，以理解讲话的内容、目的和情感。

2. 当好倾听者

（1）真诚且集中精力地听讲；

（2）领会谈话的内容、目的；

（3）不急于下结论；

（4）力求真正理解对方，可重复；

（5）留意谈话者的非语言信息和行为；

（6）意识到倾听对交流的重要性，听得好和说得好同样重要。

3. 注意事项

（1）尽量把你的语言减到最少，因为说话和倾听是不能同时进行的；

（2）建立协调关系，了解对方，试着从他的角度看问题，这是提高倾听技巧的主要方法之一；

（3）把话听完，把对方所讲的话全部认认真真地听完，才能避免争吵和冲突；

（4）表现出倾听的态度，让对方相信你在注意倾听；

（5）端正姿态，这能帮助你倾听，同时，能让对方完全相信你在倾听；

（6）对准焦点，试着将注意力集中于对方谈话的要点；

（7）抑制要争论的念头，不要马上反驳；

（8）不要立即下定论；

（9）认真记录，边听边记。

二、共情

“共情”这一名词是心理咨询中常用的专业语言，也可以叫同感、同理心等。通俗来讲，就是我们讲的“感同身受”。在心理学上，“共情”由人本主义心理学代表人物罗杰斯提出，他认为良好的咨询本身就具有治疗的功能，而共情是建立良好咨询关系的三个充分必要条件之一。

共情作为一种咨询技术，是一个具有多维结构的概念。在信访工作中应用共情，主要是指信访工作者设身处地地体验信访人的内心世界，理解他们的痛苦、恐惧等情绪，帮助和鼓励他们充分地宣泄，表露隐藏在内心的郁结，并以信访人的角度看待外部世界。信访工作者借助信访人的言谈举止去深入体验他的情感，然后借助自身知识和经验把握信访人内在主观世界，运用咨询技巧把自己的共情传达给信访人，以影响对方并取得反馈，促进信访人的交流和内心感受的真实流露。应用好此方法可以拉近信访工作者与信访人的距离，可以用相同的经历、相同的地域、相同的方言等内容取得共鸣。

（一）共情的表达方式

共情的表达方式很多，大致包括言语共情、情感认同共情、支持性情感共情及共情临界反应四种方式。

1. **言语共情**

言语共情是指在准确理解信访人信息的基础上，运用语言反映信访人的情感，确认信访人的无意识情感，传递信访工作者对信访人的理解和体验。“准确理解和传递”是这一表达方式的要点。

2. **情感认同共情**

要做到充分共情，最重要的是信访工作者必须接纳信访人的任何情感，避免使用批评、教育和评价性语言。因为，“帮助信访人取消压抑而不是重复压抑的过程”是有效共情的要点。信访工作者要通过语言方式让信访人知道，他们看待自己和表达自我的方式并没有受到评判，从他们自己独特的个人经历和生活状态出发，这种方式（尽管可能是扭曲的）是可以理解的并被信访工作者乐于接纳的。

3. **支持性情感共情**

在信访工作中，不仅要通过语言信息让信访人知道信访工作者接纳自己的情感反应并理解其深层的情感体验，而且要为他们提供一个安全和支持性气氛，使信访人能够深入、自由地体会自己的情感。这种试图建立安全和支持性气氛的共情表达方式被称为支持性情感共情。提供支持性情感共情的信访工作者为信访人提供了一个“容器”，毫无选择地接纳他向这个容器里倾倒“情感垃圾”，并帮助信访人管理自己在其他情况下无法宣泄或表达的情感。因此，支持性情感共情一般是针对信访人的消极情感而言的，信访工作者不仅对这种情感进行认同，而且会进一步作出某种积极的解释或者提供正面的情感支持。

4. **共情临界反应**

共情反应的目的是让信访人更加自由开放地表达自我、探索自我。当信访人和你产生共情反应时，他们会不由自主地像孩子一样在信访工作者身上寻求某种原始情感，诸如关爱、肯定、依赖或者敌对等情感需要得以满足。

共情的要义就在于既要刺激这种需要的表达，但又不实际去满足这种需要。因此，共情反应实际存在某种临界设置。在什么情况下用什么方式进行临界设置是一项技巧性很强的工作，信访工作者应习惯于敏锐地发现并用合适的方式提供临界设置反应。

（二）如何共情

1. 与信访人产生共鸣

表达共情的首要条件就是信访工作者要保持开放态度，放下自己的参照标准，将自己放在信访人的处境中尝试感受他的喜怒哀乐，即信访工作者要设身处地去了解信访人的思想、情感和行为，而不是站在自己的立场主观猜测。例如，多采用“嗯，是的……”“确实是这样，这种事情实在让人难以接受……”“听起来确实很令人愤怒……”“你确实很辛苦，不容易……”等表达方式。

2. 准确理解信访人的处境

了解信访人思想和感受上的更深层涵义，从而在感情上与信访人产生共鸣。这就要求信访工作者要善于观察，从信访人的各种表情线索中增进共情的准确性。信访工作者可以观察信访人的语言，留意信访人语调的缓急高低以及信访人的非言语行为，如面部表情、眼神、手部动作等，在理解的基础上，信访工作者应当准确表达出对信访人情感或处境的共鸣，以此来增进接访过程中的共情。如多采用“我观察到你的手一直在抖，你好像有点紧张……”“先放松点，深呼吸，我发现从进屋来，你就呼吸急促，非常生气……”等表达方式。

3. 表达出对信访人内心体验的理解

让信访人感受到信访工作者的共情，回答信访人感受的最佳方式是以不同形式的共情进行回应。以理解和接纳的态度回应信访人，并鼓励信访人寻找解决问题的办法。信访工作者对信访人的充分理解，需要通过语言表达出来。因此，信访工作者需要不断丰富自身的言语词汇，用准确的语言表达意见，才能有效开展工作。如多采用“是的，确实是这样……”“我能理解你的感受……”等表达方式。

4. 对自身感受作进一步思考

唤醒信访人的内心世界，帮助他正视自己的经验和能力，真实领悟自己内心的情绪感受和思维方式，促进他自我分析、自我感悟、自我认知和自我成长。因此，信访工作者通过共情，最终应使信访人对自我有更新的认识，达到自我领悟。如多采用“这件事情确实很糟糕，现在形势不太好。但是，我觉得……”“我能体会到你的感受，我以前也有这样的经历……”等表达方式。

（三）如何与信访人达成共情

1. 转换角度，换位思考

这就要求信访工作者放下自己的参照标准，尽可能排除自己的人格特点、兴趣爱好、知识经验等主观因素干扰，用信访人的眼睛去看，用信访人的耳朵去听，用信访人的大脑去思考和体验，使自己“变成”信访人。

2. 善于观察，投入倾听

信访工作者在信访过程中不仅要注意倾听信访人所传达的言语内容（包括语意表述、语调轻重缓急等），还要注意非言语线索传递的情感信息（如面部表情、眼神、坐姿等）。

3. 充分理解，准确表达

在进入信访人的内心世界感同身受后，信访工作者要回到自己的世界中，将自己所感知到的东西做一番整理。例如，把事实内容与情感内容分开，找出事实内容之间的逻辑关系等。

4. 注重反馈，相互融合

信访工作者要留意对方的反馈信息，引导信访人对自己的感受作进一步思考，从而促进信访人内在心理机制的恢复。如果不太肯定自己的理解是否正确、是否达到共情时，可以用尝试性、探索性的语气来表达，请信访人检验并作出纠正。

（四）共情中的注意事项

1. 在共情过程中避免仓促应答，给自己留出充分的思考时间

共情过程中，如果信访人的叙述经常被信访工作者打断，就会使信访人的思路产生混乱且难以深入。信访工作者的仓促应答也会导致自己本身没有足够的时间去思考信访人的话语，对信访人难以给予正确理解和判断。在接访过程中，信访工作者应尽量少说话，用点头等非语言行为鼓励信访人，让他们倾诉，当信访人停顿时不要急于插话，给予他们充足思考的时间。

2. 在共情过程中应避免一言不发或是简单判断

信访工作者对信访人的叙述作必要的应答是必须的，不能一言不发或仅作简单判断。信访工作者一言不发易使信访人感到自己不被理解和接纳，而作简单判断则会使信访人对信访工作者产生不信任感从而使得接访过程很难继续。

3. 在共情过程中避免语言拖沓冗长、陈词滥调

信访工作者与信访人的交谈过程中，信访工作者的应答相对而言可以是频繁的，但要做到简明扼要，避免使用一些过于专业的术语，这会使信访人产生距离感，看似对信访人的安慰，其实让信访人有种被打发的嫌疑。

4. 避免共情泡沫

共情并不一定是言语性的，它也可以是非言语性的。例如，点点头，或是长“嗯”一声，甚至是一份真诚的倾听。过于频繁地用“我理解你”“我

相信你”“你真不好受”等话语，很可能错失真正与信访人交流的机会，而这些机会恰恰是解决问题的关键所在。

信访工作者要能够正确地了解信访人的个人世界，就好像那是信访工作者自己的世界一样。这样才能与信访人产生共鸣，共同感受信访人的痛苦，在此基础上更好解决问题。另外，值得注意的是，在接访工作中表达共情时，应该是一种情感上的认同、理解和传递，让信访人感受到情绪上被照顾、关怀和理解，注意不要让信访人误解为信访工作者对其叙述的事件、观点和内容表示肯定和接纳，这样容易造成信访人对自己的诉求产生强烈认同感和过高预期，更有甚者可能采用录音录像等方法加以剪辑，以此作为信访工作者表达认可的“证据”，对信访工作者和后续工作的开展造成不利影响。

三、疏导

通过倾听和共情阶段，信访工作者已经较为深入地了解了信访人的客观问题和主观感受，这时可以进入第三个环节——疏导。疏导不仅仅是信访工作者给予信访人政策法律的支持和解决，同时也包括对信访人情绪的稳定、引导和平抚。

疏通是指启开言路，让信访人畅所欲言、具体真实地讲出自己的心理问题及感受；引导是指循循善诱，因势利导，针对信访人的心理问题和人格特点，用其乐意接受的形式和方法，指导他们分析问题、化解矛盾。在接访过程中就是要将问题进行认真梳理，找出问题症结所在，帮助信访人找出正确的解决方法。

面对形形色色的信访人和各式各样的信访问题，疏导是一个非常关键的环节。在这个环节中，信访工作者可以采用多种技巧来达到对信访人的积极疏导，晓之以理、动之以情、循循善诱、因势利导，包括探讨、解释、指导和建议。信访工作者不仅要给出合理的解决方案，解决具体的信访问题，同时要清楚地告诉他们为什么要这样做，解开思想和情绪上的疙瘩。这才是真正的疏导之道（具体方法详见下一节）。

作为信访工作者，帮助信访人实现事结和心结双解，是我们的工作目标。解事结，就是要充分利用政策手段，发挥协调各方的作用，从业务工作方面推动问题解决。解心结，则是要帮助信访人转变看待问题的角度和方法，缓解信访人自身存在的不良情绪，调整原有的不合理认知和不合理信念，以更加积极乐观的态度面对生活和可能存在的问题。

四、息访

信访工作的终极目标是解决问题，同时达到事结和心结双解，实现息访。很多问题已经解决的信访事件没有达到息诉罢访，就是没有注重信访工作的最后这个环节，即息访。

如何有效地息访是很多信访工作者忽视的问题。实现息访既是推进社会矛盾化解的有效途径，也是维护公平正义的必然结果。很多人简单地认为，信访问题解决了，信访人就应该满意了。但是在实践中，息访要比想象中复杂得多、困难得多。很多信访事件解决了，但少数人仍然不息访。如果处理不好，难以达到息访的目的，甚至会出现矛盾激化、冲突增加的后果。

很多重复信访人都曾签过息访协议书，但经过一段时间或者一些事情后，这些人再次走上了信访道路。原因很复杂，有的人认为通过信访解决问题是最简单快捷的，成功解决了一次，以后遇到任何事情，都可以信访；有的人认为自己通过重复访、缠访、闹访能获得高额利益，甚至产生“信访比自己工作来钱快”的错误想法，等合法补偿款挥霍完毕后，再次信访试图获得不良利益。息访作为信访接待的四个环节中的收尾环节，难度高却意义大，既需要前面三个环节的相互配合，也需要后续工作的持续跟进，对信访工作者来说要求比较高。

信访工作者应该针对当时的实际情况，结合政策法规，与信访人进行坦率的沟通，使双方的想法和感受得到充分交流。信访事件终结后，还要向信访人宣传相关的法律法规和政策，同时进行思想转化。通过法律宣传，让信访人懂法息访。通过思想教育疏导，打开信访人的心结，改变其不合理认知，使信访人真心息访，真正做到以理息访、以情息访、以诚息访、以法息访，真正达到“事心双解”。

第三节　信访接待的步骤与方法

在信访工作中，信访接待是一项重要的工作内容，也是信访工作的难点之一，如何实现有效接访，如何更好地服务于人民群众。本书通过多年作者的工作实践，借鉴心理咨询的方法，提出了信访接待的五个步骤——建立良好关系→认真倾听叙述→准确政策解答→提供解决方案→真诚疏导化解。作者认为，这五个步骤是有效解决信访问题的基本步骤，缺一不可。

一、建立良好关系

建立良好的信访关系是信访工作顺利开展的基础。信访关系是指信访工作者与信访人之间的关系，依据这种关系，信访工作者向信访人提供帮助。在信访工作中建立良好关系非常重要，忽视关系的建立很难获得好的信访接待效果，良好信访关系的建立有利于有效调处信访矛盾。换句话说，建立关系是信访接待并开展工作的开端。

（一）信访关系的基本特征

在很多人眼里，信访关系像朋友关系，因为信访工作者像朋友那样关注信访人，为他着想，替他分忧，但信访关系又不同于朋友关系，信访工作者要比对待朋友更理性、更客观；信访关系像医患关系，信访工作者像医生那样帮助信访人解除痛苦，但信访关系又不同于医患关系，因为信访工作者不应以权威的身份出现，他与信访人是平等协助的关系，应充分调动信访人的潜能来解决问题；信访关系像师生关系，因为信访工作者像教师那样给信访人以启迪，促进其成长，但信访关系又不同于师生关系，信访工作者给信访人的是引导而不是教导。的确，信访关系作为一种人际关系，与社会中其他人际关系既有相似之处，又有自己独特的一面，具体主要体现在以下四个方面：

（1）信访关系是一种独特的职业帮助关系；

（2）信访关系是一种在特定期限内，在没有任何威胁的情况下小心建立起来的关系；

（3）信访关系是一种以信访人有一定强度且持续的求助动机为前提的关系；

（4）信访关系是信访工作者与信访人的互动关系，根据信访需要而不断变化，是一种动态的关系。

（二）建立良好信访关系的意义

具体说来，建立良好的信访关系具有十分重要的意义。

1. 是信访工作取得良好效果的前提和基础

从本质上讲，信访的过程，就是通过信访双方的互动，探讨问题产生的根源，并据此建立相应的干预机制，最大限度地帮助信访人解决问题的过程。因此，如果缺少一种良好的信访关系，这些目标也难以实现。

2. 获得信访事项真实全面的信息

良好的信访关系能够减少信访人的防御心理，使信访人在信访中提供真实全面的信息。信访人在接触一个陌生的信访工作者时，总会带有一些防御心理，这种防御心理只有在良好信访关系建立之后才能慢慢消除。当信访人认为信访工作者值得信任并能为他们提供帮助时，才会提供真实全面的信息。

3. 促使信访人积极接受信访工作者提出的建议和措施

如果信访人不配合，再好的信访建议和措施也不会取得效果。而信访人的配合又是以他对信访工作者的信任为基础的，可以说良好的信访关系是信访人改变的催化剂。

（三）建立良好信访关系的条件

关系是指双方结成的联系，其质量取决于结成关系的双方。具体到信访关系，其建立的状况不仅取决于信访工作者，也取决于信访人，还受到相关情境因素的制约。就信访人而言，其信访动机、合作态度、期望程度、自我觉察水平、行为方式等会在一定程度上影响信访关系。就信访工作者而言，他对信访人的态度以及他本身的个性特征、工作方式、价值观等会直接影响良好信访关系的建立与发展。信访工作者本人的因素在关系建立中起着决定性作用，因此我们不能要求信访人都具备易于发展信访关系的条件。

（四）如何建立良好信访关系

1. 注意初次会谈的技巧

在初次会谈时，信访工作者应向信访人进行简明扼要的自我介绍，也可以用一个微笑或一个引导信访人坐下的手势等方式开始信访会谈。在简短的自我介绍后，可以有短暂的沉默，主要目的是给信访人一个整理思绪的机会，使他可以完整清晰地表达自己。

2. 良好的建议和指导是信访关系得以延伸和升华的保证

在中国特定的社会文化条件下，信访接待过程中的建议和指导是不可缺少的。大部分信访人在信访接待过程中自由地表达情感、倾诉苦闷，与信访工作者进行深入沟通交流，目的就是想得到信访工作者的帮助。如果得不到良好的建议和指导，他们就感受不到信访的意义。因此，良好的建议和指导是不可或缺的。

3. 清楚地界定自己的职责范围，尽可能避免同时担当不同角色

作为信访工作者，我们的任务是帮助信访人解决他们的困扰，为了完成这个任务，我们不能将信访这种助人关系变成其他的人际关系。

4. 经常进行自我反省，接受督导，促进自我成长

作为信访工作者，需要在信访工作中，不断进行自我反省，促进自我成长。在现实中，很少有人是在理想的、没有任何伤害的环境中长大的。在信访工作中，信访工作者需要经常自省：我所做的是不是在帮助对方？我的助人动机究竟是想要满足自己的需要，还是真的为了满足信访人的需要……达到这样的要求并非一日之功，它要求信访工作者常常进行自我反思，接受督导，促进自我成长。

建立良好的信访关系到底需要多长时间，这个问题因信访人的个体差异而不同。不过可以肯定地说，没有良好的信访关系，一定无法产生良好的信访效果，信访效果依赖信访关系。无论信访工作者有多大能耐，除非信访人愿意，否则信访工作者无法深入了解信访人的感受和想法，无法与信访人共同解决信访问题。所以，信访接待开始时的当务之急不是协助信访人解决问题，而是建立良好的信访关系。

二、认真倾听叙述

在与信访人沟通交流时，信访工作者要倾听信访人的语言，观察信访人的表情和行为，并通过有效询问，深入了解信访人想要表达的意思。

（一）善于倾听

在信访接待过程中，许多信访人认为关键在于“摆事实，讲道理”，然而实际情况下，只讲不听，或者不善于倾听是很难取得好的信访接待效果的。听常常比讲更重要，尤其对较为复杂的信访问题，整个过程需要数次甚至数十次的谈话。在谈话的初期和中期，倾听不仅是为了掌握详细情况，也是为了进一步建立良好的信访关系，从而防止或消减阻抗。不重视倾听的信访工作者容易在尚未真正了解对方之前便中止信访人的谈话，急于下定论，阐释自我观点，提供参考意见，也有信访工作者急于获取有用信息而随意打断信访人叙述。实践表明，由于倾听不够，信访工作者对信访人的个性、思维方式、情感特点等可能了解不多、把握不准，而信访人不仅会因此对信访工作者的判断和建议表示怀疑，还会因信访工作者没有耐心听其叙述而感到不被尊重，认为信访工作者是在以权压人，进而激化矛盾。因此，即使在面对赘言、控制话题等阻抗时，信访工作者也要切忌流露出不耐烦的情绪，要尽量以通情达理的心态虚心倾听，在适宜的时候加以引导。

在倾听的同时，还要有所参与，给予信访人适当的反应。反应既可以是言语性的，也可以是非言语性的。反应的目的是向信访人传递信访工作者的态度，促进双方互动。谈话中可用简单的词、句子或动作作出适当的反应，比如最简便适用而又高明的反应是点头，需要注意的是点头时应认真专注，充满兴趣并且配合目光的注视。同时，点头还应适时适度，若点头机械、随随便便，或者一边点头一边东张西望、翻看无关内容，信访人会感到没有受到尊重和关心，影响其叙述，从而影响信访问题的解决。倾听过程中，信访工作者对信访人的情绪和感受要尽量表现出接纳的反应。

（二）倾听的内容

应从以下几个方面把握倾听的主要内容。

1. 信访人的欲望和需求

信访人在生活中的欲望和需求往往不是通过他们的行为，而是通过他们的声音表达出来。它可能是一段叙述，一个句子或者一个简单的感叹词，以及一声呼喊和连续不断的低声啜泣，对这些声音表达出的欲望和需求的理解与应答，是信访工作者倾听的重要内容。这种反应性倾听表明信访工作者能够觉察、体验到信访人潜在的甚至是无意识的内容，并能将自己内心真实的体验传达给信访人。

2. 信访人的情感

对信访人的情感动向和状态细致入微地把握，并及时加以引导，是一个优秀信访工作者的重要标志。一个善于倾听的信访工作者，能迅速准确地从信访人发出的各种声音中听出愤怒、悲哀、快乐和喜悦等各种情感，同时作出适当及时的反应和调整。

3. 信访人的思想

每一个信访人的思想都构成了他们未来发展的现实基础，信访工作者要善于倾听信访人声音背后的某种思想和观念的萌芽，并尽量认可它们的价值和意义。当信访人发现自己那些隐藏的思想被信访工作者倾听并认可时，他们就与信访工作者建立了更深的信访关系。

4. 信访人的心理痛苦

当信访人不断发出暴躁混乱的声音，或者陷入长久的静默无声之时，作为倾听者的信访工作者的耳朵将变成听诊器和探测仪，通过倾听去寻找信访人存在于肉体和精神上的种种问题，捕捉到他们的自大、愤怒、抑郁、孤独、痛苦和恐惧等情绪。

5. 信访人间的差异和区别

倾听始终是面向具体和特殊的生命个体，当各种声音汇集在信访工作者的耳边时，信访工作者的任务是听出这些声音的差异，听出它们所反映的不同个性。

6. **信访人与他人之间的关系**

作为社会人的信访人的每一个声音，都不是单纯自我的声音，他的声音总是与其他声音互相缠绕在各种关系之中。与其说信访人的声音是单纯自我的反映，不如说是对他人与自我关系的反映。因此，信访工作者的倾听对象既是“具体的人”，也是这个“具体的人”与另一个或一些“具体的人”之间的关系。

三、准确政策解答

在详细了解信访人的情况和想法之后，信访工作者应该向信访人提供准确的政策法规解答。政策法规是判断信访诉求有无道理的标尺，信访工作者要树立“遇到事情找法、解决问题用法、化解矛盾靠法”的理念，依法保障人民群众的合法权益，注重运用法治思维和法治方式化解矛盾纠纷。信访工作者要加强自身学习，不断提高政策法规认识水平，有针对性地对信访人诉求作出合理准确的答复。对他们反映的合理诉求，尽可能帮助解决，对过高要求坚决不让步，坚持说服教育。

要对自身业务领域的政策法规摸熟吃透，提前做好准备工作。同时，要注意政策法规的时效性和衔接性，不少信访事件的产生具有一定的时代背景和地方背景，例如，有些旧时出台的政策现在已经不适用了，或是A省的政策在B省不适用等，这些情况更加要注意做好政策的学习和解释。要知道，不少信访人都是“有备而来”，谈起涉及他们的信访事件的有关政策都头头是道，这时信访工作者就要注意，避免出现被信访人带着跑、钻空子的情况。

四、提供解决方案

提供解决方案是指要依照法律法规、规章和有关政策的要求，解决信访人提出的诉求。法律法规、规章和有关政策，是判断是非、衡量各种要求是否合理的准绳，也是统一各方思想的依据。解决问题、纠正错误，都必须依法办事。对于投诉事实清楚，符合法律法规、规章和有关政策规定的信访问题，要认真负责地予以解决；对于既缺乏事实依据又不合法的信访问题，要讲清道理，坚持原则，决不能“小闹小解决，大闹大解决”。

要综合运用法律、政策、经济、行政等手段和教育、调解、疏导等办法，把群众合理合法的利益诉求解决好。从问题解决的角度出发，向信访人提供解决方案，是信访人最需要的。《信访工作条例》第三十一条明确规定，对信访人提出的申诉求决类事项，有权处理的机关、单位应当区分情况，分别按照下列方式办理：（一）应当通过审判机关诉讼程序或者复议程序、检察机关刑事立案程序或者法律监督程序、公安机关法律程序处理的，涉法涉诉信访事项未依法终结的，按照法律法规规定的程序处理。（二）应当通过仲裁解决的，导入相应程序处理。（三）可以通过党员申诉、申请复审等解决的，导入相应程序处理。（四）可以通过行政复议、行政裁决、行政确认、行政许可、行政处罚等行政程序解决的，导入相应程序处理。（五）属于申请查处违法行为、履行保护人身权或者财产权等合法权益职责的，依法履行或者答复。（六）不属于以上情形的，应当听取信访人陈述事实和理由，并调查核实，出具信访处理意见书。对重大、复杂、疑难的信访事项，可以举行听证。

经过政策解答，信访人已经较为了解国家的政策法规，对自己提出的问题也有一定想法。在此基础上，信访工作者可以与信访人坦率沟通、相互促进，共同寻找令双方满意的解决方案。在这里需要注意的是，信访工作者必须已经形成相应的解决方案，在讨论过程中可以在某些细节或方法上有所变通，但不能被信访人左右，要坚持方案的整体方向不违背国家的政策法规。

五、真诚疏导化解

信访工作者对信访人的疏导和化解，主要是对信访人在情感上的宣泄和疏导。每一名信访工作者都是第一时间与信访人面对面接触。而有一些信访人是带着怨气来的，不是冷脸相向，就是恶语相加。因此，仅仅提供给他们解决方案并不能完全化解信访人的怒气和埋怨，信访工作者还需要通过多种疏导技术，真诚耐心地化解他们的负面情绪，解除他们心中的“疙瘩”，使其真正达到案结事了。因此，做好真诚疏导化解是做好信访工作的“最后一公里”。

（一）要真诚

1. 真诚的内涵

真诚是指信访工作者不戴面具地表现“真实的自己”，既不刻意取悦对方，掩饰自己的态度和想法；也不宜用种种自我防卫的方法来回避，掩饰自己的短处及失误，维护自己的面子和权威。对信访人要真挚诚恳、坦诚相待。

2. 真诚的作用和意义

（1）真诚能产生信任。这一点和人际交往的情形是一样的。你以坦诚的态度对待对方，会让对方感到你是可以信任的。因为你先把自己“交”给了对方，对方可以感受到你的思想和情感，能感受到你对他没有戒心，便会以信任的态度对待你，觉得你可亲可近。

（2）信访工作者的真诚具有榜样作用。信访工作者的真诚使信访人任何企图掩饰、隐藏、回避的反应受到一种无形的压力。人们似乎都接受这样一条处事规则：人以诚待我，我亦以诚待人。

3. 如何合适表达真诚

（1）使用恰当的支持性非言语行为。传递真诚性的非言语性行为，包括目光接触、微笑以及朝向信访人倾身而坐等。然而，这些非言语行为应该用的谨慎且得体。例如，直接而间歇的目光接触比持续盯着（信访人可能理解为瞪着）更能表示真诚。同样，持续的微笑或过分前倾会被看成是虚伪做作。

（2）不过分强调身份角色。若信访工作者过分强调自己的角色和位置，会造成过大而不必要的情感距离，信访人会感到害怕甚至不满；反之，会使信访人觉得更加真诚。真诚的信访工作者是一个让周围人都能感到自然舒适的人。

（3）保持一致性。一致性意味着信访工作者的言行和情感协调一致。信访工作者只有在整个信访接待过程中保持一致性，才能让信访人感觉受到了真诚对待。

（4）注意表达的自发性。自发性是在没有刻意或做作的行为情况下自然表达自己的能力。自发性还意味着在没有仔细考虑要怎么说或怎么做的情况下所表现出的机智。然而真诚并不等于完全说真话，真诚与说真话之间并不能完全画等号。对信访工作者而言，真诚应符合一个基本原则——能够给信访人满意的答案。

（5）适当地自我展示。自我揭示是指信访工作者以言语和非言语方式向信访人披露个人情况。这样可以缩小信访工作者和信访人之间的角色距离，促进信访人的情感表达，但需要注意的是真诚并不等于自我发泄。

（二）要积极关注

1. 积极关注的内涵

如果说真诚是打开信访人紧闭的心灵大门的钥匙，那么积极关注就是洒向信访人灰暗心灵的阳光。积极关注，意味着把信访人看作一个具有价值和尊严的人而予以赞扬和尊重。

积极关注是无条件的，不包括对信访人感情、思想、行为的任何好或坏的评价或判断，信访工作者对信访人特定的思维、情感和交谈方式所表现出的积极的尊重是无条件的，含有可信赖的接纳和鼓励的意义。积极关注不仅有助于建立信访关系，促进沟通，而且本身就具有良好效果。但是信访工作者不能片面理解积极关注的含义，表现出对信访人的过分乐观，如“我发现你所面临的困难不算什么，你也是个很讲道理、很能干的人，别在意这些芝麻小事，黑暗过去就是光明。”信访工作者这样的表达会使信访人产生不信任感，觉得信访工作者是在敷衍了事，没有了解他内心的痛苦，不利于良好信访关系的建立和发展。

2. 如何恰当运用积极关注

（1）避免盲目乐观，脱离实际。在信访工作中，有些信访工作者片面理解积极关注的含义，总是一味夸奖信访人或者脱离实际夸大信访人的自我调节能力，如“不要着急，暂时的困难不算什么，我相信你能克服困难，一切都会过去，都会好起来的！别着急。”会让信访人感觉是在安慰自己，甚至在哄骗自己，是信访工作者无能的表现。

（2）避免过分消极悲观。例如，面对一位信访多次，经历过几次接待和调解未见效果的信访人，信访工作者可能会忍不住说：“你的困难太大，处境不乐观，这样下去怕是不好解决。”如果信访工作者一再强调这一点，只会刺激和强化信访人的消极意识，让信访人愈加陷入沮丧、不安和困惑之中，甚至产生绝望或轻生的念头。

通过以上五个步骤，最终达到有效息访，这是信访工作者的工作目标。

信访接待工作模型的有效运行，是通过一定的心理咨询技术来支撑的。具体来说，信访工作的四个环节和五个步骤，都分别运用到相应的心理咨询技术：建立良好关系，需要信访人运用建立关系、积极关注等技术；认真倾听叙述，则需要信访人善于倾听和观察，有效沟通，并在适当时机运用询问技术；准确政策解答和提供解决方案，会运用到心理咨询技术具体化；真诚疏导化解，需要信访工作者做到有效共情、学会突破阻抗等。

在下面章节中，将会结合心理学方法，详细介绍信访接待工作模型中可能运用到的一些技术，为信访工作者提供可操作的运用方法。

六、做好群众工作的“三个到位”

一是思想重视到位。要把接待信访群众当作了解社情民意、联系群众的重要窗口，坚持对领导负责、对老百姓负责的原则，做到量力而行、尽力而为，全力以赴为群众排忧解难，促使信访问题在基层得到解决，最大限度避免个体访向集体访的转变。

二是感情投入到位。针对信访人情绪激动的情况，信访工作者要积极通过感情双向交流，努力做好信访群众的思想工作，做到以情感人、以理服人，在一定程度上避免矛盾激化和越级信访现象的发生。

三是果断处理到位。面对信访问题头绪乱、处理难度大等情况，信访工作者要努力克服畏难情绪，充分发挥信访职能作用，积极果断地与有关职能部门联系，及时督促有关职能部门把问题查清搞准，依法依纪处理，在规定的办理时限内及时给群众一个满意答复，力争对群众来信来访做到事事有着落，件件有回音。

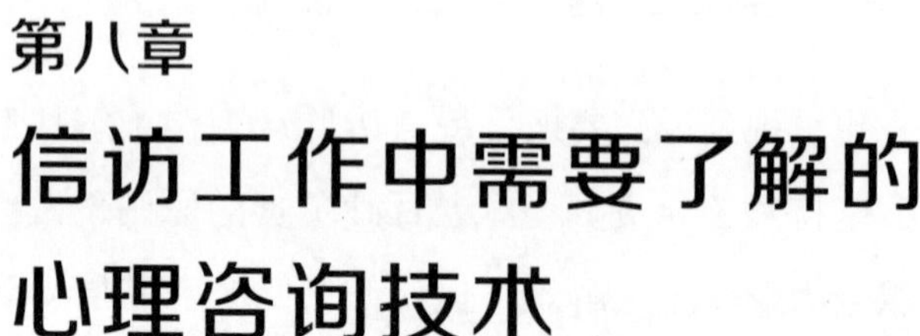

第八章 信访工作中需要了解的心理咨询技术

心理咨询是一种人际帮助活动，是一个人际互动过程。其中的共情、疏导、阻抗处理等心理学原理和方法技能都非常适合信访工作。将心理咨询技术引入信访接待工作，对于提高信访接待水平，化解矛盾纠纷，实现息诉罢访，促进社会稳定和谐具有重要意义。

如何才能解开信访人的“心结”呢？那就是把心理咨询引入信访工作，具体就是把心理学知识应用于信访接待，从心理学角度分析和解决信访事件，更好地体现出其工作手段与工作过程的人性化，提高信访部门工作的成效。

从信访实践看，许多难以化解的信访问题，如果能多从情感入手，运用心理学原理加强沟通交流，把握信访人的心态，尊重信访人的人格，理解信访人的信访行为，循序渐进地对信访问题的实质进行分析，再摆明其中的是非利害，在进行相互心理沟通之后，再回到解决信访矛盾上来，就会收到比较理想的效果。从实践中还会感觉到，大多数信访人在一味强调自己“有理”的背后，都有一个“心结”，使他们很难客观公正地认识自己的信访问题，往往会咬住“死理”，任凭信访工作者怎样去讲政策、讲道理、讲大局，他们都很难听进去，此时心理咨询技术的运用就显得尤为重要。

第一节 观察技巧

交流是信访工作中的关键性环节和内容，它除了言语交流外还包括非言语交流，对信访工作者来说，不仅应当掌握交流技巧，更需要对信访人的非言语行为作出合理观察，这对整个信访工作意义重大。信访人的非言语行为包括面部表情、肢体动作、沉默现象、副语言现象、信访时所伴随的生理反应等。对非言语行为进行观察时，首先应注意将多种非言语信息结合考虑；其次要注意不能忽视宝贵的言语信息。

一、基本观察技巧

根据哈佛商学院有关研究人员的分析资料表明，人的大脑每天通过五种感官接受外部信息的比例分别为：味觉 1%，触觉 5%，嗅觉 5%，听觉 10%，视觉 79%（如图 8-1 所示）。可以看出，视觉所占比例是最大的。这就提示我们在人际交往中，观察是非常重要的。这也是人本主义心理学家所强调的，因为只有观察入微，才能给以相应反馈，进而取得对方信任，建立和谐关系。

观察是一门技术，学会观察能提高沟通效率。要更好地掌握观察技巧，就必须懂得非言语行为的含义。非言语行为包括手势语、目光语、表情语等。

二、非言语行为的重要作用

（一）多数非言语行为是受无意识心理支配的

奥地利心理学家、精神分析学派创始人弗洛伊德将人的心理分为意识、

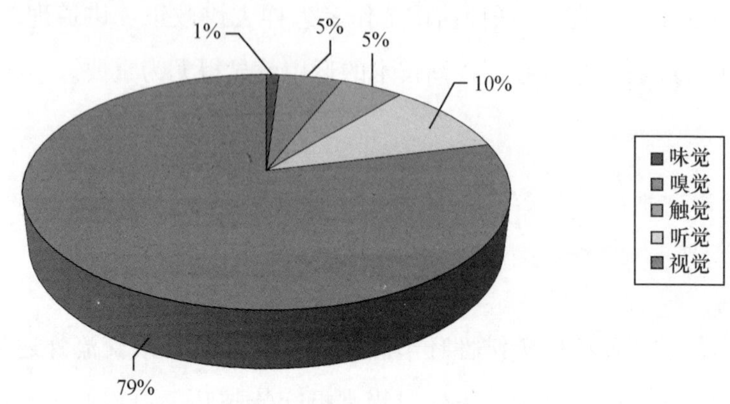

图 8-1　大脑接受外部信息的五种感官所占比例

前意识和无意识三种水平。无意识是深层心理活动，是一切意识行为的基础，影响着人的行为。无意识既包括对自己行为没有意识，又包括人们清醒意识下潜在的心理活动。非言语行为一般来说比言语行为更自然，更能精确地刻画信访人。因为语言在被说出之前要接受选择和检查，但非言语行为却不易受到控制，大多数信访人更能意识到自己所说的话，而不是自己的非言语行为。

（二）非言语行为和言语是相互关联的

通过对方的非言语线索，我们可以判断对方的言语信息。研究者对非言语行为功能的划分基本上是一致的，大体可分为以下六种。

1. 重复

非言语信息是对言语信息意义的重复表达。重复不同于补充，可以单独存在。使用重复，可以强调或阐明言语信息，更清楚地体现言语信息的含义。

2. 否定

非言语信息和言语信息有时是相互矛盾的，如果得到矛盾的言语信息和非言语信息，信访工作者应更相信非言语信息。

3. 替代

信访人经常用非言语信息代替言语信息。此时非言语信息中就包含着言语信息所要表达的内容。

4. 补充

非言语暗示，如声调、面部表情、手势、社交距离等，时常能够补充言语信息，以添加、阐明或加强其意思。

5. 强调

非言语信息能通过语气、音调、音量、表情等强调言语信息，它的主要功能是强调言语信息中的特别之处，加强言语信息的表达。

6. 调节

非言语信息有助于调整会谈的气氛、节奏，甚至信访人言语信息的表达。

三、非言语行为的表现

由于在大多数文化中，非言语行为缺乏明确的编码规则，使得各种非言语行为的意义只有含糊的、非正式的解释。许多研究学者认为，对非言语行为进行分类，是观察非言语行为最有用的方法。目前为大多数学者所接受的是将其分为无声的动姿、无声的静姿等。

（一）无声的动姿

通过非言语行为中的动姿实现的沟通，是以身体动作来表示意义的非言语沟通方式之一，主要包括目光接触、面部表情、嘴部表情、肢体动作以及其他身体动作等。

1. 目光接触

眼部是表达情感极为重要的部位，眼睛的交流被认为是心灵语言的交流。有些人强调用眼睛来揭示情绪，例如，眨眼过多可能与焦虑有关；流泪可能意味着激动或悲伤；瞳孔放大可能处于警觉、集中注意力和感兴趣状态……美国心理学家赫斯在他的《会说话的眼睛》一书中指出，眼睛能显示出人类最明显、最准确的交际信号。研究表明人的瞳孔的变化是中枢神经系统活动的标志，能集中反映大脑中正在进行的思维活动，是根据人的感情、态度和情绪自动发生变化的。

2. 面部表情

柏克莱大学心理学教授马伯蓝比提出“赫拉别恩法则”，意思是：人们对一个人的印象，只有7%通过言语获得，55%则是通过面部表情获得，38%是通过声音线索获得。由于人类面部的数十块肌肉可以作出很多表情，这些表情也容易为他人观察，因此，表情就成了人们运用最多的非言语沟通方式之一，当言语行为和面部表情发生冲突时，人们更愿相信面部表情。

3. 嘴部表情

嘴部表情也可以为信访工作者提供帮助。如果仔细观察会发现，嘴部有着丰富的形态，双唇紧闭可能是其心理受挫或有很大压力；咬着嘴唇可能是痛苦或焦虑；嘴巴张开却没有说话，可能是惊奇或难于启齿；嘴角上翘，可能是认同、满意或心情轻松；嘴角下撇可能是委屈、难过等。

4. 肢体动作

许多研究人员认为，我们也许能够停止有声谈话，但不能停止发出信息。人的肢体总会有意无意地发出一些信息。躯体动作可分为说明性动作和示意性动作两种，一种是与口头语言直接联系在一起的非口头行为，叫做说明性动作。例如，如果有人问你图书馆在哪儿，你在用口头语言告诉他的同时，很可能还会用手指一下。然而，并不是所有的姿势都伴随有口头语言。在一些场合，一个姿势可能会代替一个口头短语，这种姿势就叫做示意性动作，是同一个文化中的大多数成员能够清楚理解的动作，例如，别人和你打招呼，你用点头作为回应。

肢体动作可以表明谈话双方的关系性质。例如，地位的差别往往能够从肢体动作中反映出来，谈话中地位较高的一方一般显得比较放松，四肢的位置较随便，胸部略向前挺；相反，地位较低的一方倾向于保持相当拘谨的姿势，身体挺直，双脚并拢，并且脚掌全部接触地面，两臂紧靠躯干。互相喜欢的人在一起时身体可能向前倾，直接面向对方，并且身体姿势也比较放松。

5. 其他身体动作

在日常生活中，我们还经常通过头部运动、手势等发出一些信息。头部运动在一定程度上表现着人的情绪，头自然抬起，可能是愿意接受这样的交谈；头部挺直可能是愤怒或表现出对所谈事情的固执态度；头部下垂，可能是沮丧或失望；头部摇晃，可能是厌烦或不在乎。而在手势表达中，我们也可以推测快乐、悲伤、惊讶、愤怒等不同的情绪。有研究者认为，手势与言语的表达有着紧密联系，手势对解释、说明、强调语言起着重要作用。

（二）无声的静姿

静态无声的沟通行为主要包括静止无声的体态、人际空间距离、人际空间位置、沉默、副言语现象和可观察的生理反应等。

1. 静止无声的体态

在日常生活中，人们常常通过静止无声的体态来传递信息。例如，通过正襟危坐来表达对上级的尊重，用抱臂表示对自己的保护等。

2. 人际空间距离

除了人体可以用来传递信息之外，人与人之间的空间距离也可以作为沟通的一种手段。人类学家霍尔认为，在沟通时互动双方的空间由近及远可以分为亲密距离、个人距离、社交距离和公共距离四类，每种距离又有远近之分。

（1）人际空间距离及其使用：

1）亲密距离（0~45 厘米）。亲人、夫妻之间的沟通和交往距离。在此距离上的双方均可感受到对方的气味、呼吸、体温等私密性刺激。

2）个人距离（45~120 厘米）。朋友之间交往的距离。此时，人们说话温柔，可以感知大量的非言语信息。

3）社交距离（120~360 厘米）。彼此认识的人之间的交往距离。商业交往多发生在这个距离上。

4）公众距离（360~750 厘米）。在正式场合、演讲或其他公共场合沟通时的人际距离，此时沟通往往是单向的。

（2）人际空间距离的影响因素。由于亲密关系和人际距离密切相关，所以经常使用距离向另一个人传递信息。一般情况下，交往双方间隔的距离受下列因素的影响：

1）双方的亲密程度。这是主要的决定因素，通常是关系越亲密距离越近。

2）双方的文化背景。同样的关系在不同的文化背景下，人际沟通的距离往往会有所不同。

3）双方的社会地位。如果双方的社会地位有比较大的差别，人际距离就会大些，反之则会小些。

4）双方的性别。一般男性之间的距离会大些，女性之间的距离小些。

3. 人际空间位置

人与人之间的空间位置关系对沟通过程也会产生直接影响。心理学家泰勒等人发现，沟通情境中不同位置的作用是不同的，有些位置的影响力较大，有些位置的影响力较小。因此，交往双方的位置如何往往能够反映或影响双方的心理距离，比如，合作者、亲密朋友往往采用肩并肩的方位；协商的人往往选择面对面的方位。位置也会随文化背景和性别等不同而有所差异。比如，在很多情况下，女性喜欢与她喜欢的人并排而坐，而男性则倾向于与他喜欢的人面对面地坐。

4. 沉默

沉默现象虽然没有言语和身体动作的表达，但其中仍有信息传递。美国心理咨询专家卡瓦纳将由来访者引发的沉默划分出三种形式，即创造性沉默、自发性沉默和冲突性沉默。创造性沉默是信访人在会谈过程中，对自己所说的话、所体验到的感觉的一种沉默反应。这时的沉默是很有价值的时刻，信访工作者应该等待并继续关注对方，直到对方的行为告诉你可以继续。自发性沉默往往是信访人不知道接下来该说什么好。这时信访工作者应作出合适引导，这样的沉默时间越长越不好。冲突性沉默可能是因为害怕、失望、愤怒等心理冲突所引起的，面对这种沉默，信访工作者首先要表现出理解，洞察信访人的冲突所在，鼓励信访人将内心的想法和矛盾说出来。

5. 副言语现象

有声的非言语交流被称为副言语现象或次言语现象。副言语包括言语的音量、音调、节奏及流利水平。从信访人的副言语信息中，可以推断出信访人的态度及情绪变化。研究发现，讲话人表达活跃的感受，如生气、高兴，会用大音量、高声调、快速度；表达平和的情绪则会用相对平静的声音、低声调、慢速度。

6. 可观察的生理反应

信访工作中，信访人可能产生一些生理反应，如呼吸急促、出汗、脸色变化等。呼吸急促可能是所谈的事情激起了信访人不愉快的情绪体验，也可能是信访人产生了极为愤怒的情绪；信访人不是因热而大量出汗，可能是紧张，也可能是胆怯；信访人的脸色变化也会体现出他的心理感受，比如，羞愧会脸红，过分的害怕和紧张会脸色变白。信访工作者将信访人可观察的生理反应与其他几项非言语行为结合起来判断会更为准确。

四、非言语行为的特点

（一）主体的广泛性

使用非言语行为进行沟通是每个人都具备的能力，即使是那些感官存在缺陷不能正常使用语言进行沟通的人，也可以通过非言语行为表达自己的思想感情，因此，非言语行为具有广泛的主体。

（二）时间的连续性

如果仅仅通过言语行为来进行沟通，需要借助组成语言的各个分离部分，如单词、短语、句子等来完成，话一旦讲完了，沟通过程也就结束了。与言语行为这一间断性特点不同，非言语行为具有连续性特点，只要在彼此可感觉范围内，即便不说一句话，双方的服饰、体态、距离、表情等无时无刻不在连续不断地传递着各种信息。

（三）空间的自由性

由于言语信息的传递只有一个通道，但如果由于某些物理或社会环境的限制，如距离太远或需要保密，言语行为沟通就无法进行。而非言语行为沟通可以通过多种通道来进行，刚好弥补了言语行为沟通的上述不足。此外，在同一文化背景中，言语的含义相差不会太大，语词信号的意义相对稳定，难以根据特殊需要随时变化出意义。而非言语行为常常要放到整个沟通情境中才能够确定其含义。所以，沟通双方可以根据自己的需要变换非言语行为的意义，因而在许多特定情境中，人们主要通过非言语行为来实现信息交流。

（四）意义的可靠性

由于言语信息受理性意识的控制，这就带来了虚假的可能，因为经过理性加工后表达出来的言语往往不能表露一个人的真正意图。而非言语行为更多的是对外界刺激的直接反应，很难掩饰，所以更加真实。因此，当言语信息与非言语信息发生冲突时，人们更相信非言语行为所传递的信息。

五、几种常用的非语言信息

（一）手势语

手势语是指通过手、臂的动作表达的最典型的一种体态语，在交际中具有极高的使用频率。常见的手势语有如下几种。

（1）双手紧握：紧张、不安。

（2）不停地搓手：有所期待。

（3）拳头握紧指向天空：自信、骄傲。

（4）手指敲击桌面：烦躁、不满。

（5）挠头：尴尬、不安。

（6）双臂置于胸前：心有不满。

（7）说话后捂嘴：没把握或说谎话。

（8）双手倒背：悠闲、优越。

（9）握紧拳头：坚决、愤怒。

（10）手指指向对方：指责、批评。

（11）手指叩击腰带：胸有成竹。

（12）抹鼻子：猜疑、不信任。

（13）擦眼睛或捏耳朵：苦思、焦虑。

（二）目光语

目光语是人际间最能表达意思的非言语行为。如果与对方交谈时不看着对方的眼睛，对方可能会产生这样一个印象：他对我所说的话不感兴趣，或他根本就不喜欢我。

一般来说，目光注视对方前额，体现的是一种严肃的庄重；目光注视对方的双眼与嘴巴之间的三角区，体现的是一种亲和的态度；视线向下，体现的是胆怯、害羞或者有难言之隐；视线向上，体现的常常是沉思或高傲；目光转向别处，很可能是厌恶或拒绝。

（三）表情语

表情语是指通过面部表情来表达情感、传递信息的一种体态语言。有研究显示，人的面部表情有 25 万多种。可以说，非语言行为最丰富、最集中的地方就是面部表情。常见的表情语有如下几种。

（1）点头：同意。

（2）摇头：否定。

（3）昂头：骄傲、自豪。

（4）低头：沮丧、难过。

（5）侧首：不服。

（6）咬唇：坚决。

（7）撇嘴：蔑视、不爽。

（8）嘴巴上翘：礼貌性微笑。

（9）咬牙切齿：愤怒。

（10）眉毛微扬：感兴趣。

（11）眉毛微皱：严肃、思考。

（12）眉毛紧皱：愤怒。

（13）眼睛略闭：满意。

（14）双眼微眯：亲切。

（15）眼睛略睁：关注。

（16）睁大双眼：惊奇。

（17）目瞪口呆：惊讶。

（18）神色飞扬：得意、开心。

六、对信访人非言语行为的处理

在理解了信访人非言语行为潜在含义的基础上，对非言语行为的处理尤为重要。

（一）留意信访人言语行为和非言语行为间的差异和混淆

信访工作者观察信访人时，都会注意信访人言语行为与非语言行为是否一致，例如，当信访人说："我现在感觉好多啦！"而他的身体放松、面带微笑，此时信访人的言语行为和非言语行为是一致的。当信访人说："没事儿，你不用担心我，我不怕打官司。"而他却皱着眉头，很显然，他的言语行为与非言语行为是不协调的。

面对信访人言语行为与非言语行为之间的差异，信访工作者可以采用三种处理方式：第一种是用心记住信访人言语行为与非言语行为所传递信息之间的差异。第二种是向信访人描述这种差异，如，"你说你已经没有事了，但说话的时候却皱着眉头"等。第三种是直接询问信访人，"我注意到你在讲述时眉头紧皱，这是什么意思呢？"

（二）留意信访人沉默时的非言语行为

信访工作者知道信访人沉默时并不意味着什么都没有发生；而且沉默的具体含义有很大的文化差异：有的文化中沉默不是表示不想说，而是表示尊敬；有的文化中沉默则表示默认。因此，信访工作者要通过用心观察、向信访人描述或者直接询问信访人等方式来确认信访人沉默时非言语行为的含义。

（三）使用非言语行为改变交谈的中心

当出现下列情形时，信访工作者可以将注意力转移到非言语行为上来改变会谈的内容：一是，继续某一话题对信访人是无益的，如谈论令信访人感到气愤的解除劳动关系经济补偿事件；二是，信访人谈论了太多比较零乱的内容，信访工作者可以说："谈到现在，你只是讲述了你和丈夫感情破裂的具体情况。现在我想请你注意一下，你注意到在讲话时你做了些什么吗？"

学会解读非言语行为，不存在简单可行的方案。我们缺乏的主要是对非言语信息的敏感性以及有意识地注意非言语行为的习惯。在知道了非言语行为的实用性知识和可能性含义后，信访工作者必须通过实践和经验来获得对它的敏感性，并能在任何场合解读它。

七、对自身非言语行为的处理

信访工作者恰当处理自身的非言语行为对信访工作也是非常重要的，因为如果信访工作者表现出恰当的非言语行为，如讲话时看着信访人、身体姿势比较放松等，则有利于双方良好关系的建立。

除了恰当运用上面的非言语行为技巧外，信访工作者还应做到以下几点。

（一）保持对非言语行为的敏感

这主要是指信访工作者一方面要能恰当地使用自身的非言语行为，同时又要能及时觉察和恰当处理非言语行为。大部分人缺少的是敏感性，可以通过打开所有感觉通道的方式来增强对非言语行为的敏感性。例如，倾向于通过听觉通道加工信息的人，要学会密切注意视觉线索；习惯于通过视觉通道加工信息的人，要锻炼自己对听觉线索变得敏感。也就是说，信访工作者要对自己的感知特点保持关注，并在实践中加强练习，提高使用被自己闲置的感觉通道来捕捉信息的技能。作为信访工作者在倾听信访人诉说的同时，还要用双眼观察信访人的非言语行为反应，这样掌握的信息才能更加完整和正确，从而更有利于解决信访问题。

（二）保持自身言语行为与非言语行为的一致性

信访工作者保持自身言语行为与非言语行为的一致性，能够增强信访人对其信任，有助于信访关系的建立与发展。如果信访工作者对信访人说："我很想知道你准备怎样处理政府对你房屋强拆的问题。"而他的身体往后仰，两手交叉在胸前，这种不一致的现象对信访人的负面影响非常大。

（三）保持与信访人非言语行为的同步性

同步性是信访工作者与信访人之间非言语行为的和谐程度。在信访工作中，尤其是开始阶段，信访工作者与信访人的非言语行为之间保持和谐是很重要的，有助于培养良好氛围以及建立相互理解的关系。例如，信访人在谈话中可能会有所暂停，此时信访工作者点头，信访人接着就把他的话讲完，这种谈话过程的气氛始终是和谐的，因此，同步性并不意味着信访工作者要模仿信访人的每一个动作或声音。

总之，非言语行为在信访工作中起着十分重要的作用，甚至可以加强口头语言的力量，以提高信访效果。但是也应该看到，由于非言语行为的含义具有较大的不确定性，与信访人的身份、年龄、性别、社会文化背景等因素密切相关，因此，在使用中必须联系具体情况，恰当地使用非言语行为技巧。

第二节　询问技术

询问作为一种重要技术，它有着如下无可替代的功能：

一是了解更多信息，信访工作者可以通过提问了解更多有关信息；

二是明确关键信息，信访工作者通过对某些关键细节和关键问题的提问，能够了解更多关键信息；

三是确认信息，信访工作者向信访人求证自己听到和理解的信息，让信访人确认或纠正信息；

四是利用提问回到主题，处理信访问题可能不像解应用题那样从 A 点到 B 点，中间会有很多曲折，需要不时回到主题，利用提问可以巧妙地收放自如；

五是把谈话引向深入，利用提问可以承上启下，在总结之后可以利用提问逐渐接近实质性问题，不断深入；

六是利用提问进行面质，指出信访人前后不一致或相互矛盾之处，使得信访人能直面自己的问题。

一、问题的种类

（一）开放式问题与封闭式问题

1. 开放式提问常以"什么""为什么""能不能"等词开头

如"你如何看待信访工作者?""你为何要来信访?"这样的提问能让信访人对有关事件给予较详细反应，从而引出更多话题。这在交谈之初有利于我们深入了解信访人的内心世界，得到更多信息，以便后续准确判断信访问题的症结所在。值得注意的是，开放式提问应该建立在良好信访关系的基础上，没有良好的信访关系，这种提问就容易使对方产生敌对情绪。

2. 封闭式提问是限定了范围的一种提问方式

比如，“你感觉上次信访时接待你的同志态度怎么样？”“你现在最担心的就是这件事吗？”等这类提问，信访人只能用“是”“否”“对”“错”“好”“嗯”等词，或是用事实和数据作答。所以，当我们需要澄清事实明确主题的时候，就可以采用封闭式提问。

有人认为开放式提问比封闭式提问更好，主张尽量避免封闭式提问。其实这两种提问方式无所谓好坏，而是各有各的妙处。在信访谈话中，如果信访工作者善于运用，二者会相得益彰增强接访工作效果。不过，无论信访工作者使用哪种方式，都不能是连珠炮似的发问，让信访人没有思考的时间，也不能让人感觉是咄咄逼人的质问。

（二）澄清式问题

澄清式问题的作用是搜寻信息，并帮助信访工作者对信访人的用词或词组进行理解。例如：

“当你说……，你的意思是什么？”

“听起来你好像正在说……”

（三）详述性问题

详述性问题是一些开放式问题，这些问题能让信访人有机会扩展他们正在谈论的问题。例如：

“你愿意对此进行详尽说明吗？”

“你还有需要补充的吗？”

（四）具体细节问题

具体细节问题的作用在于收集有关信访人的问题和问题型技巧模式的具体信息。这些问题关注的是怎样、什么、何时以及何地等细节内容。

1.“怎样”类问题

例如：

“你现在是怎样想的，下一步你想怎么做？”

“怎样”类问题对于发现信访人的行为细节是非常有用的。

2.“什么”类问题

例如：

“发生了什么？”

“对这些问题你有什么感觉？”

“这样做会导致什么后果？”

3.“何时”类问题

例如：

“什么时候开始的？”

“法院判决多久了？”

4.“何地”类问题

例如：

“事发地在哪里？”

“与你解除劳动关系的企业在哪里？”

（五）引出个人意义的问题

信访人提供的信息对于他们而言，通常有个人或象征性意义。引出个人意义的问题应该是开放性的、试探性的。因为一般来说，信访人似乎应比其他任何人更知道答案是什么，但结果可能证明并非如此。

例如：

“我想知道……对你的意义是什么？”

“你怎样评价……”

“它为什么对你如此重要？”

（六）关于问题进展的提问

关于问题进展的提问要求信访人提供这样的信息：信访人曾经或正在作出多大程度的努力来解决他们的问题。

例如：

“迄今为止，你已经为这个问题做了什么？”

“你的选择是什么？”

“你如何能改变你的行为？”

二、使用提问技巧的步骤

（一）确定提问的目标

信访工作者要判断提问是否有助于信访，有效的提问不是为了满足自己的好奇心，而是为了让信访人从一个新的角度看待事物。对许多信访人来说，被问到一个好的问题就像是得到了新的能量一样。

（二）确定对信访人信息的了解程度

信访工作者要判断自己是否掌握了信访人足够信息，因而提问前的倾听是非常必要的。

（三）确定提问的类型

信访工作者要判断使用什么类型的提问才能更好地了解信访人的问题，从而解决他们的问题或是给予他们满意的答复。

（四）确定提问效果

需要说明的是，仅仅依据信访人回答的内容来判断提问是否有效是不够的，还要根据信访人回答问题的方式和所提问题对信访工作的促进程度来判断提问的效果。

下面介绍一个运用认知学习策略使用提问技巧的实例。

信访人：某建筑公司要拆迁我的老房子，除非给我令人满意的拆迁费，否则，我宁死也不搬走。现在他们没有经过我的同意，强行拆房，你们管不管？这还有王法吗？

信访工作者：

(1) 我提问的目标是什么？它是否有助于解决信访人的问题。

让信访人的思想集中在他关心的问题。

(2) 我能否预测出信访人的答案？

不能。

(3) 在既定目标下，我怎样组织问题才能使它们最为有效呢？

其中哪一个是……

你想讨论……吗？

(4) 我怎样才能知道我做的提问是否有效呢？

观察信访人的言语行为和非言语行为，以及关注双方后来的对话，同时也查看信访人是否把注意力集中在他特别关心的某个问题上。

假定信访工作者内心进行了上述自我对话结束后，他们开始了下面的实际对话：

信访工作者提问：你现在一定感觉情况比较难以处理。在你所提到的两件事情中（索要更多的拆迁费和处罚某建筑公司），你更想讨论哪个？

从信访人的言语行为和非言语行为中，信访工作者可以认为自己的问题是有效的，因为信访人已经集中于“索要更多的拆迁费”这一问题中，而不是像刚开始那样深陷几个重大问题而不知所措。

三、询问时需要注意的事项

（一）封闭型提问尽量不要连用

在信访工作中，通常的规则是，刚刚开始交谈的时候，可以先问一些封闭型问题，然后逐渐过渡到开放型问题。这样有助于形成比较自然的交谈气氛。当然，封闭型问题不能接连用太多，假如封闭型问题接连用了三、四次甚至更多次，很容易导致信访人产生反感，甚至产生敌对情绪，不利于信访关系的建立与发展。

（二）开放型提问尽量不要用“为什么”

“为什么”是典型的开放型问题。但是，在信访工作中对信访人问“为什么”，特别容易形成一种暗示，似乎信访工作者在责备信访人的行为、想法和情绪，这很容易让信访人产生逆反心理。并且，许多信访人尝试信访，本来就想弄清“为什么”，而信访工作者却对着他问“为什么”，这就很容易导致信访人烦躁。

那么，应该怎样问才比较合适呢？有两种方法可以代替“为什么”。

一种方法是问原因。比如，信访人说：“我不满意现存的耕地补贴制度。”信访工作者问：“你说你不满意，可以说说原因吗？”还有一种方法等同于问“为什么”，但又可以避免问“为什么”的一些负面效果，那就是将信访人的话重复一遍，结尾语音用升调：“你说你不满意?”

（三）善于运用积极暗示的语言来提问

信访工作者在提问的时候，应努力带着信访人进入一种积极心态的假设中。

比如，信访人在陈述情况时提到了自己非常不满意某建筑公司太过抠门，给的拆迁费太少，不能改善其较差的生活条件。信访工作者不能问：“你认为给你多点拆迁费就能改善你差的生活条件吗?”而应问：“你认为给你多点拆迁费就能改善你不太理想的生活状态吗?”

两种提问，意思一模一样，但是信访工作者的专业素养一下子就反映得清清楚楚。“理想的状态”相比较“条件差”，对人影响效果的区别相当明显。前者指出了一种模式和一种目标，容易帮助信访人形成积极的内心体验，后者只是聚焦了问题所在，定格了信访人的缺陷。信访工作就是要帮助信访人明确进取目标，并且一个人着眼于目标，远比看着缺陷更加容易改变自身。

（四）避免判断性提问，善用比较性提问

判断性提问往往用的是一个判断性陈述句，然后再加上一个无疑而问的句尾。比如，“这种想法是错误的，我认为应该……你说是不是?”这样的信访问题很难取得良好效果，因为其中的道理信访人多半都懂，根本无法触动信访人的原有意识，也就无法使信访人发生真正改变。而使用比较性提问则产生的效果完全不一样，比如：“你认为恨一个人和恨一个人做的事有区别吗?”

（五）要根据不同需要采用不同类型的提问

在信访工作中，一般信访工作者不会为提问而提问，提问都是有目的的。

作为一个经验丰富的信访工作者应该灵活根据信访人的交谈选择不同类型的提问，这样才能了解信访人更多的信息，更好帮助信访人解决问题和困惑。

第三节 具体化技术

一、具体化技术的含义

提到“具体化”这个词，人们马上会想到要寻找具体的事物。而在信访工作中，具体化的含义不止于此。具体化在信访工作中是指信访工作者协助信访人清楚准确地表述他们的观念、所用概念、所体验到的情感以及所经历的事件。找出事物的特殊性和事物的具体细节，使重要具体的事物及情感得以澄清。因为在信访实践中，不少信访人在信访工作中所诉说的思想、情感、事件常常是模糊、混乱、矛盾和不合理的，这些常常是引起信访人困惑的重要原因之一，同时也使得简单问题变得越来越复杂。信访工作者借助于具体化这一特质，澄清信访人所表述的模糊不清的观念及问题，把握真实情况。同时，使信访人弄清自己的所思所感。没有具体化这一步，信访工作者就难以有针对性地开展工作，因为把握的信息很可能是模糊和错误的。

二、具体化技术的主要作用

（一）能明确对方所用词句的确切含义

在信访实践中，往往会发现对于同一个词句，不同人有不同解释。当然，对待同样的事物，不同人的看法或做法更是大相径庭。最好的办法是及时、直截了当地问对方：“你所说的……是指什么意思?”这种提问不仅免去了你的猜测之苦，也有助于进一步了解对方。

（二）纠正信访人以偏概全的思维方式

引起信访人心理困扰的另一个原因是过分概括化，即以偏概全的思维方式。比如，把对个别事件的意见上升为一般性结论；把对事的看法发展到对人；把偶尔演变为经常；把过去扩大到现在和未来……这都需要予以澄清。因为用这样的眼光和态度去看待周围的人和事物，就会使矛盾扩大化，让问题复杂化。不少信访人所面临的问题往往都有这样一个循环过程。

三、具体化技术的使用时机

在信访工作中，许多人对自己的思想、情感、事件的认识常常是模糊、混乱和不合理的，信访工作者可采用具体化技术加以澄清，从而给予他们一定帮助，主要包括以下三种情况。

（一）问题模糊

有些人谈及自己的问题时往往用一些含糊普遍的字眼，比如，“我烦死了”“太讨厌了”。遇到这种情况，信访工作者就要想方设法使这些模糊的情绪、想法清晰起来，让信访人将自己的问题表述清楚。有些信访人经过信访工作者的具体化，问题就可能变得无足轻重了。

以下举例说明。

信访人：我最近总是感到苦闷。

信访工作者：你能不能告诉我，为什么会有这种感觉呢？

信访人：村里分田以后，我就一直感到苦闷，为什么是老李家分到的地比我家多很多呢？太不公平啦！

信访工作者：这的确让人感觉很烦恼。我想也许我们应该深入谈一谈，你愿意谈一下具体的情形吗？

（二）过分概括

在信访工作中，有些信访人会用以点概面、以偏概全的思维方式看待自己遇到的难题，这也是引起信访人困扰的另一个原因。比如，很多人把偶发事件当成必然，把一时一地的情况当成是普遍情况，这就需要用具体化技术来澄清。

以下举例说明。

信访人：法院都被有钱有势的人收买了，太不公平了，难道我妻子就这样冤死吗？

信访工作者：法院有基层人民法院、中级人民法院、高级人民法院和最高人民法院，你说的是哪个？

信访人：基层人民法院。

信访工作者：其他法院呢？你证实了吗？或许其他法院非常公平。

信访人：没有去其他法院，肯定是所有法院都与有钱有权人勾结在一起，没有一个是不公平的。

信访工作者：其实你并没有证据证实事实就像你所说的那样，法院肯定是公正的。

在上述案例中，信访工作者通过使用具体化技术，纠正了信访人自己的片面认识，从而更客观地看待自己的问题。

（三）概念不清

同一句话、同一个概念、同一个词语，在不同人心中有不同的含义。许多信访人的问题可能来源于他们对某些概念的误解，当信访工作者向其讲清有关基本概念之后，不少信访人的问题会自然缓解。

同样，信访工作者对信访人的反应也要有针对性，不要使用过于含糊不清、大而空的词语。

以下举例说明。

“我觉得你太偏激。”

“你是个悲观主义者。”

“你是个乐观主义者。”

因为信访工作者对信访人会产生很大的影响，有暗示、强化、评判的作用，特别是对有权威主义倾向的信访工作者来说尤其如此。所以信访工作者的反应要谨慎，否则会使原来的问题更复杂。

总之，具体化技术比较易于掌握，一旦你感到混乱模糊，可以借助使用开放式询问来澄清问题。

以下举例说明。

“你的意思是……”

“你说你觉得……你能说得具体点吗？”

“你所说的……是指什么？”

当然，具体化并不是对每个事实和感受的细枝末节都要讨论到，这样只会使信访冗长烦琐，把握不了整体，从而让双方更加混乱。因此，在使用具体化时，一定是对重要问题聚焦，而不是去发掘问题的细枝末节。

第四节　突破阻抗技术

一、阻抗的内涵

美国心理学家布雷姆等人认为，任何个体从本性上都不能容忍选择的丧失，只要自主权受到威胁，个体就会产生拒绝和反抗的动机和行为。在这种情况下，个体会反其道而行之来维护自己的选择。他将这种为维护自身自主权而引发的反抗行为称为阻抗。多德对阻抗的定义进行了扩展，提出阻抗还应包括人固有的警惕水平、对自主权丧失高度的敏感性、因人而异的动机特质等人际和心理动力因素。

二、阻抗的表现形式

（一）沉默

沉默是最容易识别，也是最常见的阻抗。沉默意味着信访人在意识和潜意识的层面都不愿意与信访工作者交流思想和感情，信访人可能会觉察到他的不愿意，或仅仅感觉头脑空白。

（二）寡言

寡言不是在字面上的沉默，而是意识到他没有想谈话的欲望，或者没有任何事情可说。

（三）赘言

赘言表现为信访人在信访接待过程中滔滔不绝的讲话。在积极回答信访工作者提问的表面背后隐藏了某种潜在动机，如减少信访工作者讲话的机会、回避某些核心问题、转移注意力等。

（四）归因于别人

这种阻抗形式主要表现在深入的信访工作中。许多带着烦恼的信访人常常诉说，引起他们烦恼的原因来自客观环境，或者是上级领导、丈夫或妻子，使他们陷于苦恼的责任全在别人。按照他们的想法，只有别人的态度和客观处境改变才能使他们的烦恼得以解除。但是，如果深入了解，便可知道在大多数信访人中，其烦恼的主要原因都来自他们自己。

我们都知道，一般信访人都是自认为有很大的冤情或是不满，抑或是走投无路，很少存有沉默、寡言的信访人，因此阻抗主要表现为后两种。

三、解决阻抗的可行性方法

在信访工作中，如何克服阻抗至今还是一个艰难的工作。有研究者指出，用以下方法在一定程度上可有效克服信访人的阻抗。

（一）良好信访关系的建立

信访工作者一开始就应和信访人建立良好的信访关系，在相互尊重的基础上，与信访人一起讨论信访问题，倾听信访人的意见，尽量达成共同的期望目标。这可以使信访工作中可能出现的阻抗强度大为降低，同时也有利于与信访人形成工作联盟，更好地解决信访问题。

（二）信访工作者要主动接纳和理解阻抗

信访工作者往往希望信访人改变应对方式，而信访人原本的方式在他们看来是可控的，感觉很安全并能获得成功的。因此，从他们的角度，似乎信访工作者要求信访人背离了他们最大的利益，这样不可避免地会出现阻抗。信访工作者对阻抗不必戒备，应该认识到阻抗是深入信访工作的伴随现象，是信访人在面临改变的可能时所表现出来的自然反应，要接纳和理解阻抗。信访工作者要了解阻抗的产生原因和表现形式，以便在阻抗真正出现时能及时发现并进行处理，信访工作者就必须进入信访人的参照系中，理解阻抗所传达的信息，这样才能处理阻抗，而且对信访工作本身也有很大促进。

（三）正确进行判断

信访工作者的正确判断有助于减少信访人阻抗的产生。信访人最初所谈及的问题可能仅仅是表层的问题，信访工作者若能及时地把握其深层的问题，将有助于信访工作的顺利进行。作为信访工作者要善于弄清信访人的不信任与阻抗的区别，还要善于弄清信访人的暴躁、退缩等人格特征与阻抗的区别，从而进行正确的阻抗诊断。

（四）以真诚的态度应对阻抗

在信访工作中，一旦确认信访人出现了阻抗，信访工作者应把这种信息反馈给信访人。反馈时，要从帮助信访人的角度出发，并以与对方共同探讨问题的态度向对方提出信访人的阻抗，不能把信访人的阻抗当成故意制造事端来对待。在这个过程中，充分发挥信访工作者的同理心，相信信访人并不是故意同信访工作者作对，而是信访工作中出现的正常现象，以便更好地帮助信访人。

（五）信访人积极性的调动

应对阻抗的主要目的在于解释阻抗和了解阻抗产生的原因，以便最终超越和破解阻抗，使信访取得实质性进展。关键是要调动信访人的积极性，使他能与信访工作者一同寻找阻抗的来源。如果能够调动信访人的积极性，发挥他的主观能动性，同信访工作者一起积极应对，找到阻抗产生的原因，则可以使阻抗成为解决问题的契机而不是障碍。

（六）适当技术的运用

1. 结构化技术

信访工作者在信访的开始阶段，向信访人说明、解释、交代有关双方在信访工作中的一些约定。当信访人对信访工作有更好的了解，他们更会将信访视为解决问题的有效方式，对信访的价值有更深入理解，阻抗可能会减少。让信访人提前知道信访的困难，并做好相关准备，这样可以减少信访人的疑惑与不切实际的期望，减少焦虑。

2. 立即性技术

当信访工作者意识到信访人出现阻抗行为时，以立即、直接、开放的方式与信访人进行讨论，或让信访人知道讨论阻抗本身，而不是更深入地探究其背后的冲突或焦虑。

3. 解释

信访工作者依据某一理论构架或个人经验，对信访人的问题、困扰作出合理化说明。

4. 探询

在信访人觉得困难处退一步，请信访人真心表达他们认为坦白谈论困难的原因。

（七）把阻抗的解除与共情的处理结合起来

有意识的直接阻抗容易克服，而间接的阻抗常以共情的方式表现。阻抗的解除还必须与移情的处理结合起来进行。

移情有正移情和负移情之分，正移情是指信访人把信访工作者当作以往生活中某个重要人物，他们逐渐对信访工作者产生了浓厚的兴趣和强烈的感情，表现出十分友好、敬仰、爱慕，甚至对异性信访工作者表现出性爱的成分，对信访工作者十分依恋、顺从。负移情是指信访人感到信访工作者像自己不喜欢的某个人，产生消极的情绪体验，把信访工作者视为过去某个给他带来挫折、不快、痛苦或压抑情绪的对象。在信访工作中，原有的情绪转移到了信访工作者身上，从而在行动上表现出不满、拒绝、敌对、被动、抵抗、不配合等消极情绪。

负移情是阻抗的表现形式之一。只有在妥善处理好负移情以后，才能最后破除阻抗，从而解决信访问题。怎样处理负移情也是很有讲究的，比较有效的处理负移情的方法是进行负移情的分析，也就是要“不断发现负移情，认识负移情，解决负移情”。负移情处理包括不断的自我觉察与了解、运用专属能力、自我接纳、克制与暂时搁置、接受监督等方式。

阻抗是妨碍信访顺利进行的重要现象。信访的过程就是冲破阻抗的过程，信访过程中存在着阻抗与反阻抗的较量，由于阻抗自身的复杂性，要有效地解决信访人的阻抗，必须进行不断实践与总结。

第五节　自我表露技术

一、自我表露的定义

自我表露这个术语是由美国人本主义心理学家西尼·朱拉德在 1958 年提出来的。近几年来，国内有学者将自我表露界定为个体与他人交往时，自愿地在他人面前将自己内心的感觉和信息真实地表现出来的过程。这一概念强调了存在交往的双方关系，如日常关系、心理咨询中的咨访关系、信访关系等；体现了个体表达自身感受和信息的主观意愿；强调了表达是真实的。

二、自我表露的功效

信访工作者的自我表露包括两方面的内容，一方面是信访工作者向信访人表明自己对信访人言行问题的体验；另一方面是告诉信访人自己过去的一些有关情绪体验及经历经验。

在信访过程中，信访工作者的自我表露具有十分重要的意义，具体表现在以下三个方面。

（一）信访工作者的自我表露有助于建立良好的信访关系

自我表露是人际关系中亲密性的一种表现形式。如果交往的一方或双方有很大保留，不愿向对方表露个人化信息，那么双方的关系必然会疏远和冷淡。有研究显示，与只表露个人正面信息的信访工作者相比，在信访工作中适当地表露负面信息的信访工作者更有吸引力，更容易激发信访人参与谈话的兴趣，双方更容易建立共情、温暖和信任的信访关系。

（二）信访工作者的自我表露引发信访人的自我表露

研究发现，信访工作者的表露与信访人的表露之间存在显著相关性，信访工作者的自我表露行为可以使信访人的自我表露行为增多。可见，信访工作者言语性的自我表露行为具有开辟信访交流渠道的功效。从某种角度来说，信访工作者的自我表露对信访人的自我表露具有强化作用，可以鼓励并促进信访人表现出更多同样的行为。

（三）信访工作者的自我表露具有疏导功能

信访工作者的自我表露对于信访人而言是一种挑战，因为在信访工作者与信访人分享个人克服困难、解决问题的过程中，常常蕴含着间接进行挑战的内涵，那就是“你也能做到这一点”。这有助于信访人挖掘潜力，克服障碍。

三、自我表露的技巧

人际交往中自我表露的重要性已经被广泛认同，问题的关键是信访工作者的自我表露是不是越多越好？什么时候自我表露？自我表露到何种水平？这些都是值得信访工作者思考的重要问题。

（一）信访工作者运用自我表露的时机

信访工作者自我表露的时机非常重要，既不宜早也不宜迟。如果信访工作者的自我表露过早，信访工作者在双方尚未建立开诚布公的信访关系以前就自我表露过多，不仅会吓退信访人，还可能使信访人对信访工作者产生怀疑；反之，如果信访工作者的自我表露过迟，错过了自我表露时机，又会影响信访关系的深化和发展，阻碍信访进程。因此，适时性是信访工作者使其自我表露发挥建设性功能的基础性因素。

有学者总结出信访工作者运用自我表露的几种情境，包括为了创造一种更为平等的关系，为了传递关心，为了鼓励信访人更为开放地自我表露，为了承认信访关系是一种完全人性化接触，为了证实信访人的经历以及为了通过个人的例子来解释主要观点等。

（二）信访工作者自我表露的标准

需要特别指出的是，信访工作者的自我表露并不是越多越好。也就是说，信访工作者的自我表露与信访效果之间并非线性增长，无论自我表露的次数还是自我表露的内容和深度都必须与信访关系的发展相匹配，与信访进程和需要相适合。信访工作者衡量自己的自我表露是否适当，可以通过思考以下这些问题作为标准。

（1）我希望自我表露达到什么目的？

（2）要达到同样的目的，除了自我表露还有其他的办法吗？

（3）如果不分享自己，会有什么不利之处？

（4）我企图通过自我表露满足自己需要的程度如何？

（5）选择现在这个时机进行自我表露合适吗？

（6）我怎样说这件事情才是最简明合适的方式？

（7）信访人将怎样把我与他分享的东西内化为自己的东西呢？

（8）在自我表露之后，我怎样将焦点移回到信访人身上？

从以上问题可以看出，信访工作者要确保自我表露是适当的，唯一的标准就是要有助于帮助信访人解决问题。

（三）信访工作者自我表露的训练

信访工作者的自我表露不仅影响信访人的自我表露，而且最终决定信访进程和效果，是信访工作者必须掌握的重要技巧，是信访工作者必备的能力或品质。

1. 要以信任和开诚布公的专业关系为基础

信访工作者自我表露技巧的运用不是孤立的，而是建立在理解、共情和真诚的信访关系基础之上，此时信访工作者的自我表露才是可信的，对于信访人也具有示范作用。

2. 要有选择地自我表露与信访问题有关的内容

信访工作者的自我表露要有选择性，虽然自我表露的内容可能涉及自己过去的烦恼，但通常是以成功的面对挑战为结局，如果不加选择地只顾表露自己的痛苦与失败，则无益于信访人。

3. 要简洁明了并进一步把关注点引回到信访人身上

信访工作者始终要记得以信访人为中心。信访工作者要绝对避免把自己作为信访工作的中心议题，无论为了炫耀自己还是沉迷于过去的自我表露都是不恰当的。在简明扼要地自我表露以后，提出开放性问题将话题重新转移到信访人身上，引发信访人更加深入的自我表露才是目的，在整个信访工作中不应该转移关注的焦点。

4. 要注意自我表露适当

信访工作者的自我表露适当性是关键。信访工作者作为一个真实的人与信访人建立信访关系，倘若一味表现强势或是以权威自居，势必使信访人感到疏远和冷漠。如果信访工作者的自我表露过于频繁、冗长、繁杂，或者表露的内容过多、过深，也是不可取的，不仅使信访人感到虚情假意无法产生信任，还必然导致信访工作偏离帮助信访人的中心。

5. 要重视非言语自我表露行为

事实上，在信访工作中，无论透过目光表情、举手投足，还是经由语音语调、坐姿体态，信访工作者无时无刻不在进行非言语自我表露行为。很显然，信访工作者的非言语自我表露行为比言语自我表露行为更难以控制。

四、自我表露的步骤

第一步，信访工作者评估此时使用自我表露是为了信访人利益，而不是为了自身利益。下面有一系列提问用来帮助信访工作者思考使用自我表露技术的益处和危害。

（1）自我表露会把焦点从信访人身上拉开吗？

（2）自我表露会使信访人关注于我的需要或者被我的脆弱之处吓到吗？

（3）我的自我表露是否会使信访人担心我帮助他的能力？

（4）这种自我表露会增加还是损坏我们的情感协调？

(5) 自我表露会有助于信访人感到更多希望并减少孤单感，还是可能会使信访人更失去信心？

第二步，信访工作者评估自己对信访人是否足够了解，以确定这名信访人是否能够利用信访工作者的自我表露来增进自己的领悟并采取行动。

第三步，信访工作者评估自我表露的时机。注意自己得到怎样的线索，提示信访人是准备好接受信访工作者的自我表露还是会因此感到困惑和沮丧。

第四步，信访工作者及时评估自我表露的有效性，可以通过释义和情感反映，观察信访人是接受了自我表露反应还是变得更加封闭。如果信访人似乎对自我表露感到不舒服，或者并不认为你表露的内容与他自身处境有相似之处，最好不要进一步作出自我表露。

下面的例子介绍了信访工作者如何使用认知学习策略进行自我表露。

信访人：我已经 60 多岁啦，无儿无女，渐渐失去了生活能力，年纪越大越觉得孤独，政府也不管我们，把我安排在养老院也好啊！哎呀，活着真没什么意思。

信访工作者（内心对话过程）：

(1) 我现在要进行自我表露的原因是什么？

我现在进行自我表露的原因，是为这名沮丧的信访人注入希望。这与他感到自己很孤独、对政府很失望的表述有关。

(2) 对于这个信访人及其问题的性质我了解多少？能否有效利用自我表露？

这个人没有什么严重的精神病或其他严重疾病，我将使我的表述简洁，并使关注焦点回到信访人身上。

(3) 我如何知道使用自我表露的时机是否恰当？

时机看起来还可以，因为信访人似乎非常沮丧，并沉浸在失望与孤独中。

(4) 我将如何知道我的自我表露是否有效？

我在自我表露之后会将焦点回到信访人身上，并留意他对于自我表露的反应。

信访工作者自我表露：老张，我也年纪一大把啦！还为单位工作这么多年呢，我非常能理解你的感受，我自己现在虽然还在任职，但是也感觉很孤独，觉得上级不能尽职尽责，没有很好地解决我的问题，可是现在我也想开了，我们的困难能够解决，只是早晚而已。我的经验对你来说能有什么帮助吗？

信访人：哦，我很惊讶像这样的事情也会发生在你身上？你可是国家干部啊，不过你好像挺想得开的！我想，如果这也会发生在像你一样的人身上，也许上级会为我们着想，尽快解决我们的问题。

在这个情境中，自我表露是有效的，因为信访人的反应看起来支持了信访工作者的想法，信访工作者为信访人带来了希望和使他走出沮丧。

信访工作者的个人问题与工作问题相互交叉的最明显之处在于信访工作中信访工作者自我表露的程度。如果信访工作者的自我表露运用不恰当，不仅使信访人对信访工作者的能力产生怀疑，更为严重的是会导致信访焦点偏离信访人，使信访人产生被忽视感，甚至会引起信访人的敌对情绪。信访工作者的自我表露是信访工作中必然发生的，如何有效利用并使之发挥积极作用是信访工作者要学习掌握的重要技巧。

第六节　面质的技巧

面质又称对峙、对质、质询、正视现实等，是指信访工作者指出信访人思想、行为、情感等方面存在的矛盾。面质不是信访工作者对信访人某种公开或潜在的对立、敌意和攻击，也不是信访工作者简单地告知信访人身上有哪些过错，表达自己正确的观点。

面质的目的是信访工作者协助信访人对自己的思想、行为、情感及所处的境况做深入了解，澄清各种混乱不清、自相矛盾、实质各异的言行和感受，促使信访人放下自己有意无意的防卫心理，面对真实自我，面对现实，采取有建设性的行为。

一、面质的使用时机

（一）面质不一致的信息

1. 信访人言行不一致

信访人思想、感受与其实际行动之间存在差异时，信访工作者可尝试使用面质技术。例如，一个非常讨厌不公正现象的人，却常常对社会上的不公正现象漠不关心，甚至还暗暗支持这种勾当。在遇到这种情况时，信访工作者可以这样表达面质：

“你说你反感社会上的不公正现象，但是作为一位人民公仆，你并没有打击这些不公正现象，甚至还暗暗支持。”

2. 理想与现实不一致

在信访人希望成为的自我与现实的自我不一致时，信访工作者也可以使用面质技术。有些信访人把他们自己所希望的自我当作真实的自我，而没有注意到他们自己的实际情况。例如，一位能力平平的村干部，坚持认为自己才华出众，一心希望上面的领导能提拔他，可是多年过去他却一直只是位小村干部，他认为非常不公平，跑去信访。遇到这类情况，信访工作者应该说明人的能力的局限性与理想之间的矛盾，以适当的方式使对方自己认识到这一点。如可以这样表达：

“你说你才华出众，可你在村里的表现平平，这怎么解释呢？”

3. 前后言语不一致

信访人前后叙述的事实有出入时，信访工作者也可以使用面质技术。例如，有信访人因为房子拆迁纠纷前来信访，他第一次来信访时说房产公司不给拆迁费，坚决不让拆迁，可第二次信访时却又说给的拆迁费太少才不愿拆迁。遇到这种情况，信访工作者也可以这样表达：

“你上次说不给拆迁费才不拆的，可这次又说给的拆迁费太少，这是怎么回事儿呢？”

4. 信访意见不一致

当信访工作者对信访人的评价与信访人的自我评价不一致，也可以使用面质技术。有信访人认为自己很冤枉，不受重视，而客观情况并非这样，信访工作者可以这样表达：

“你说你自己很冤枉，可我觉得你并不冤枉啊。”

（二）面质对现实可能的扭曲

在信访谈话时，信访人可能作如下表达：

“他们都勾结起来故意为难我。”

“因为建筑工地的安全措施不完善，我不幸失去了我的丈夫，他们要负全责。”

“做人难，做一个好人更难。”

所有上述表达可能都是不现实的感知的例子，它们对信访人是有害的，没有任何帮助。信访人的感觉并非总是准确的。有时，信访工作者需要直接面质这种感觉，或是帮助信访人检查自己的感觉。信访人经常在证据不充分的时候作出结论（“他们都故意为难我”），或者使用“非黑即白”的思维（“我是完美的或是一无是处”）。信访工作者需要面质他们对现实可能的扭曲，一种有效的模式是“你说……，但证据在哪儿呢？”

（三）面质被忽视的力量

虽然给信访人提供安全感和空间，让他们去谈论自己行为中不满意的地方是有用的，但是这也可能使谈话过度集中于不满意行为。有些信访人可以从认识自身的力量中获益，并因此而获得一个更为平衡的自我形象。信访工作者对信访人的提问应超越如“证据在哪儿”以及“有没有其他的途径来看待这个问题”这样的方式，使提问聚焦于行为的积极方面。例如，“在这种情况下，有没有什么让人感到满意的方面?”要鼓励信访人关注事情的积极方面。有时，信访人过于关注消极方面，而没有充分接触到自己处理当前情况时所拥有的力量。此外，信访人可能也倾向于过度用消极方式感知事物和自身。如果能检查和改变这些观念，信访人就能对自己和他人更为友善。

二、有效面质的四个步骤

第一步，通过对信访人的观察，找出他所表现出来的矛盾的类型。

第二步，进行一系列的评估。评估面质的目的，确定是因为信访人需要被挑战，而不是由于信访工作者自己需要被他人挑战；评估信访关系是否足够安全，使得信访人能够从面质中受益；评估根据信访人的种族、民族、性别和年龄，使用面质是否适当。

第三步，总结矛盾中的不同元素。用陈述句将冲突的各部分内容联系起来，一个比较好的总结表达：“一方面，你……另一方面，你……”在这里，是通过使用“一方面”和“另一方面”把两个部分连结在一起的，这种方式有助于信访工作者以描述性而非评价性的方式面质。信访工作者在使用面质技巧时，语调和非言语行为要传达出对信访人的关心。

第四步，评估面质反应的效果。当信访人承认存在矛盾、冲突或不和谐时，说明面质反应取得了初步效果。然而，要留意的是，面质取得的效果可能不是立即发生的。同时，关注信访人可能变得更为防御的迹象。如果面质没有被很好地接受，信访人可能会掩盖外显的消极反应。

下面是一个信访工作者使用认知学习策略来进行面质反应的例子。

信访人（说话快速、声音强硬）：某建筑公司因为施工要拆迁我们家的房子，我也知道这是发展趋势，无法阻挡，但是我们家只有这个房子，这是我们家的命根子，如果拆迁了，我们该怎么办啊？

信访工作者（内部认知对话过程）：

（1）在与信访人交流的过程中，我看到、听到和掌握的目的冲突或混合信息有哪些？

矛盾存在于两个言语信息之间以及言语与行为之间：信访人知道拆迁老房子是城市发展趋势，但是因为房子是他们的命根子，所以他们不想拆迁。

（2）我对这位信访人进行面质的目的是什么？此时面质对这个信访人有用吗？

我的目的是要指出，这位信访人觉得拆迁老房子是城市发展趋势与不想拆迁房子之间存在矛盾，并在面质的同时给予他支持。好像没有任何线索显示，此时使用面质反应会使他更具防御性。

（3）我怎样才能知道面质是否有效？

观察信访人反应，看他是否承认这种矛盾的存在。

假如这时信访工作者结束内心对话，并做了如下的实际对话：

信访工作者面质：一方面，你觉得拆迁老房子是城市发展趋势，另一方面，你又不想拆迁，因为那是你仅有的家，你怎样把这两者结合起来呢？

信访人反应：你说得对，我确实觉得拆迁老房子是城市发展趋势，迟早都是要拆的，这一切我都明白。可是，我就是不想拆迁，毕竟是我从小到大生活的地方，对这地方有着深厚感情。

从信访人承认存在矛盾冲突的反应中，信访工作者可以肯定面质反应是有用的，但是还需要对其矛盾冲突作进一步的讨论，以帮助信访人解决情感和行动中的矛盾冲突。

三、面质使用的注意事项

在信访工作中，妥善使用面质有利于信访向纵深发展，也有利于信访关系的建立与巩固。但是，信访工作者应该意识到，面质也有可能给信访带来危机，使信访人产生愤怒和敌对情绪或是抵触心理，伤害信访人的感情，甚至产生不良后果，所以在信访工作中使用面质要谨慎、妥当。具体要注意以下几点内容。

（一）面质要有事实根据

信访工作者要清楚信访人的症结所在，以事实为根据进行面质。面质的基础是事实，当事实不充分、不明显时，不宜采用面质技巧。

（二）面质技术要避免变成个人发泄

面质的目的是澄清问题，促进信访人认识到自身问题，不能变成信访工作者发泄情绪和攻击信访人的工具。比如，“你到底想怎样，你怎么出尔反尔！”“你一会说好，一会说不好，到底是怎样？”这样的面质是不合适的。

（三）要避免无情攻击

有些信访工作者不是在诚恳、理解和关怀的基础上应用面质技巧，而是把面质当成表现自己智慧和权势的机会，不考虑信访人的感情，使信访人无法招架，陷入痛苦。比如，“你自己认为自己是个好干部，可是每年你的考核都是最差的。”“国家在最困难、最需要大家出力的时候，你却打算做逃兵。”如此面质，像是法庭驳斥，而不是信访谈话。

（四）要以良好的信访关系为基础

面质以尊重信访人为前提，建立在良好的信访关系的基础上，否则面质就可能是无效的，甚至会导致信访关系破裂。因为很多面质所涉及的问题对信访人具有刺激性，容易造成信访人的心理压力，威胁信访人的心里安宁，进而导致危机出现。因此，在使用面质技巧之前，一定要确认信访关系已经具有相当坚实的基础。

（五）可用尝试性面质

一般来说，信访关系没有建立好，信访工作者应尽量避免使用面质。如果不得不用，可适当使用一些尝试性面质，在语气中增加一些询问性、不确定性的内容，比如，“我不知道我是不是误解了你的意思，你上次说……可这次你好像又说……不知哪一种情况更确切？”如果信访人愿意就此说明，当然更好；如果对方不愿意涉及，就不必追问下去，免得造成信访人难堪、惊慌，可以在适当时候再进行尝试。这样可使信访人有机会在无压力的情况下与信访工作者讨论自身问题。

第七节 表达的技巧

一般情况下，信访人诉说的内容可以分为两大部分，一部分是他所经历的某个事件的内容，即对事件的认知部分；另一部分是在这一过程中他的感受，即对事件的情绪部分。通常情况下，信访人都会处于负面情绪的困扰中，因而在其叙述内容的时候，难免会零乱繁多，抓不住重点，或是停留在事件的表面，看不清事件对自己的深层意义。这时就需要信访工作者将信访人叙述的关于该事件的情境、人物、想法等有关信息进行重新整理，并反馈给信访人，这一过程会明显涉及内容表达和情况表达。

以下举例说明。

信访人：我真是搞不清楚，我们村主任一会儿愿意给我分多点田地，一会儿又不同意。

信访工作者：他实在是把你弄糊涂了。

信访人：领导你听我说，我买这个房子当时花了很多的钱，装修也花了不少钱，家具都是实木的，现在说拆就给我拆了，虽然我是签了同意书的，但是你看，现在给我补偿的那么一点钱根本不够我的损失啊！况且我家有两个孩子，孩子结婚买房子要钱吧，我们两口子过日子也要钱吧，这点补偿款肯定不够。我喊了几个老邻居，他们都不来，一定都是被洗脑了。你瞧瞧，我这日子还怎么过？

信访工作者：嗯，我明白了。你是想反映你对拆迁补偿款不满，想要更多补偿，是吗？

一、内容表达

内容表达技术要求信访工作者有选择地注意信访人信息中的认知部分，并用自己的语言把信访人的主要思想表述出来。在进行重新整理时，信访工作者一定要注意选取信访人叙述中的关键想法进行内容表达，以便能够引起进一步的讨论，或增加对信访人信息认知部分的了解。在内容表达时，信访工作者也可以直接引用信访人的关键词句，但注意不要“鹦鹉学舌”。如果信访工作者仅仅选择信访人的话语进行重复，信访人对此作出的反应可能仅仅是“是的”或“对的”，并不想进一步详谈；或者信访人可能会由于信访工作者明显的模仿反应而感到自己被戏弄。

（一）内容表达的作用

内容表达是指信访工作者传递信息、提出建议、提供忠告、给予保证、进行褒贬和反馈等。在与信访人交谈时，信访工作者传递信息、提出建议、提供忠告都是十分必要的。特别是在信访工作中，内容表达尤为重要，其作用主要表现在以下几个方面。

1. 有助于让信访工作者确认自己对信访人的理解程度

由于内容表达时信访工作者要把自己对信访人的理解反馈回去，这样就可以通过信访人的反应来看自己是否理解了信访人的真正想法。

2. 有助于信访关系的建立

内容表达向信访人表明信访工作者一直在认真倾听其谈话，并在努力理解其思想，这一信息本身就表明了信访工作者对信访人的重视。如果信访工作者能够准确理解信访人，双方的关系会进一步深入。

3. 有助于让信访人的注意力更集中

内容表达时，信访工作者只是选取了信访人信息中的重要部分进行注意，这样就可以使信访人将注意力集中在重要的方面，更利于解决他们的问题。

4. 有助于帮助信访人再次审查自己的困扰

内容表达过程中信访工作者的反馈使信访人重新回顾自己刚才的陈述，这就给他提供了一个重新探索自己思想的机会，这样信访人就可以再次思考事件各要素之间的关系，深化自己对事件的认知。

（二）内容表达的步骤

1. 在心中重复或回忆信访人的信息

自问：他告诉了我些什么？

2. 辨别信访人信息中的认知部分

自问：在他的信息中存在什么样的情境、人物、事物或思想？

3. 选择适当的句式进行内容表达

内容表达可以由很多句式引出，要选择一种接近信访人所使用的感官词汇的句式。

4. 使用所选择的句式

用自己的语言将信访人的主要内容或概念表达出来，注意要尽量使自己的语调听起来像陈述句。自问：怎样将信访人的主要内容用自己的语言表述清楚？

5. 评估内容表达的效果

主要是通过倾听和观察信访人的反应来进行判断。如果内容表达是准确的，信访人会以某种方式（言语行为或非言语行为）来肯定其正确性和有效性。自问：如何知道自己的内容表达是准确的？

下面结合实例来说明信访工作者是怎样应用认知学习策略来进行内容表达。

信访人：我最近知道我们村某位干部贪污受贿，我要揭发他，但是我又不知道该从何说起，怎样才能揭发他呢？

信访工作者（内心对话过程）：

（1）信访人想告诉我什么？

他想揭发一名村干部贪污受贿，而又不知道如何才能成功揭发这位干部。

（2）信息的认知部分是什么——即信访人正在讨论的是什么情境、人物、事物或思想？

信访人想揭发某村干部贪污受贿，但是不知道怎样才能成功揭发。

（3）应使用什么合适的句式？

我应该使用这样的语句，如“你认为”“我听到你说”“它听起来好像”等。

（4）怎样将信访人的主要内容用我自己的语言表述？

“想揭发=为民除害”。

（5）如何知道我的内容表达是有用的？

注意观察信访人的反应是否在肯定它的准确性。

如果信访工作者的自我陈述到此为止，信访工作者和信访人进行了如下交流。

信访工作者的内容表达：听起来好像因为你还没有找到成功揭发村干部贪污受贿的办法，对吗？

信访人的回应：是的，我已决定了，但是我不知道从何说起，我怕连累到我的家人。

在这个例子中，信访工作者的内容表达鼓励了信访人进一步阐释了自己的主要问题。

总之，在使用这一技巧时，应注意：第一，防止内容表达技巧给信访交谈带来潜在危害，如信访人对建议和忠告不以为然，这会妨碍信访进行；第二，建议和忠告的话语要含蓄而委婉，例如，“如果我是你，我可能会……”；第三，提供的忠告和建议一般不宜太多，过多使用反而会适得其反。

二、情感表达

在谈话中，仅仅明确事件的具体信息与事实是不够的，由于情感表达是信访工作的关键因素之一，所以信访工作者还需要探察在某一事件中信访人的情感卷入程度，这一般是通过情感表达技巧来完成的。信访工作者的情感表达既可以针对信访人，如“我觉得你很真诚”；也可以针对自己，如“我很抱歉没有听清楚你刚才说的话”，抑或是针对其他事物，如“我喜欢与人友好相处”等。

（一）情感表达的作用

正确使用情感表达，既能体现信访工作者对信访人设身处地的关心，又能传达自己的感受，使信访人感受到一个活生生的信访工作者形象，了解信访工作者的价值观。同时，信访工作者这种开放的情绪分担方式为信访人作出了示范，可以促进信访人自我表达。信访工作者进行情感表达，其目的是为信访人服务，而不是为了自己的表达和宣泄。因此，信访工作者所表达的内容和方式应有助于信访工作的进行。

（二）情感表达的步骤

情感表达是一个较难掌握的技巧，一方面，因为情绪常常被忽略，另一方面，因为各种各样的情绪难以准确地区分和描述。情感表达共有五个步骤。

1. 注意倾听信访人信息中使用的情感词汇

心理学家认为可将情感词汇所表达的积极、消极或含混不清的情感归为五个类别：愤怒、恐惧、冲突、悲伤和幸福。

2. 注意观察信访人传递言语信息时的非言语行为

非言语行为线索是信访人情绪的主要和重要指标。当信访人的情感具有一定的隐蔽性或表达微妙时，观察非言语行为更加重要。

3. 确定交流中的情绪基调

选择情感词语是情感表达技巧能否奏效的关键一步。选择的情感词语不仅要在性质上与信访人的情感相符合，而且在强度上也要保持一致。否则，信访工作者低估情感强度，从而使信访人有被嘲弄的感觉；或者高估、夸张情感强度，从而使信访人觉得受到威胁。例如，信访人表示烦恼，可以用来替换的情感词语有困扰、激怒或烦扰等，而愤怒、疯狂和狂暴等词语要比较信访人的情感强度更强烈。

4. 用一个合适的句式开始进行情感表达

这个句式最好能与信访人所使用的情感词语相匹配。

与视觉相匹配的句式例子有：

“你表现得好像……”

“看起来你现在正……”

与听觉相匹配的句式例子有：

“听起来你似乎正在……”

“我听到你说你现在……”

与动觉相匹配的句式例子有：

“我能捕捉到你正在……”

“你现在感到……”

5. 评估情感表达是否有效

如果信访工作者准确地反映了信访人的情感，就会得到这样的回应：“是的，没错!”“是的，那正是我的感受!”等。如果信访工作者没有准确表达信访人的情感，一般信访人会予以否认。

下面介绍一个信访工作者使用认知学习策略进行情感表达的例子。

信访人：你不能想象当我发现村主任欺骗我贪污公款时，我的感受是怎样的。当时我的眼睛里都要冒火啦，现在我也被连累了，我要告他。

信访工作者（内心对话过程）：

（1）信访人用到了什么情感词语？

没有，除了暗示性的情感词语“眼睛都冒火了”“受不了”。

（2）信访人的声调和非言语行为暗示了什么样的感受？

生气、愤怒和敌意。

（3）选择什么样的情感词语能够准确地表达信访人的情绪程度？

生气、愤怒和敌意。

(4) 与信访人使用的情感词语相匹配的恰当句式是什么?

信访人使用了“想象”“眼睛冒火”等，相应的句式有“似乎是……”“看起来像……”等。

(5) 我怎样知道我作出的情感表达是否准确，对信访人是有帮助的?

注意观察和倾听信访人的反应，他是肯定还是否认自己发怒和敌意的情感。

信访工作者实际作出情感表达的例子。

信访工作者看起来你现在又气又恨，因为你发现村主任欺骗你贪污公款，而你是那么信任他。

假定在进行上述反应之后，信访人说:“是的，我的确很生气！但我不知道是否怀恨。”信访人对信访工作者作出的情感表达给予了一定的肯定，但仍暗示“怀恨”一词过于强烈了。

第八节　解释的技巧

一、解释的含义与种类

(一) 解释的含义

解释就是信访工作者依据某一理论构架或个人经验，对信访人的问题、困扰作出合理化说明，从而使得信访人能够从一个新的角度看待自己的问题。在信访工作中，信访工作者会发现信访人常常对自己的思想、情感和行为等方面的问题所产生的原因，或者是根本就不曾探索过，或者是只找到了一个自我损害的解释，并且被这一解释“套”住了挣脱不开，还有的陷入各种矛盾对立的混乱状态中理不出头绪。信访工作者如果适当使用解释技巧，提出自己对信访问题的看法，有助于扩展信访人的视野，从一个新的角度来看自己的问题，从而获得新的领悟。

信访工作者据以作出解释的依据可以是一般的人生观、价值观，也可以是自己的个人经验。对同一问题不同的信访工作者可能会从不同角度进行解释。于是，解释的有效性就与信访工作者的理论修养和创造性思维能力有直接关系。

解释有很强的影响力，但这取决于信访人是否接受这个解释，解释也是有风险的。首先，倾向于解释的信访工作者常常忽视信访人的主导地位，他们不能“跟着”，而是过多地思考、琢磨信访人，他们往往会走在信访人前面，急于寻找一个“理论套子”来“套住”信访人，这会妨碍信访工作的开展。其次，解释的失败率较高，而解释失败有可能损害信访人对信访工作者的信任，或感到信访工作者没有很好地理解其思想。解释失败的原因是多方面的，除了解释本身不合乎信访人的实际之外，解释的表达方式、解释的深度、信访人的理解能力等都可能成为导致失败的原因。

（二）解释的种类

在信访工作中哪些方面需要解释？这是仁者见仁的问题。斯匹尔格和希尔提到五种类型的解释，有助于我们了解在不同情形下作出不同解释。

1. 改变的障碍

解释的焦点在于信访人为什么选择信访。在信访工作中，对防卫或抵抗的解释通常是处理其他冲突的先决条件。

2. 自我省察

解释的焦点在于信访人怎样感知自己和他人，以及怎样与他人互动。这方面的领悟往往有助于信访人明确他们在感知上的失误，这种失误又导致他们在自我评价和人际关系上的问题。

3. 感受的觉察

解释的焦点在于信访人没有觉察到的感受。经典精神分析时代，解释主要集中于信访人何以会有这样的感受；现阶段，解释主要强调帮助信访人有更多的体验性觉察（他/她正在感受什么）。

4. 无意识成分的澄清

解释的焦点在于无意识的冲动或冲突，包括共情。这有助于信访人认识当前关系中的扭曲，并更好地了解这些冲突是怎样在行动、感受和思想中表现出来。

5. 压力性质的生活事件

解释的焦点在于促进信访人对压力事件影响的觉察，有助于信访人更好地了解其处境，认识到哪些因素抑制了其承认压力事件的影响力。

当然，解释的层次也是一个值得斟酌的问题，好的解释只有被信访人接受才有效。因此，最好的解释可能是信访人的自我解释。把信访工作者心目中的解释设法转变成信访人“自我发现”的解释是一种理想的做法，这种做法能够有效降低直接解释的风险。

二、有效解释的步骤

首先，倾听并确定信访人信息中隐含的意思。

其次，确定信访工作者对问题的看法，信访工作者的参照框架不应与信访人的文化背景相冲突。

最后，检查解释的效果，可以通过观察信访人对解释技巧作出的言语行为反应和非言语行为反应进行判断。

下面给出一个信访工作者应用认知学习策略作出解释反应的例子。

信访人：我是县里的一个小公务员，最近，因为涉嫌经济问题而被判决，但是我不甘心，凭什么那些贪污受贿上千万的官员却能逍遥法外，这不公平，我不服判决。

信访工作者（内心的对话）：

（1）信访人信息中隐含的那些内容是什么？

除非是在其他贪污受贿上千万的官员也被判决的情况下，他才觉得公平，服从判决。

（2）我对这个问题的看法符合信访人的文化背景吗？

好像没有任何线索显示我对这个问题的看法与信访人的文化背景不相符合。

假设这时信访工作者的内心自我对话结束，接着进行如下对话。

信访工作者的解释：不知道我这样理解对不对，你内心似乎很想接受判决，但是你觉得不公平，因为还有很多贪污受贿上千万的官员在逍遥法外。

信访人（双唇张开，眼睛睁得大了些）：是的，我就是觉得不公平，凭什么是我啊？

从信访人的反应可以看出，解释是有效果的，信访工作者可以帮助信访人探讨他愤怒和不服判决的原因。

三、运用解释的注意事项

无论哪一种解释，在具体运用时信访工作者都要注意以下几点。

（一）解释要有的放矢

解释必须在充分了解信访人问题的基础上进行。信访工作者要了解问题的重点，在用自己的语言进行摘要陈述的基础上，加上自己的看法后进行解释。因此，解释的时机不宜过早，以免因为对信访人情况不完全了解，而出现解释错误或解释不准确，影响信访人对信访工作者的信任，使解释起不到应有的作用。

（二）解释要简明扼要

信访工作者在进行解释时要深入浅出，简明扼要，避免冗长和过多地使用官腔或术语。有的信访工作者在进行解释时，会自觉或不自觉地炫耀自己的能力，令信访人不明所以；有的信访工作者在解释时啰啰唆唆，反反复复。这些情况都不利于信访人对信访工作者解释的理解。

（三）解释要合情合理

解释要有真实性和合理性。信访工作者解释时要有事实基础，合乎信访人的实际情况，而且要合理，不可用偏激的解释，造成对信访人的伤害。有的信访工作者因对信访人的行为不接纳，于是就用一些恐吓性言语解释。例如，对一个成绩平平的村干部说："你这个问题太严重了，都干这么多年啦，还没有什么成绩，以后估计也就这样啦!"这个解释可能会加重信访人的自卑感和焦虑情绪。

（四）解释要留有余地

解释要尽量采取试探性的保留态度。信访工作者在解释时要尽量采取保留态度，给信访人留有思考、接受或拒绝的余地。信访工作者可以用"也许""可能""我想大概是"等词语来进行解释，这样信访人比较容易接纳。

事实上，对于信访工作者的解释，信访人有时会持抗拒态度，尤其是出现下列情况时，解释更要谨慎：一是信访人感到焦虑和紧张时，可能是由于信访工作者的解释不当，这时要暂时停顿，或以支持的方法稳定其信心；二是可能因为信访工作者解释不正确或是信访人为维护自尊而拒绝接受解释，这时信访工作者要改变解释的角度；三是信访人对信访工作者的解释漠不关心，这可能是信访工作者解释不恰当，也可能是信访人正在思考自己的问题，这时信访工作者应该放慢解释的速度，甚至可以以沉默的方式来引起信访人的注意。

总之，信访工作者要合理、灵活、富有创造性地应用解释技巧，在信访人能够接受的范围内，起到帮助信访人认清自己、剖析内心的作用。

附录一　信访工作条例

信访工作条例

（2022 年 1 月 24 日中共中央政治局会议审议批准
2022 年 2 月 25 日中共中央、国务院发布）

第一章　总　　则

第一条　为了坚持和加强党对信访工作的全面领导，做好新时代信访工作，保持党和政府同人民群众的密切联系，制定本条例。

第二条　本条例适用于各级党的机关、人大机关、行政机关、政协机关、监察机关、审判机关、检察机关以及群团组织、国有企事业单位等开展信访工作。

第三条　信访工作是党的群众工作的重要组成部分，是党和政府了解民情、集中民智、维护民利、凝聚民心的一项重要工作，是各级机关、单位及其领导干部、工作人员接受群众监督、改进工作作风的重要途径。

第四条　信访工作坚持以马克思列宁主义、毛泽东思想、邓小平理论、“三个代表”重要思想、科学发展观、习近平新时代中国特色社会主义思想为指导，贯彻落实习近平总书记关于加强和改进人民信访工作的重要思想，增强“四个意识”、坚定“四个自信”、做到“两个维护”，牢记为民解难、为党分忧的政治责任，坚守人民情怀，坚持底线思维、法治思维，服务党和国家工作大局，维护群众合法权益，化解信访突出问题，促进社会和谐稳定。

第五条　信访工作应当遵循下列原则：

（一）坚持党的全面领导。把党的领导贯彻到信访工作各方面和全过程，确保正确政治方向。

（二）坚持以人民为中心。践行党的群众路线，倾听群众呼声，关心群众疾苦，千方百计为群众排忧解难。

（三）坚持落实信访工作责任。党政同责、一岗双责，属地管理、分级负责，谁主管、谁负责。

（四）坚持依法按政策解决问题。将信访纳入法治化轨道，依法维护群众权益、规范信访秩序。

（五）坚持源头治理化解矛盾。多措并举、综合施策，着力点放在源头预防和前端化解，把可能引发信访问题的矛盾纠纷化解在基层、化解在萌芽状态。

第六条　各级机关、单位应当畅通信访渠道，做好信访工作，认真处理信访事项，倾听人民群众建议、意见和要求，接受人民群众监督，为人民群众服务。

第二章　信访工作体制

第七条　坚持和加强党对信访工作的全面领导，构建党委统一领导、政府组织落实、信访工作联席会议协调、信访部门推动、各方齐抓共管的信访工作格局。

第八条　党中央加强对信访工作的统一领导：

（一）强化政治引领，确立信访工作的政治方向和政治原则，严明政治纪律和政治规矩；

（二）制定信访工作方针政策，研究部署信访工作中事关党和国家工作大局、社会和谐稳定、群众权益保障的重大改革措施；

（三）领导建设一支对党忠诚可靠、恪守为民之责、善做群众工作的高素质专业化信访工作队伍，为信访工作提供组织保证。

第九条 地方党委领导本地区信访工作，贯彻落实党中央关于信访工作的方针政策和决策部署，执行上级党组织关于信访工作的部署要求，统筹信访工作责任体系构建，支持和督促下级党组织做好信访工作。

地方党委常委会应当定期听取信访工作汇报，分析形势，部署任务，研究重大事项，解决突出问题。

第十条 各级政府贯彻落实上级党委和政府以及本级党委关于信访工作的部署要求，科学民主决策、依法履行职责，组织各方力量加强矛盾纠纷排查化解，及时妥善处理信访事项，研究解决政策性、群体性信访突出问题和疑难复杂信访问题。

第十一条 中央信访工作联席会议在党中央、国务院领导下，负责全国信访工作的统筹协调、整体推进、督促落实，履行下列职责：

（一）研究分析全国信访形势，为中央决策提供参考；

（二）督促落实党中央关于信访工作的方针政策和决策部署；

（三）研究信访制度改革和信访法治化建设重大问题和事项；

（四）研究部署重点工作任务，协调指导解决具有普遍性的信访突出问题；

（五）领导组织信访工作责任制落实、督导考核等工作；

（六）指导地方各级信访工作联席会议工作；

（七）承担党中央、国务院交办的其他事项。

中央信访工作联席会议由党中央、国务院领导同志以及有关部门负责同志担任召集人，各成员单位负责同志参加。中央信访工作联席会议办公室设在国家信访局，承担联席会议的日常工作，督促检查联席会议议定事项的落实。

第十二条 中央信访工作联席会议根据工作需要召开全体会议或者工作会议。研究涉及信访工作改革发展的重大问题和重要信访事项的处理意见，应当及时向党中央、国务院请示报告。

中央信访工作联席会议各成员单位应当落实联席会议确定的工作任务和议定事项，及时报送落实情况；及时将本领域重大敏感信访问题提请联席会议研究。

第十三条 地方各级信访工作联席会议在本级党委和政府领导下，负责本地区信访工作的统筹协调、整体推进、督促落实，协调处理发生在本地区的重要信访问题，指导下级信访工作联席会议工作。联席会议召集人一般由党委和政府负责同志担任。

地方党委和政府应当根据信访工作形势任务，及时调整成员单位，健全规章制度，建立健全信访信息分析研判、重大信访问题协调处理、联合督查等工作机制，提升联席会议工作的科学化、制度化、规范化水平。

根据工作需要，乡镇党委和政府、街道党工委和办事处可以建立信访工作联席会议机制，或者明确党政联席会定期研究本地区信访工作，协调处理发生在本地区的重要信访问题。

第十四条 各级党委和政府信访部门是开展信访工作的专门机构，履行下列职责：

（一）受理、转送、交办信访事项；

（二）协调解决重要信访问题；

（三）督促检查重要信访事项的处理和落实；

（四）综合反映信访信息，分析研判信访形势，为党委和政府提供决策参考；

（五）指导本级其他机关、单位和下级的信访工作；

（六）提出改进工作、完善政策和追究责任的建议；

（七）承担本级党委和政府交办的其他事项。

各级党委和政府信访部门以外的其他机关、单位应当根据信访工作形势任务，明确负责信访工作的机构或者人员，参照党委和政府信访部门职责，明确相应的职责。

第十五条 各级党委和政府以外的其他机关、单位应当做好各自职责范围内的信访工作，按照规定及时受理办理信访事项，预防和化解政策性、群体性信访问题，加强对下级机关、单位信访工作的指导。

各级机关、单位应当拓宽社会力量参与信访工作的制度化渠道，发挥群团组织、社会组织和“两代表一委员”、社会工作者等作用，反映群众意见和要求，引导群众依法理性反映诉求、维护权益，推动矛盾纠纷及时有效化解。

乡镇党委和政府、街道党工委和办事处以及村（社区）“两委”应当全面发挥职能作用，坚持和发展新时代“枫桥经验”，积极协调处理化解发生在当地的信访事项和矛盾纠纷，努力做到小事不出村、大事不出镇、矛盾不上交。

第十六条 各级党委和政府应当加强信访部门建设，选优配强领导班子，配备与形势任务相适应的工作力量，建立健全信访督查专员制度，打造高素质专业化信访干部队伍。各级党委和政府信访部门主要负责同志应当由本级党委或者政府副秘书长［办公厅（室）副主任］兼任。

各级党校（行政学院）应当将信访工作作为党性教育内容纳入教学培训，加强干部教育培训。

各级机关、单位应当建立健全年轻干部和新录用干部到信访工作岗位锻炼制度。

各级党委和政府应当为信访工作提供必要的支持和保障，所需经费列入本级预算。

第三章 信访事项的提出和受理

第十七条 公民、法人或者其他组织可以采用信息网络、书信、电话、传真、走访等形式，向各级机关、单位反映情况，提出建议、意见或者投诉请求，有关机关、单位应当依规依法处理。

采用前款规定的形式，反映情况，提出建议、意见或者投诉请求的公民、法人或者其他组织，称信访人。

第十八条 各级机关、单位应当向社会公布网络信访渠道、通信地址、咨询投诉电话、信访接待的时间和地点、查询信访事项处理进展以及结果的方式等相关事项，在其信访接待场所或者网站公布与信访工作有关的党内法规和法律、法规、规章，信访事项的处理程序，以及其他为信访人提供便利的相关事项。

各级机关、单位领导干部应当阅办群众来信和网上信访、定期接待群众来访、定期下访，包案化解群众反映强烈的突出问题。

市、县级党委和政府应当建立和完善联合接访工作机制，根据工作需要组织有关机关、单位联合接待，一站式解决信访问题。

任何组织和个人不得打击报复信访人。

第十九条 信访人一般应当采用书面形式提出信访事项，并载明其姓名（名称）、住址和请求、事实、理由。对采用口头形式提出的信访事项，有关机关、单位应当如实记录。

信访人提出信访事项，应当客观真实，对其所提供材料内容的真实性负责，不得捏造、歪曲事实，不得诬告、陷害他人。

信访事项已经受理或者正在办理的，信访人在规定期限内向受理、办理机关、单位的上级机关、单位又提出同一信访事项的，上级机关、单位不予受理。

第二十条 信访人采用走访形式提出信访事项的，应当到有权处理的本级或者上一级机关、单位设立或者指定的接待场所提出。

信访人采用走访形式提出涉及诉讼权利救济的信访事项，应当按照法律法规规定的程序向有关政法部门提出。

多人采用走访形式提出共同的信访事项的，应当推选代表，代表人数不得超过 5 人。

各级机关、单位应当落实属地责任，认真接待处理群众来访，把问题解决在当地，引导信访人就地反映问题。

第二十一条 各级党委和政府应当加强信访工作信息化、智能化建设，依规依法有序推进信访信息系统互联互通、信息共享。

各级机关、单位应当及时将信访事项录入信访信息系统，使网上信访、来信、来访、来电在网上流转，方便信访人查询、评价信访事项办理情况。

第二十二条 各级党委和政府信访部门收到信访事项，应当予以登记，并区分情况，在 15 日内分别按照下列方式处理：

（一）对依照职责属于本级机关、单位或者其工作部门处理决定的，应当转送有权处理的机关、单位；情况重大、紧急的，应当及时提出建议，报请本级党委和政府决定。

（二）涉及下级机关、单位或者其工作人员的，按照“属地管理、分级负责，谁主管、谁负责”的原则，转送有权处理的机关、单位。

（三）对转送信访事项中的重要情况需要反馈办理结果的，可以交由有权处理的机关、单位办理，要求其在指定办理期限内反馈结果，提交办结报告。

各级党委和政府信访部门对收到的涉法涉诉信件，应当转送同级政法部门依法处理；对走访反映涉诉问题的信访人，应当释法明理，引导其向有关政法部门反映问题。对属于纪检监察机关受理的检举控告类信访事项，应当按照管理权限转送有关纪检监察机关依规依纪依法处理。

第二十三条 党委和政府信访部门以外的其他机关、单位收到信访人直接提出的信访事项，应当予以登记；对属于本机关、单位职权范围的，应当告知信访人接收情况以及处理途径和程序；对属于本系统下级机关、单位职权范围的，应当转送、交办有权处理的机关、单位，并告知信访人转送、交办去向；对不属于本机关、单位或者本系统职权范围的，应当告知信访人向有权处理的机关、单位提出。

对信访人直接提出的信访事项，有关机关、单位能够当场告知的，应当当场书面告知；不能当场告知的，应当自收到信访事项之日起 15 日内书面告知信访人，但信访人的姓名（名称）、住址不清的除外。

对党委和政府信访部门或者本系统上级机关、单位转送、交办的信访事项，属于本机关、单位职权范围的，有关机关、单位应当自收到之日起 15 日内书面告知信访人接收情况以及处理途径和程序；不属于本机关、单位或者本系统职权范围的，有关机关、单位应当自收到之日起 5 个工作日内提出异议，并详细说明理由，经转送、交办的信访部门或者上级机关、单位核实同意后，交还相关材料。

政法部门处理涉及诉讼权利救济事项、纪检监察机关处理检举控告事项的告知按照有关规定执行。

第二十四条 涉及两个或者两个以上机关、单位的信访事项，由所涉及的机关、单位协商受理；受理有争议的，由其共同的上一级机关、单位决定受理机关；受理有争议且没有共同的上一级机关、单位的，由共同的信访工作联席会议协调处理。

应当对信访事项作出处理的机关、单位分立、合并、撤销的，由继续行使其职权的机关、单位受理；职责不清的，由本级党委和政府或者其指定的机关、单位受理。

第二十五条 各级机关、单位对可能造成社会影响的重大、紧急信访事项和信访信息，应当及时报告本级党委和政府，通报相关主管部门和本级信访工作联席会议办公室，在职责范围内依法及时采取措施，防止不良影响的产生、扩大。

地方各级党委和政府信访部门接到重大、紧急信访事项和信访信息，应当向上一级信访部门报告，同时报告国家信访局。

第二十六条 信访人在信访过程中应当遵守法律、法规，不得损害国家、社会、集体的利益和其他公民的合法权利，自觉维护社会公共秩序和信访秩序，不得有下列行为：

（一）在机关、单位办公场所周围、公共场所非法聚集，围堵、冲击机关、单位，拦截公务车辆，或者堵塞、阻断交通；

（二）携带危险物品、管制器具；

（三）侮辱、殴打、威胁机关、单位工作人员，非法限制他人人身自由，或者毁坏财物；

（四）在信访接待场所滞留、滋事，或者将生活不能自理的人弃留在信访接待场所；

（五）煽动、串联、胁迫、以财物诱使、幕后操纵他人信访，或者以信访为名借机敛财；

（六）其他扰乱公共秩序、妨害国家和公共安全的行为。

第四章 信访事项的办理

第二十七条 各级机关、单位及其工作人员应当根据各自职责和有关规定，按照诉求合理的解决问题到位、诉求无理的思想教育到位、生活困难的帮扶救助到位、行为违法的依法处理的要求，依法按政策及时就地解决群众合法合理诉求，维护正常信访秩序。

第二十八条 各级机关、单位及其工作人员办理信访事项，应当恪尽职守、秉公办事，查明事实、分清责任，加强教育疏导，及时妥善处理，不得推诿、敷衍、拖延。

各级机关、单位应当按照诉讼与信访分离制度要求，将涉及民事、行政、刑事等诉讼权利救济的信访事项从普通信访体制中分离出来，由有关政法部门依法处理。

各级机关、单位工作人员与信访事项或者信访人有直接利害关系的，应当回避。

第二十九条 对信访人反映的情况、提出的建议意见类事项，有权处理的机关、单位应当认真研究论证。对科学合理、具有现实可行性的，应当采纳或者部分采纳，并予以回复。

信访人反映的情况、提出的建议意见，对国民经济和社会发展或者对改进工作以及保护社会公共利益有贡献的，应当按照有关规定给予奖励。

各级党委和政府应当健全人民建议征集制度，对涉及国计民生的重要工作，主动听取群众的建议意见。

第三十条 对信访人提出的检举控告类事项，纪检监察机关或者有权处理的机关、单位应当依规依纪依法接收、受理、办理和反馈。

党委和政府信访部门应当按照干部管理权限向组织（人事）部门通报反映干部问题的信访情况，重大情况向党委主要负责同志和分管组织（人事）工作的负责同志报送。组织（人事）部门应当按照干部选拔任用监督的有关规定进行办理。

不得将信访人的检举、揭发材料以及有关情况透露或者转给被检举、揭发的人员或者单位。

第三十一条 对信访人提出的申诉求决类事项，有权处理的机关、单位应当区分情况，分别按照下列方式办理：

（一）应当通过审判机关诉讼程序或者复议程序、检察机关刑事立案程序或者法律监督程序、公安机关法律程序处理的，涉法涉诉信访事项未依法终结的，按照法律法规规定的程序处理。

（二）应当通过仲裁解决的，导入相应程序处理。

（三）可以通过党员申诉、申请复审等解决的，导入相应程序处理。

（四）可以通过行政复议、行政裁决、行政确认、行政许可、行政处罚等行政程序解决的，导入相应程序处理。

（五）属于申请查处违法行为、履行保护人身权或者财产权等合法权益职责的，依法履行或者答复。

（六）不属于以上情形的，应当听取信访人陈述事实和理由，并调查核实，出具信访处理意见书。对重大、复杂、疑难的信访事项，可以举行听证。

第三十二条 信访处理意见书应当载明信访人投诉请求、事实和理由、处理意见及其法律法规依据：

（一）请求事实清楚，符合法律、法规、规章或者其他有关规定的，予以支持；

（二）请求事由合理但缺乏法律依据的，应当作出解释说明；

（三）请求缺乏事实根据或者不符合法律、法规、规章或者其他有关规定的，不予支持。

有权处理的机关、单位作出支持信访请求意见的，应当督促有关机关、单位执行；不予支持的，应当做好信访人的疏导教育工作。

第三十三条 各级机关、单位在处理申诉求决类事项过程中，可以在不违反政策法规强制性规定的情况下，在裁量权范围内，经争议双方当事人同意进行调解；可以引导争议双方当事人自愿和解。经调解、和解达成一致意见的，应当制作调解协议书或者和解协议书。

第三十四条 对本条例第三十一条第六项规定的信访事项应当自受理之日起 60 日内办结；情况复杂的，经本机关、单位负责人批准，可以适当延长办理期限，但延长期限不得超过 30 日，并告知信访人延期理由。

第三十五条 信访人对信访处理意见不服的，可以自收到书面答复之日起30日内请求原办理机关、单位的上一级机关、单位复查。收到复查请求的机关、单位应当自收到复查请求之日起30日内提出复查意见，并予以书面答复。

第三十六条 信访人对复查意见不服的，可以自收到书面答复之日起30日内向复查机关、单位的上一级机关、单位请求复核。收到复核请求的机关、单位应当自收到复核请求之日起30日内提出复核意见。

复核机关、单位可以按照本条例第三十一条第六项的规定举行听证，经过听证的复核意见可以依法向社会公示。听证所需时间不计算在前款规定的期限内。

信访人对复核意见不服，仍然以同一事实和理由提出投诉请求的，各级党委和政府信访部门和其他机关、单位不再受理。

第三十七条 各级机关、单位应当坚持社会矛盾纠纷多元预防调处化解，人民调解、行政调解、司法调解联动，综合运用法律、政策、经济、行政等手段和教育、协商、疏导等办法，多措并举化解矛盾纠纷。

各级机关、单位在办理信访事项时，对生活确有困难的信访人，可以告知或者帮助其向有关机关或者机构依法申请社会救助。符合国家司法救助条件的，有关政法部门应当按照规定给予司法救助。

地方党委和政府以及基层党组织和基层单位对信访事项已经复查复核和涉法涉诉信访事项已经依法终结的相关信访人，应当做好疏导教育、矛盾化解、帮扶救助等工作。

第五章 监督和追责

第三十八条 各级党委和政府应当对开展信访工作、落实信访工作责任的情况组织专项督查。

信访工作联席会议及其办公室、党委和政府信访部门应当根据工作需要开展督查，就发现的问题向有关地方和部门进行反馈，重要问题向本级党委和政府报告。

各级党委和政府督查部门应当将疑难复杂信访问题列入督查范围。

第三十九条　各级党委和政府应当以依规依法及时就地解决信访问题为导向，每年对信访工作情况进行考核。考核结果应当在适当范围内通报，并作为对领导班子和有关领导干部综合考核评价的重要参考。

对在信访工作中作出突出成绩和贡献的机关、单位或者个人，可以按照有关规定给予表彰和奖励。

对在信访工作中履职不力、存在严重问题的领导班子和领导干部，视情节轻重，由信访工作联席会议进行约谈、通报、挂牌督办，责令限期整改。

第四十条　党委和政府信访部门发现有关机关、单位存在违反信访工作规定受理、办理信访事项，办理信访事项推诿、敷衍、拖延、弄虚作假或者拒不执行信访处理意见等情形的，应当及时督办，并提出改进工作的建议。

对工作中发现的有关政策性问题，应当及时向本级党委和政府报告，并提出完善政策的建议。

对在信访工作中推诿、敷衍、拖延、弄虚作假造成严重后果的机关、单位及其工作人员，应当向有管理权限的机关、单位提出追究责任的建议。

对信访部门提出的改进工作、完善政策、追究责任的建议，有关机关、单位应当书面反馈采纳情况。

第四十一条　党委和政府信访部门应当编制信访情况年度报告，每年向本级党委和政府、上一级党委和政府信访部门报告。年度报告应当包括下列内容：

（一）信访事项的数据统计、信访事项涉及领域以及被投诉较多的机关、单位；

（二）党委和政府信访部门转送、交办、督办情况；

（三）党委和政府信访部门提出改进工作、完善政策、追究责任建议以及被采纳情况；

（四）其他应当报告的事项。

根据巡视巡察工作需要，党委和政府信访部门应当向巡视巡察机构提供被巡视巡察地区、单位领导班子及其成员和下一级主要负责人有关信访举报，落实信访工作责任制，具有苗头性、倾向性的重要信访问题，需要巡视巡察工作关注的重要信访事项等情况。

第四十二条 因下列情形之一导致信访事项发生，造成严重后果的，对直接负责的主管人员和其他直接责任人员，依规依纪依法严肃处理；构成犯罪的，依法追究刑事责任：

（一）超越或者滥用职权，侵害公民、法人或者其他组织合法权益；

（二）应当作为而不作为，侵害公民、法人或者其他组织合法权益；

（三）适用法律、法规错误或者违反法定程序，侵害公民、法人或者其他组织合法权益；

（四）拒不执行有权处理机关、单位作出的支持信访请求意见。

第四十三条 各级党委和政府信访部门对收到的信访事项应当登记、转送、交办而未按照规定登记、转送、交办，或者应当履行督办职责而未履行的，由其上级机关责令改正；造成严重后果的，对直接负责的主管人员和其他直接责任人员依规依纪依法严肃处理。

第四十四条 负有受理信访事项职责的机关、单位有下列情形之一的，由其上级机关、单位责令改正；造成严重后果的，对直接负责的主管人员和其他直接责任人员依规依纪依法严肃处理：

（一）对收到的信访事项不按照规定登记；

（二）对属于其职权范围的信访事项不予受理；

（三）未在规定期限内书面告知信访人是否受理信访事项。

第四十五条 对信访事项有权处理的机关、单位有下列情形之一的，由其上级机关、单位责令改正；造成严重后果的，对直接负责的主管人员和其他直接责任人员依规依纪依法严肃处理：

（一）推诿、敷衍、拖延信访事项办理或者未在规定期限内办结信访事项；

（二）对事实清楚，符合法律、法规、规章或者其他有关规定的投诉请求未予支持；

（三）对党委和政府信访部门提出的改进工作、完善政策等建议重视不够、落实不力，导致问题长期得不到解决；

（四）其他不履行或者不正确履行信访事项处理职责的情形。

第四十六条 有关机关、单位及其领导干部、工作人员有下列情形之一的，由其上级机关、单位责令改正；造成严重后果的，对直接负责的主管人员和其他直接责任人员依规依纪依法严肃处理；构成犯罪的，依法追究刑事责任：

（一）对待信访人态度恶劣、作风粗暴，损害党群干群关系；

（二）在处理信访事项过程中吃拿卡要、谋取私利；

（三）对规模性集体访、负面舆情等处置不力，导致事态扩大；

（四）对可能造成社会影响的重大、紧急信访事项和信访信息隐瞒、谎报、缓报，或者未依法及时采取必要措施；

（五）将信访人的检举、揭发材料或者有关情况透露、转给被检举、揭发的人员或者单位；

（六）打击报复信访人；

（七）其他违规违纪违法的情形。

第四十七条 信访人违反本条例第二十条、第二十六条规定的，有关机关、单位工作人员应当对其进行劝阻、批评或者教育。

信访人滋事扰序、缠访闹访情节严重，构成违反治安管理行为的，或者违反集会游行示威相关法律法规的，由公安机关依法采取必要的现场处置措施、给予治安管理处罚；构成犯罪的，依法追究刑事责任。

信访人捏造歪曲事实、诬告陷害他人，构成违反治安管理行为的，依法给予治安管理处罚；构成犯罪的，依法追究刑事责任。

第六章　附　　则

第四十八条　对外国人、无国籍人、外国组织信访事项的处理，参照本条例执行。

第四十九条　本条例由国家信访局负责解释。

第五十条　本条例自 2022 年 5 月 1 日起施行。

附录二　为加强和改进新时代信访工作提供有力制度保障——国家信访局负责人就《信访工作条例》答记者问

为加强和改进新时代信访工作提供有力制度保障——国家信访局负责人就《信访工作条例》答记者问

日前，中共中央、国务院印发了《信访工作条例》（以下简称《条例》）。国家信访局负责人就有关问题，回答了记者的提问。

问：请介绍一下《条例》制定出台的背景？

答：我们党历来高度重视信访工作。党的十八大以来，党中央对信访工作作出一系列重要决策部署，习近平总书记就加强和改进人民信访工作作出一系列重要指示批示，为做好新时代信访工作提供了根本遵循。随着中国特色社会主义进入新时代，我国社会主要矛盾已转化为人民日益增长的美好生活需要和不平衡不充分的发展之间的矛盾，信访工作面临着许多新情况新问题，必须主动适应形势的变化和任务的需要，全面加强党对信访工作的领导，全面提升信访工作的规范化法治化制度化水平，更好担负起为民解难、为党分忧的职责使命。党中央着眼健全为人民执政、靠人民执政的制度，对制定《条例》作出部署安排。按照党中央要求，国家信访局党组深入学习贯彻习近平总书记关于加强和改进人民信访工作的重要思想，认真总结党的十八大以来推进网上信访、诉访分离、依法分类处理等信访工作制度改革成果，全面吸收融合2005年发布实施的国务院《信访条例》内容，广泛征求吸纳各方意见，反复修改完善，形成《信访工作条例（送审稿）》报请党中央审议。2022年1月24日，习近平总书记主持召开中央政治局会议，审议批准《条例》。2月25日，中共中央、国务院发布《条例》。

问：《条例》的出台有何重大意义？

答：信访工作是党的群众工作的重要组成部分，是了解社情民意的重要窗口。《条例》以习近平新时代中国特色社会主义思想为指导，深入贯彻习近平总书记关于加强和改进人民信访工作的重要思想，总结党长期以来领导和开展信访工作经验特别是党的十八大以来信访工作制度改革成果，坚持和加强党对信访工作的全面领导，理顺信访工作体制机制，进一步规范和加强信访工作，是新时代信访工作的基本遵循。第一，《条例》是坚持和加强党对信访工作领导的重要制度安排。制定出台《条例》，坚持党中央对信访工作的集中统一领导，坚持和加强党对信访工作的全面领导，对于提高党领导信访工作的制度化、规范化水平具有重要意义，必将充分发挥党总揽全局、协调各方的领导核心作用，确保信访工作始终沿着正确的政治方向前进。第二，《条例》是坚持人民至上、保持党和政府同人民群众血肉联系的重要举措。制定出台《条例》，坚持以人民为中心的发展思想，构建群众提出批评、建议、申诉、控告或者检举的通道，对于推动信访工作充分发挥了解民情、集中民智、维护民利、凝聚民心的作用，当好党和政府联系群众的桥梁纽带具有重要意义，必将进一步增强群众对党和政府的信任，厚植党长期执政的群众基础。第三，《条例》为加强和改进新时代信访工作提供有力制度保障。制定出台《条例》，站在新的历史起点上纵深推进信访工作制度改革，进一步理顺信访工作体制机制，对于提高信访工作能力和水平，及时反映群众呼声，着力化解突出问题具有重要意义，必将推动信访工作实现高质量发展，更加适应形势和任务需要，更好服务党和国家工作大局。

问：《条例》的主要内容是什么？

答：《条例》围绕做好新时代信访工作的体制机制、职责任务、处理程序、监督体系等进行顶层设计，共6章50条，主要有以下四个方面内容：一是规定做好新时代信访工作的总体要求。明确了《条例》的制定目的和依据、适用范围，对信访工作的地位作用、指导思想、主要原则及工作要求等作出规定。二是规定信访工作体制和工作格局。确立了党领导下的信访工作体制和格局，明确党委、政府、信访工作联席会议、信访部门以及各方力量在信访工作中的定位和职责，同时明确了信访工作保障措施。三是规定信访事项处理程序。明确各类信访事项提出、受理、办理的形式、渠道、程序和方式，体现了党的机关、人大机关、行政机关、政协机关、监察机关、审判机关、检察机关等处理信访事项不同的程序要求。四是规定信访工作监督体系。健全信访工作监督机制，对责任追究的情形和方式等作出明确规定。

问：《条例》明确的适用范围是什么？

答：《条例》适用于各级党的机关、人大机关、行政机关、政协机关、监察机关、审判机关、检察机关，以及群团组织、国有企事业单位等开展信访工作。公民、法人或者其他组织通过信访渠道，向上述各级机关、单位反映情况，提出建议、意见或者投诉请求等，应当符合《条例》规定要求。

问：《条例》对信访工作定位是如何规定的？

答：《条例》明确新时代信访工作"三个重要"的定位，即：信访工作是党的群众工作的重要组成部分，是党和政府了解民情、集中民智、维护民利、凝聚民心的一项重要工作，是各级机关、单位及其领导干部、工作人员接受群众监督、改进工作作风的重要途径。"三个重要"的定位遵循了习近平总书记关于加强和改进人民信访工作的重要思想，集中体现了信访工作的政治性和人民性，体现了信访工作在党和国家工作大局中的重要地位和承担的重要任务，进一步明确了新时代信访工作的发展方向和着力点。

问：《条例》对信访工作体制是如何规定的？

答：《条例》第二章“信访工作体制”，明确健全党领导信访工作的体制机制，构建党委统一领导、政府组织落实、信访工作联席会议协调、信访部门推动、各方齐抓共管的信访工作格局。在党委统一领导方面，明确党中央加强对信访工作的集中统一领导，规定地方党委领导本地区信访工作，贯彻落实党中央决策部署，执行上级党组织部署要求，统筹信访工作责任体系构建，支持和督促下级党组织做好信访工作。在政府组织落实方面，规定各级政府贯彻落实上级党委和政府以及本级党委部署要求，履行组织各方力量及时妥善处理信访事项，研究解决政策性、群体性信访突出问题和疑难复杂信访问题等职责。在信访工作联席会议协调方面，规定中央信访工作联席会议统筹协调、整体推进、督促落实全国信访工作，同时进一步规范地方信访工作联席会议的设置和运行。在信访部门推动方面，规定党委和政府信访部门是开展信访工作的专门机构，承担受理、转送、交办信访事项，协调解决重要信访问题，督促检查重要信访事项的处理和落实等工作职责，同时规定其他机关、单位应当根据信访工作形势任务明确负责信访工作的机构或者人员。在各方齐抓共管方面，规定各级党委和政府以外的其他机关、单位应当做好各自职责范围内的信访工作，拓宽完善社会力量参与信访工作的制度化渠道。《条例》还从信访部门建设、干部教育培训、经费支持等方面明确信访工作保障措施。

问：《条例》对信访人提出信访事项有哪些要求？

答：《条例》规定信访人可以采用信息网络、书信、电话、传真、走访等形式，向各级机关、单位反映情况，提出建议、意见或者投诉请求，并对信访人提出信访事项明确了三个方面的要求：一是规定信访人一般应当采用书面形式提出信访事项，提出信访事项应当客观真实，同时对信访事项已经受理或者正在办理的，信访人在规定期限内向受理、办理机关、单位的上级机关、单位又提出同一信访事项的等情形，作出了相关规定。二是规定信访人采用走访形式提出信访事项的，应当到有权处理的本级或者上一级机关、单位设立或者指定的接待场所提出；多人走访提出共同的信访事项，应当推选不超过 5 人的代表。走访提出涉及诉讼权利救济的信访事项，应当按照法律法规规定的程序向有关政法部门提出。进一步压实属地责任，规定各级机关、单位应当认真接待处理群众来访，把问题解决在当地，引导信访人就地反映问题。三是规定信访人在信访过程中应当遵守相关法律、法规，不得损害国家、社会、集体的利益和其他公民的合法权利，自觉维护社会公共秩序和信访秩序，不得有在机关、单位办公场所周围、公共场所非法聚集等行为。

问：《条例》中对信访事项的受理办理程序是如何规定的？

答：根据信访事项性质的不同，《条例》区分建议意见类、检举控告类、申诉求决类事项，分别明确了受理办理程序，保证合理合法诉求依照法律规定和程序就能得到合理合法的结果。针对建议意见类信访事项，规定有权处理的机关、单位应当认真研究论证；同时规定各级党委和政府应当健全人民建议征集制度，主动听取群众的建议意见。针对检举控告类信访事项，规定纪检监察机关或者有权处理的机关、单位应当依规依纪依法接收、受理、办理和反馈，党委和政府信访部门应当按照干部管理权限向有关部门和负责同志通报、报送反映干部问题的信访情况。针对申诉求决类事项，进一步细分为六种情形进行处理：一是涉法涉诉事项办理程序，适用于审判机关、检察机关、公安机关；二是仲裁程序，适用于仲裁部门；三是办理党员申诉等事项的党内程序，适用于党的机关；四是办理行政复议等事项的行政程序；五是依法履行查处违法行为职责，适用于行政机关；六是不属于以上情形的事项，听取信访人陈述事实和理由，并调查核实，出具信访处理意见书，适用于所有机关、单位。对属于第六种情形的事项，信访人可以申请复查复核。

问：《条例》构建了怎样的信访工作监督体系？对违反规定的情形如何进行责任追究？

答：有效的监督是确保责任落实的必要条件。《条例》构建了包括监督责任、监督机制、责任追究在内的监督体系。一是强化信访工作督查，规定党委和政府组织专项督查，信访工作联席会议及其办公室、信访部门根据工作需要开展督查，党委和政府督查部门将疑难复杂信访问题列入督查范围。二是强化信访工作考核，规定党委和政府每年对信访工作情况进行考核、通报，注重考核结果运用。三是强化信访部门提出改进工作、完善政策和追究责任“三项建议”的职责，建立信访情况报告制度，做好与巡视巡查工作、干部监督工作的衔接等。

同时，《条例》对需要进行责任追究的情形和方式作出明确规定。对机关、单位，规定引发问题责任、登记转送交办责任、受理问题责任、处理问题责任以及其他责任，对违反责任的机关、单位及人员依规依纪依法严肃处理。对信访人，规定滋事扰序、缠访闹访情节严重，构成违反治安管理行为的，或者违反集会游行示威相关法律法规的，由公安机关依法采取必要的现场处置措施、给予治安管理处罚；构成犯罪的，依法追究刑事责任。

问：如何抓好《条例》的学习宣传和贯彻落实工作？

答：党中央对各地区各部门做好《条例》学习宣传和贯彻落实工作提出了明确要求。中央信访工作联席会议、国家信访局将从以下方面督促指导抓好《条例》的贯彻落实。一是加强学习宣传。认真组织开展学习培训和宣传解读，全面准确把握《条例》基本精神和主要内容，以学习贯彻《条例》为契机，在全社会营造办事依法、遇事找法、解决问题用法、化解矛盾靠法的良好环境。二是健全体制机制。认真落实《条例》规定，完善配套措施，推动形成健全完备、运行有效的信访工作制度体系。推动各地区各部门做好

《条例》实施和国务院《信访条例》按法定程序废止前的相关工作衔接，确保顺畅平稳过渡。三是做好落实情况的督促检查。适时开展专题调研和督导，深入了解《条例》贯彻落实情况，强化问题导向，推动解决工作中的困难，把党中央关于信访工作的方针政策和决策部署落到实处。信访工作联席会议、信访部门将牢记为民解难、为党分忧的职责使命，坚持人民至上，主动担当作为，以贯彻实施《条例》为统领，不断提高工作能力和水平，不断提升信访工作规范化法治化水平。